Jürgen von Dall'Armi

Prüfung Psychotherapie

Kommentierte Amtsarztfragen

3. Auflage

URBAN & FISCHER   München · Jena

Zuschriften und Kritik an:
Urban & Fischer, Lektorat Ganzheitsmedizin, Karlstraße 45, 80333 München

Autor:
Jürgen von Dall'Armi, Chiemgaustr. 142, 81549 München

Wichtiger Hinweis für den Benutzer
Die Erkenntnisse in der Medizin unterliegen laufendem Wandel durch Forschung und klinische Erfahrungen. Der Autor dieses Werkes hat große Sorgfalt darauf verwendet, daß die in diesem Werk gemachten therapeutischen Angaben (insbesondere hinsichtlich Indikation, Dosierung und unerwünschten Wirkungen) dem derzeitigen Wissensstand entsprechen. Das entbindet den Nutzer dieses Werkes aber nicht von der Verpflichtung, anhand der Beipackzettel zu verschreibender Präparate zu überprüfen, ob die dort gemachten Angaben von denen in diesem Buch abweichen und seine Verordnung in eigener Verantwortung zu treffen.

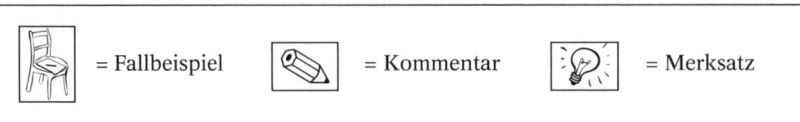

= Fallbeispiel   = Kommentar   = Merksatz

Die Deutsche Bibliothek – CIP-Einheitsaufnahme
Ein Titeldatensatz für diese Publikation ist bei Der Deutschen Bibliothek erhältlich

ISBN 3-437-56081-6

Lektorat: Christel Hämmerle, München
Herstellung: Cornelia Reiter, München
Satz: Typodata GmbH, München
Druck und Bindung: Bosch-Druck, Ergolding
Umschlaggestaltung: spieszdesign, Neu-Ulm
Titelfotografie: MEV Verlag, Augsburg
Gedruckt auf 90 g/qm h' frei weiß mattgestrichen Offset mit 1,25 f. Volumen

Aktuelle Informationen finden Sie im Internet unter den Adressen:
Urban & Fischer: http://www.urbanfischer.de

Vorwort zur dritten Auflage

Obwohl in den letzten Jahren viel geredet wurde, besteht sie noch immer und erfreut sich weiterhin großer Beliebtheit: die amtsärztliche Überprüfung beschränkt auf das Gebiet Psychotherapie. Das Niveau der Prüfung, sei es die schriftliche oder mündliche, ist mittlerweile sehr anspruchsvoll. Es setzt fundierte und umfangreiche Kenntnisse der medizinischen Grundlagen voraus und das ist auch gut so.

Alles in allem liegt dem interessierten Leser ein abgerundetes Werk vor, das ihn hinsichtlich der Prüfungsvorbereitung optimal unterstützen wird.

Nachdem nach wie vor die Kriterien des ICD 10 gültig sind, habe ich in der dritten Auflage den Fragenkatalog zu den einzelnen Themengebieten erweitert sowie die Amtsarztfragen aktualisiert (Stand Herbst 2002).

Mein Dank gebührt in erster Linie meinen Lesern. Ohne ihren Mut neue Wege zu gehen, wäre dieses Buch kaum realisiert worden. In diesem Sinne wünsche ich allen Prüfungswilligen ein erfolgreiches Gelingen.

München im Juli 2003
Jürgen von Dall'Armi

Inhaltsverzeichnis

PRÜFUNGSFRAGEN

1

ELEMENTARFUNKTIONEN

1.1 Zu den quantitativen Bewusstseins- störungen zählt man:

(1) Bewusstseinstrübung
(2) Somnolenz
(3) Sopor
(4) Koma

(A) Nur 1 und 2 sind richtig.
(B) Nur 1, 2 und 3 sind richtig.
(C) Nur 2, 3 und 4 sind richtig.
(D) 1–4 = alle sind richtig.

1.2 Welche Aussage trifft zu? Ein charakteristisches Merkmal, um Präkoma vom Koma zu unterscheiden, ist:

(1) Im Präkoma sind die Pupillen noch eng, im Koma sind sie weit.
(2) Im Präkoma ist der Patient für kurze Zeit weckbar, im Koma nicht mehr.
(3) Im Koma ist die Atmung langsam mit Pausen, im Präkoma ist sie heftig.

(A) 1 ist richtig.
(B) 2 ist richtig.
(C) 3 ist richtig.

1.3 Bewusstseinsstörungen sind:

(1) Leitsymptome bei Schizophrenie
(2) Leitsymptome bei schweren organischen Störungen
(3) Leitsymptome bei Manien

(A) 1 ist richtig.
(B) 2 ist richtig.
(C) 3 ist richtig.

1.4 Welche Aussage trifft nicht zu? Zum Erscheinungsbild der Bewusstseinseinengung gehört:

(1) Einengung von Denkinhalten und Vorstellungen
(2) mangelnde Klarheit der Vergegenwärtigung des Erlebens in bezug auf Ich und Umwelt
(3) Handlungsfähigkeit bleibt im großen und ganzen erhalten
(4) dem Zustand der Bewusstseinseinengung folgt in der Regel Amnesie

(A) 1 trifft nicht zu.
(B) 2 trifft nicht zu.
(C) 3 trifft nicht zu.
(D) 4 trifft nicht zu.

1.5 Beim Dämmerzustand ist das Bewusstsein:

(1) klar
(2) mitunter getrübt
(3) oft getrübt
(4) getrübt oder eingeengt

(A) 1 ist richtig.
(B) 2 ist richtig.
(C) 3 ist richtig.
(D) 4 ist richtig.

1.6 Ein Dämmerzustand kommt vor bei:

(1) Schizophrenien
(2) Anfallsleiden
(3) Intoxikationen
(4) Epilepsie
(5) pathologischem Rausch

(A) 1–3 sind richtig.
(B) 2–5 sind richtig.
(C) 3–5 sind richtig.
(D) Alle sind richtig.

(A) 1 ist richtig.
(B) 2 ist richtig.
(C) 3 ist richtig.
(D) 4 ist richtig.

1.7 Auffassungsstörungen kommen vor bei:

(1) physiologischer Müdigkeit
(2) organischem Psychosyndrom
(3) Aphasie
(4) exogenen Psychosen

(A) 1 und 2 sind richtig.
(B) 2 und 3 sind richtig.
(C) 3 und 4 sind richtig.
(D) Alle sind richtig.

1.8 Die Definition von Gedächtnisstörung lautet:

(1) Einschränkung der Fähigkeit, sich frische Eindrücke über eine Zeit von bis zu 10 min zu merken
(2) Einschränkung der Fähigkeit, länger als 10 min zurückliegende Eindrücke zu behalten
(3) Einzelerinnerungen können nicht der richtigen Zeit zugeordnet werden
(4) Unfähigkeit zur Ausrichtung, Sammlung und Hinordnung auf einen Gegenstand

(A) 1 ist richtig.
(B) 2 ist richtig.
(C) 3 ist richtig.
(D) 4 ist richtig.

1.9 Beim amnestischen Syndrom (Korsakow) ist das Gedächtnis wie folgt beeinträchtigt:

(1) Erinnerungslücken
(2) Fehldeutung von Wahrgenommenem
(3) Merkschwäche, Erinnerungslücken, Konfabulation
(4) Erinnerungslosigkeit

1.10 Zu den Erscheinungsbildern der Merkfähigkeits- und Gedächtnisstörung zählt man:

(1) Amnesie
(2) Hypermnesie
(3) Zeitgitterstörungen
(4) Paramnesien
(5) Konfabulation
(6) Déjà-vu

(A) 1–3 sind richtig.
(B) 4–6 sind richtig.
(C) 1, 2, 5 und 6 sind richtig.
(D) Alle sind richtig.

1.11 Die anterograde Amnesie ist wie folgt definiert:

(1) Erinnerungslosigkeit bezogen auf Episoden körperlicher oder seelischer Störungen
(2) Erinnerungslosigkeit für die Zeitspanne vor einem Ereignis mit Bewusstlosigkeit
(3) Erinnerungslosigkeit für die Zeitspanne nach einem Ereignis mit Bewusstlosigkeit

(A) 1 ist richtig.
(B) 2 ist richtig.
(C) 3 ist richtig.

1.12 Welche der Aussagen beschreibt das Déjà-vu-Phänomen?

(1) ein Gefühl, etwas schon einmal erlebt zu haben
(2) ein Gefühl der Fremdheit in einer bestimmten Situation
(3) ein Gefühl, sich in bezug auf Zeit und Ort nicht zurechtzufinden

(A) 1 ist richtig.
(B) 2 ist richtig.
(C) 3 ist richtig.

1.13 Welche der folgenden Aussagen beschreibt den Begriff „Konfabulation"?

(1) eine zurückgebliebene Gedächtnislücke
(2) das Gefühl, alles schon einmal erlebt zu haben
(3) Erinnerungen können nicht der richtigen Zeit zugeordnet werden.
(4) Erinnerungslücken werden mit Phantasien ausgefüllt.

(A) 1 ist richtig.
(B) 2 ist richtig.
(C) 3 ist richtig.
(D) 4 ist richtig.

1.14 Während des Erstgespräches fällt Ihnen auf, dass Ihr Klient auf ein- und dieselbe Frage jedes Mal eine andere Antwort gibt. An welche Störung denken sie?

(1) Konfabulation
(2) Auffassungsstörung
(3) Konzentrationsstörung
(4) Merkfähigkeitsstörung

(A) Aussage 1 ist zutreffend.
(B) Aussage 2 ist zutreffend.
(C) Aussage 3 ist zutreffend.
(D) Aussage 4 ist zutreffend.

1.15 Beim paranoid-halluzinatorischen Syndrom ist die Orientierung:

(1) erhalten
(2) mitunter getrübt
(3) oft getrübt
(4) gestört

(A) 1 ist richtig.
(B) 2 ist richtig.

(C) 3 ist richtig.
(D) 4 ist richtig.

1.16 Ordnen Sie die Explorationsfragen den jeweiligen Orientierungsstörungen zu!

(1) zeitlich
(2) örtlich
(3) zur Person
(4) situativ

(A) Wo sind wir gerade?
(B) In welcher Einrichtung befinden wir uns gerade? Welchen Beruf haben Sie?
(C) Wie heißen Sie? Wo sind Sie geboren?
(D) Wann sind Sie in die Praxis gekommen?

1.17 Welche Aussage trifft für die quantitativen Wahrnehmungsstörungen zu?

(1) Wahrnehmungserlebnisse ohne objektiv gegebene Sinnesreize, die als Realität erlebt werden
(2) Etwas wirklich Vorhandenes wird für etwas anderes gehalten.
(3) falsche Wahrnehmung meist im Sinne von lückenhafter oder verminderter Wahrnehmung
(4) veränderte unangenehme Wahrnehmung auf der Körperoberfläche

(A) 1 ist richtig.
(B) 2 ist richtig.
(C) 3 ist richtig.
(D) 4 ist richtig.

1.18 Welche Aussage trifft für die illusionäre Verkennung zu?

(1) Einem real vorhandenem Gegenstand wird eine abnorme Bedeutung gegeben.

(2) Es wird etwas gehört oder gesehen, was nicht wirklich vorhanden ist.
(3) Eine reale Wahrnehmungsgegebenheit wird lediglich umgestaltet, d.h. im ganzen verkannt.
(4) Die reale Umwelt wird zwar richtig erkannt, erscheint jedoch verändert, verzerrt und entstellt.

(A) 1 ist richtig.
(B) 2 ist richtig.
(C) 3 ist richtig.
(D) 4 ist richtig.

1.19 Für die Halluzinationen gilt/gilt nicht:

(1) Wahrnehmungserlebnisse ohne objektiv gegebene Sinnesreize, die für wirkliche Eindrücke gehalten werden
(2) Halluzinationen sind auf allen Sinnesebenen möglich (Riechen, Hören, Sehen, Schmecken, Tasten etc.).
(3) Halluzinationen kommen bei Schizophrenien und bei körperlich begründbaren Psychosen vor.
(4) Der Gewißheitsgrad halluzinatorischen Erlebens kann im Verlauf stark schwanken (absolut bis relativ).
(5) Gelegentlich lassen sich Halluzinationen aus der Mimik des Patienten ableiten.

(A) Nur 1 und 2 sind richtig.
(B) Nur 3 und 4 sind richtig.
(C) Nur 3, 4 und 5 sind richtig.
(D) Nur 1, 2, 3 und 4 sind richtig.
(E) Alle sind richtig.

1.20 Welche der folgenden Halluzinationen findet man bei Dermatozoenwahn?

(1) haptische (taktile) Halluzinationen
(2) olfaktorische und gustatorische Halluzinationen
(3) Zönästhesien (Leibhalluzinationen)
(4) optische Halluzinationen

(A) 1 ist richtig.
(B) 2 ist richtig.
(C) 3 ist richtig.
(D) 4 ist richtig.

1.21 Akustische Halluzinationen sind typisch bei:

(1) Angstneurosen
(2) Erkrankungen des Auges und Gehirns
(3) Melancholie
(4) Alkoholhalluzinose
(5) Tumoren

(A) 1 ist richtig.
(B) 2 ist richtig.
(C) 3 ist richtig.
(D) 4 ist richtig.
(E) 5 ist richtig.

1.22 Zum Alkoholdelir gehört folgende Wahrnehmungsstörung:

(1) illusionäre Verkennung
(2) Zönästhesien
(3) haptische (taktile) Halluzination
(4) olfaktorische und gustatorische Halluzination
(5) optische Halluzination

(A) 1 ist richtig.
(B) 2 ist richtig.
(C) 3 ist richtig.
(D) 4 ist richtig.
(E) 5 ist richtig.

1.23 Welche der folgenden Aussagen über Wahrnehmungsstörungen trifft/treffen zu?

(1) Bei Zönästhesien hat der Patient eigenartige, bizarre Körpergefühlsstörungen.
(2) Zu den Wahrnehmungsstörungen zählt auch die Metamorphopsie.

(3) Dysästhesien sind definiert als veränderte unangenehme Wahrnehmungen auf der Körperoberfläche.
(4) Akoasmen sind halluzinierte Geräusche.

(A) 1 ist richtig.
(B) 2 ist richtig.
(C) 3 ist richtig.
(D) 4 ist richtig.
(E) Alle sind richtig.

1.24 Welche der folgenden Patientenaussagen sind offensichtlich Halluzinationen?

(1) „Ich fühle mich verfolgt, und jetzt erinnere ich mich, dass ich schon vor 20 Jahren abgehört worden bin."
(2) „Ich habe ständig das Gefühl, dass etwas Schreckliches passiert."
(3) „Wenn ich in meinem Zimmer alleine bin, höre ich deutlich, wie mein Chef über mich spricht."
(4) „Sehen Sie eigentlich auch den Außerirdischen, der da auf dem Stuhl sitzt?"

(A) 1 und 2 sind richtig.
(B) 2 und 3 sind richtig.
(C) Nur 3 ist richtig.
(D) 3 und 4 sind richtig.

1.25 Zu den Illusionen zählt man:

(1) Dysästhesien
(2) psychotische Wahrnehmungen ohne äußere Sinnesreize
(3) thermische Sensationen
(4) Fremdheitsempfindungen

(A) Nur 1 ist richtig.
(B) 2 und 4 sind richtig.
(C) Nur 3 ist richtig.
(D) 1 und 4 sind richtig.
(E) Keine der Aussagen ist richtig.

1.26 Ideenflüchtiges Denken gehört zu den:

(1) inhaltlichen Denkstörungen
(2) formalen Denkstörungen
(3) Phobien
(4) Zwangsneurosen

(A) 1 ist richtig.
(B) 2 ist richtig.
(C) 3 ist richtig.
(D) 4 ist richtig.

1.27 Zu den inhaltlichen Denkstörungen zählt man:

(1) Hemmung des Denkens
(2) Vorbeireden
(3) Inkohärenz
(4) Wahnideen
(5) Zwangsimpulse

(A) Nur 1 und 2 sind richtig.
(B) Nur 2, 3 und 5 sind richtig.
(C) Nur 4 ist richtig.
(D) Nur 4 und 5 sind richtig.
(E) Alle sind richtig.

1.28 Welche der formalen Denkstörungen beschreibt am zutreffendsten die folgende Patientenaussage?

„Ich komme mit meinen Gedanken plötzlich nicht mehr zu Ende, es ist wie eine Sperre!"

(1) ideenflüchtiges Denken
(2) Zerfahrenheit
(3) Gedankensperrung/Gedankenabreißen
(4) Gedankenhemmung
(5) Inkohärenz

(A) 1 ist richtig.
(B) 2 ist richtig.
(C) 3 ist richtig.
(D) 4 ist richtig.
(E) 5 ist richtig.

1.29 Welche Aussage trifft für formale Denkstörungen nicht zu?

(A) Ideenflucht ist charakteristisch für die Manie.
(B) Zerfahrenheit und Inkohärenz sind typisch für Schizophrenie.
(C) Keine Diagnose allein von formalen Denkstörungen ableiten!
(D) Zu den formalen Denkstörungen wird auch der katathyme Wahn gerechnet.
(E) Vorbeireden gehört nicht zu den inhaltlichen Denkstörungen.

1.30 Welche der folgenden Aussage/n bezüglich der formalen Denkstörungen trifft/treffen zu:

(1) Formale Denkstörungen sind nicht krankheitsspezifisch.
(2) Störungen des Gedankenablaufes können auch bei gesunden Menschen in einigen Situationen auftreten.
(3) Formale Denkstörungen treten in der Regel nur bei Schizophrenien auf.
(4) Zu den formalen Denkstörungen gehören auch die Pareidolien.

(A) Nur Aussage 1 trifft zu.
(B) Aussagen 1 und 2 treffen zu.
(C) Aussagen 3 und 4 treffen zu.
(D) Aussagen 1 und 4 treffen zu.
(E) Alle Aussagen treffen zu.

1.31 Unter dem Begriff „Neologismen" versteht man:

(1) übermäßigen Druck vieler Einfälle und Ideen
(2) Wortsalat
(3) Vorbeiantworten
(4) Wortneubildungen
(5) an einem Thema kleben

(A) 1 ist richtig.
(B) 2 ist richtig.
(C) 3 ist richtig.
(D) 4 ist richtig.
(E) 5 ist richtig.

1.32 Welche der formalen Denkstörungen wird am zutreffendsten durch folgende Beschreibung charakterisiert:

„Die Sprache des Patienten ist bruchstückhaft. Ein Gedanke steht beziehungslos neben dem anderen."

(1) Zerfahrenheit
(2) Hemmung des Denkens
(3) Ideenflucht
(4) Vorbeireden
(5) Begriffsverschiebung

(A) 1 ist richtig.
(B) 2 ist richtig.
(C) 3 ist richtig.
(D) 4 ist richtig.
(E) 5 ist richtig.

1.33 Welche der folgenden Aussagen beschreibt den Begriff „Perseveration"?

(1) Der Gedankengang ist nicht zielgerichtet, da ständig neue Einfälle auftauchen.
(2) Die Begriffe werden wörtlich verstanden.
(3) Der Gedankengang ist eingeengt. Er „klebt" immer an einem Thema.
(4) Der Gedankengang ist mühsam und schleppend.
(5) Das Denken ist absolut zusammenhangslos.

(A) 1 ist richtig.
(B) 2 ist richtig.
(C) 3 ist richtig.
(D) 4 ist richtig.
(E) 5 ist richtig.

1.34 Während des Interviews wird der Patient mehrmals unterbrochen und angehalten, wieder auf den Punkt zu kommen, um die Geschichte im Rahmen einer angemessenen Zeit zu vervollständigen. Diese Störung bezeichnet man als:

(1) Perseveration
(2) Umständlichkeit
(3) Ideenflucht
(4) Hemmung des Denkens
(5) Zerfahrenheit

(A) 1 ist richtig.
(B) 2 ist richtig.
(C) 3 ist richtig.
(D) 4 ist richtig.
(E) 5 ist richtig.

1.35 Ordnen sie die angeführten Denkstörungen den jeweiligen Krankheiten zu, bei denen sie am häufigsten auftreten!

(1) Hemmung des Denkens
(2) Sperrung des Denkens
(3) Ideenflucht

(A) Schizophrenie
(B) Demenz
(C) Epilepsie
(D) melancholische Depression
(E) zyklothyme Manie

**1.36 Ergänzen Sie sinngemäß!
Bei der Wahnwahrnehmung wird …**

(1) ein abnormes Bedeutungsbewusstsein sichtbar
(2) einer realen Sinneswahrnehmung abnorme Bedeutung beigemessen
(3) ein Ereignis nicht nur auf sich bezogen, sondern auch gegen sich gerichtet erlebt
(4) eine gegenwärtig nicht korrigierbare Überzeugung von unmittelbarer Gewißheit empfunden

(A) 1 ist richtig.
(B) 2 ist richtig.
(C) 3 ist richtig.
(D) 4 ist richtig.

1.37 Welche Aussage trifft nicht zu?

(1) Der Wahnkranke hat kein Krankheitsbewusstsein.
(2) Bei einer intensiven Wahndynamik kann es zum Suizidversuch kommen.
(3) Verfolgungswahn kommt häufig bei der Schizophrenie vor.
(4) In der Wahnstimmung ist der Kranke oft euphorisch.

(A) 1 ist nicht richtig.
(B) 2 ist nicht richtig.
(C) 3 ist nicht richtig.
(D) 4 ist nicht richtig.

1.38 Nennen Sie mindestens fünf Wahnthemen!

1.39 Welche der folgenden Aussagen sind für das Verhalten eines Wahnkranken zutreffend?

(1) Um dem wahnhaft befürchteten Schicksal zu entgehen, kann es zu Suizidversuchen kommen.
(2) Die intensiven Wahnerlebnisse des Kranken führen häufig zu für die Umgebung auffälligen Verhaltensweisen.
(3) Kranke, die an Verfolgungswahn leiden, suchen oft Schutz und Hilfe bei der Polizei.
(4) Wahnkranke neigen oft zu Gewalttaten und sind für andere dadurch gefährlich.

(A) 1, 2 und 3 sind richtig.
(B) 2, 3 und 4 sind richtig.
(C) 3 und 4 sind richtig.
(D) Alle sind richtig.

1.40 Welche der Aussagen läßt am deutlichsten das Ergebnis der „Wahnarbeit" erkennen?

 Ein Patient berichtet: „Seit kurzem verfolgen mich dauernd Detektive. Ich erkenne sie an den Kameras und den dunklen Sonnenbrillen. Überall wo ich hingehe, sehe ich sie. Sie versteckten sich nicht mal. Als wenn sie wollten, dass ich sie sehe. Ich vermute, meine Exfrau läßt mich überwachen, weil sie Rache üben will."

(1) das Erkennen der Detektive an den Kameras und den Sonnenbrillen
(2) das Erleben, dass egal wo er hingeht, sie auch da sind
(3) das Gefühl, dass sie wollen, dass er weiß, dass er von ihnen verfolgt wird
(4) dass hinter all dem seine frühere Ehefrau steckt

(A) 1 ist richtig.
(B) 2 ist richtig.
(C) 3 ist richtig.
(D) 4 ist richtig.

1.41 Bei diesem vom Patienten berichteten Erlebnis handelt es sich am ehesten um:

 Ein Patient berichtet: „Immer wenn ich auf dem Heimweg bin, sehe ich dieses Schild. Ich weiß, es ist nur für mich angebracht. Man prüft mich, wie ich reagiere."

(1) illusionäre Verkennung
(2) Zwangsgedanken
(3) einen Wahneinfall
(4) eine Wahnwahrnehmung

(A) 1 ist richtig.
(B) 2 ist richtig.
(C) 3 ist richtig.
(D) 4 ist richtig.

1.42 Welche der folgenden Aussagen hinsichtlich des Wahns sind zutreffend?

(1) Wahninhalte können bei Depressionen und Schizophrenien auftreten.
(2) Der Wahn gilt als nicht korrigierbare Überzeugtheit.
(3) Bei depressiven Patienten sind die Wahninhalte meist synthym.
(4) Wahn tritt meist nur bei exogenen Psychosen auf.
(5) Der Wahn gehört zu den inhaltlichen Denkstörungen.

(A) Aussagen 1 und 2 sind zutreffend.
(B) Aussagen 2 und 3 sind zutreffend.
(C) Aussagen 1,2 und 4 sind zutreffend.
(D) Aussagen 1, 2, 3 und 5 sind zutreffend.
(E) Aussagen 2, 3, 4 und 5 sind zutreffend.

1.43 Zu welchem Wahnthema zählt diese Aussage?

 Ein Patient berichtet: „Meine Frau ist nicht meine Frau. Sie ist eine Doppelgängerin, die ihren Platz eingenommen hat."

(1) zum Beziehungswahn
(2) zum Eifersuchtswahn
(3) zum sog. Capgras-Syndrom
(4) zum Verfolgungswahn

(A) 1 ist richtig.
(B) 2 ist richtig.
(C) 3 ist richtig.
(D) 4 ist richtig.

1.44 Welche der Aussagen treffen für den Zwang zu?

(1) Beim Zwang auftretende Vorstellungen und Handlungsimpulse werden als der Person zugehörig erkannt, aber Ich-fremd erlebt.
(2) Zwang wird inhaltlich als affektive Denkstörung gesehen.

(3) Bei Unterdrückung des Zwangs tritt meistens Angst auf.
(4) Zu den Zwangshandlungen gehören z. B. Kontrollzwang und Waschzwang.

(A) 1 und 2 sind richtig.
(B) 2, 3 und 4 sind richtig.
(C) 1, 3 und 4 sind richtig.
(D) Alle sind richtig.

1.45 Zu den Formen des Zwangs gehören:

(1) Gedankendrängen
(2) Zwangsimpulse
(3) Zwangsgrübeln
(4) Kontamination

(A) 1 und 2 sind richtig.
(B) 2 und 3 sind richtig.
(C) 3 und 4 sind richtig.
(D) Alle sind richtig.

1.46 Worum handelt es sich am ehesten?

 Eine Patientin berichtet: „Ich freue mich wirklich über mein Baby. Doch manchmal hab ich diesen schrecklichen Impuls, es töten zu wollen. Das macht mir schreckliche Angst."

(1) Zwangsimpulse
(2) Beeinträchtigungswahn
(3) Angsthysterie
(4) Schuldwahn

(A) 1 ist richtig.
(B) 2 ist richtig.
(C) 3 ist richtig.
(D) 4 ist richtig.

1.47 Zwangssymptome treten bei folgenden Störungen auf:

(1) anankastische Persönlichkeitsstörung
(2) affektive Psychosen

(3) körperlich begründbare Psychosen
(4) neurotische Entwicklungen

(A) 1 und 2 sind richtig.
(B) 2 und 4 sind richtig.
(C) 3 und 4 sind richtig.
(D) Alle sind richtig.

1.48 Welche der folgenden Aussagen ist/sind für den Zwang zutreffend?

(1) Im Kontrollzwang muss z.B. wiederholt geprüft werden, ob die Haustür abgeschlossen ist.
(2) Beim Zwang ist keine willentliche Beeinflussung möglich, obwohl er als unsinnig empfunden wird
(3) Zwangssymptome haben die Tendenz sich auszubreiten.
(4) Beim Zwangskranken besteht ein ausgeprägter Kontrast zwischen Es und Über-Ich.

(A) 1, 2 und 3 sind richtig.
(B) Nur 2 ist richtig.
(C) 3 und 4 sind richtig.
(D) Alle sind richtig.

1.49 Worum handelt es sich am ehesten?

 Ein Patient berichtet: „Wenn ich mit mehreren Menschen zusammen bin, muss ich ständig an obszöne Wörter denken. Und das, obwohl ich es zu verhindern versuche."

(1) Sexualstörung
(2) Zwangsgedanken
(3) Liebeswahn
(4) Angsthysterie

(A) 1 ist richtig.
(B) 2 ist richtig.
(C) 3 ist richtig.
(D) 4 ist richtig.

1.50 Welche der Aussagen trifft nicht auf die Phobien zu?

(1) Phobien sind immer auf Objekte oder Situationen gerichtet.
(2) Bei der Phobie richtet sich die Angst darauf, dass einem selbst etwas zustoßen könnte.
(3) Bei der Phobie tritt häufig Vermeidungsverhalten auf.
(4) Die Phobie wird oft mit dem Wahneinfall verglichen.

(A) 1 ist nicht richtig.
(B) 2 ist nicht richtig.
(C) 3 ist nicht richtig.
(D) 4 ist nicht richtig.

1.51 Nennen Sie mindestens drei Formen der Phobie?

1.52 Worum handelt es sich am wahrscheinlichsten?

 Eine Patientin berichtet: „Ich kann nicht mehr aus dem Haus gehen. Ich habe so schreckliche Angst über die Straße zu gehen."

(1) Klaustrophobie
(2) Agoraphobie
(3) Zwangsimpuls
(4) Beeinträchtigungswahn

(A) 1 ist richtig.
(B) 2 ist richtig.
(C) 3 ist richtig.
(D) 4 ist richtig.

1.53 Worum handelt es sich am wahrscheinlichsten?

 Ein Patient gibt an, er habe schreckliche Angst, sich in größere Höhen zu begeben.

(1) Agoraphobie
(2) Akrophobie
(3) Zwangsvorstellung
(4) Zwangsimpuls

(A) 1 ist richtig.
(B) 2 ist richtig.
(C) 3 ist richtig.
(D) 4 ist richtig.

1.54 Welche der folgenden Aussagen trifft/treffen auf die Affektivität zu?

(1) Unter Affektivität versteht man die Gesamtheit des Gefühlslebens und der Stimmungen des Menschen.
(2) Die Affektivität ist persönlichkeitsbestimmend.
(3) Affekte sind kurzdauernde, umschriebene Gefühlsabläufe, wie z.B. Wut, Ärger, Angst.
(4) Störungen der Affektivität treten nur bei Schizophrenien auf.

(A) Nur 1 ist richtig.
(B) 1, 2 und 3 sind richtig.
(C) 3 und 4 sind richtig.
(D) Alle sind richtig.

1.55 Zu den Formen der Affektivitätsstörungen zählt man:

(1) Affektlabilität
(2) Dysphorie
(3) Apathie
(4) Parathymie
(5) Deprimiertheit

(A) 1 und 2 sind richtig.
(B) 2, 3 und 4 sind richtig.
(C) 1, 3 und 5 sind richtig.
(D) Alle sind richtig.

1.56 Während der Anamnese gibt ein Patient patzige Antworten und weist ständig den Untersucher zurecht, egal was für Fragen gestellt werden.
Um welche Affektivitätsstörung handelt es sich am wahrscheinlichsten?

(1) Affektverflachung
(2) Deprimiertheit
(3) Parathymie
(4) Affektstarre
(5) Dysphorie

(A) 1 ist richtig.
(B) 2 ist richtig.
(C) 3 ist richtig.
(D) 4 ist richtig.
(E) 5 ist richtig.

1.57 Welche der folgenden Aussagen treffen für den Begriff „Affektstarre" zu?

(1) Affektstarre kommt bei affektiven Erkrankungen und organischen Störungen vor.
(2) Affektstarre gilt als Charakteristikum der Schizophrenie.
(3) Von Affektstarre spricht man, wenn ein manischer Patient trotz des Todes eines Angehörigen fröhlich bleibt.
(4) Das Verharren in Stimmungen bzw. Affekten bezeichnet man als Affektstarre.

(A) 1 und 2 sind richtig.
(B) 1, 3 und 4 sind richtig.
(C) 3 und 4 sind richtig.
(D) Alle sind richtig.

1.58 Während ein Patient über einen für ihn schmerzlichen Verlust berichtet und sagt, dass er furchtbar einsam ist, freut er sich und grinst.
Zu welcher Affektivitätsstörung paßt diese Aussage am ehesten?

(1) Parathymie
(2) Affektverflachung
(3) Dysphorie
(4) Apathie

(A) 1 ist richtig.
(B) 2 ist richtig.
(C) 3 ist richtig.
(D) 4 ist richtig.

1.59 Auf die Frage, ob er traurig sei, bricht der Patient sofort in Tränen aus.
Auf welche Affektivitätsstörung deutet dieses Verhalten hin?

(1) Affektlabilität
(2) Deprimiertheit
(3) Gefühl der Gefühllosigkeit
(4) Affektinkontinenz

(A) 1 ist richtig.
(B) 2 ist richtig.
(C) 3 ist richtig.
(D) 4 ist richtig.

1.60 Was versteht man unter dem Begriff „Anhedonie":

(1) das Gefühl von Niedergeschlagenheit
(2) eine gehobene Stimmungslage
(3) den Verlust der Fähigkeit, Freude zu empfinden
(4) fehlende körperliche Frische

(A) 1 ist richtig.
(B) 2 ist richtig.
(C) 3 ist richtig.
(D) 4 ist richtig.

1.61 Welche der folgenden Affektivitäts-störungen trifft am ehesten zu?

 Ein Patient berichtet: „Ich fühle mich wohl wie nie zuvor. Ich hab das tolle Gefühl, dass ich allen überlegen bin."

(1) Ambivalenz
(2) Affektlabilität
(3) Euphorie
(4) Parathymie

(A) 1 ist richtig.
(B) 2 ist richtig.
(C) 3 ist richtig.
(D) 4 ist richtig.

1.62 Welche der Aussagen über Antrieb trifft/treffen zu?

(1) Der Antrieb unterhält Lebendigkeit, Initiative, Aufmerksamkeit, Tatkraft.
(2) Der Antrieb ist vom Willen weitgehend unabhängig.
(3) Unter dem zum Antrieb gehörigen Trieb versteht man die vitalen Lebens-bedürfnisse wie Nahrungs- und Sexual-trieb.
(4) In Verbindung mit Störungen des Antriebs treten häufig zur Antriebslage passende Wahninhalte auf.

(A) Nur 1 ist richtig.
(B) 2 und 3 sind richtig.
(C) 1, 2 und 3 sind richtig
(D) Alle sind richtig.

1.63 Welche der folgenden Klientenaussa-gen deutet auf eine Störung der Vital-gefühle hin?

(1) „Heute fühle ich mich wie fremd."
(2) „Ich bin einfach nicht wert, kann nichts richtig machen."
(3) „Alles ist so schwer. Ich fühle mich schlapp und kraftlos."
(4) „Ich bin der Größte. Ich kann alles."

(A) Aussage 1 ist zutreffend.
(B) Aussage 2 ist zutreffend.
(C) Aussage 3 ist zutreffend.
(D) Aussage 4 ist zutreffend.

1.64 Zu den Antriebsstörungen zählt man:

(1) Antriebshemmung
(2) Beschäftigungsdrang
(3) Dysphorie
(4) Ambivalenz

(A) 1 und 2 sind richtig.
(B) Nur 2 ist richtig.
(C) 3 und 4 sind richtig.
(D) Alle sind richtig.

1.65 Bei der Anamnese wirkt der Patient gleichgültig und stumpf. Spontane Reaktionen fehlen auffallend. Welche der folgenden Störungen trifft am wahrscheinlichsten zu?

(1) Katalepsie
(2) Apathie
(3) Antriebsschwäche/-mangel
(4) Mutismus

(A) 1 ist richtig.
(B) 2 ist richtig.
(C) 3 ist richtig.
(D) 4 ist richtig.

1.66 Ein Zustand von Bewegungs- und Regungslosigkeit, in dem der Kranke bei klarem Bewusstsein auf äußere Reize nicht reagiert, nicht spricht, nicht ißt, nicht trinkt und Aufforde-rungen nicht befolgt, obwohl er sieht, hört und versteht, bezeichnet man am wahrscheinlichsten als:

(1) Antriebshemmung
(2) Stupor
(3) Katalepsie
(4) Stereotypie

(A) 1 ist richtig.
(B) 2 ist richtig.
(C) 3 ist richtig.
(D) 4 ist richtig.

1.67 Unter dem Begriff der „Katalepsie" versteht man:

(1) das ständige Wiederholen gleichförmiger Bewegungen
(2) das Widerstreben gegen jede äußere Einwirkung
(3) das Verringern des bevorstehenden Antriebs
(4) das starre Verharren in unbequemen Körperhaltungen

(A) 1 ist richtig.
(B) 2 ist richtig.
(C) 3 ist richtig.
(D) 4 ist richtig.

1.68 Der Patient wippt rhythmisch mit dem Oberkörper und klopft ständig mit den Fingern auf den Tisch. Zu welcher Störung paßt diese Aussage am wahrscheinlichsten?

(1) Bewegungsstereotypien
(2) Hypokinese
(3) Beschäftigungsdrang
(4) Raptus

(A) 1 ist richtig.
(B) 2 ist richtig.
(C) 3 ist richtig.
(D) 4 ist richtig.

1.69 Während der Anamnese springt der Patient plötzlich auf, schreit und rennt gegen die Wand. Welcher Störung würden Sie diesen Vorfall zurechnen?

(1) Antriebssteigerung
(2) Dysphorie
(3) Euphorie
(4) Raptus

(A) 1 ist richtig.
(B) 2 ist richtig.
(C) 3 ist richtig.
(D) 4 ist richtig.

1.70 Psychomotorische Störungen beobachtet man zum Beispiel bei:

(1) endogenen Depressionen
(2) Schizophrenie
(3) Panikzuständen
(4) Psychosen

(A) 1 und 2 sind richtig.
(B) 2, 3 und 4 sind richtig.
(C) Nur 3 ist richtig.
(D) Alle sind richtig.

1.71 Zu den Ich-Störungen zählt man:

(1) Derealisation
(2) Beeinflussungserlebnisse
(3) Depersonalisation
(4) Autismus

(A) 1 und 3 sind richtig.
(B) 2, 3 und 4 sind richtig.
(C) Nur 3 ist richtig.
(D) Alle sind richtig.

1.72 Zu welcher Gruppe von Störungen gehört die Gedankenausbreitung?

(1) Affektstörungen
(2) Ich-Störungen
(3) formalen Denkstörungen
(4) Gedächtnisstörungen

(A) Aussage 1 ist richtig.
(B) Aussage 2 ist richtig.
(C) Aussage 3 ist richtig.
(D) Aussage 4 ist richtig.

1.73 Welcher Störung würden Sie diese Aussage zuordnen?

 Ein Patient berichtet: „Ich fühle mich irgendwie fremd, ich frage mich, ob ich das bin, der das alles erlebt. Ich komm mir vor wie ein Automat – so mechanisch."

(1) Zwangsgedanken
(2) Wahn
(3) Depersonalisation
(4) Denkzerfahrenheit

(A) 1 ist richtig.
(B) 2 ist richtig.
(C) 3 ist richtig.
(D) 4 ist richtig.

1.74 Welche der folgenden Aussagen trifft für den Begriff „Autismus" zu?

(1) Autismus ist gekennzeichnet durch die Willensbeeinflussung von außen.
(2) Autisten erleben sich selber mit einer gehobenen Stimmungslage.
(3) Autismus bezeichnet man als Isolierung des Ichs.
(4) Autisten haben eine multiple Persönlichkeit.

(A) 1 ist richtig.
(B) 2 ist richtig.
(C) 3 ist richtig.
(D) 4 ist richtig.

1.75 Um welche Störung handelt es sich am wahrscheinlichsten?

 Ein Patient berichtet: „Ständig habe ich Gedanken im Kopf, die nicht von mir kommen. Diese fremden Gedanken werden mir von Unbekannten aufgezwungen."

(1) Beeinflussungserlebnis
(2) Derealisation
(3) doppelte Persönlichkeit
(4) illusionäre Verkennung

(A) 1 ist richtig.
(B) 2 ist richtig.
(C) 3 ist richtig.
(D) 4 ist richtig.

1.76 Was versteht man unter dem Begriff „Oligophrenie"?

(1) Vortäuschung von Schwachsinn
(2) scheinbare Verblödung bei endogenen Depressionen
(3) Verlust der erworbenen intellektuellen Fähigkeiten durch organische Hirnerkrankung
(4) angeborene Intelligenzminderung

(A) 1 ist richtig.
(B) 2 ist richtig.
(C) 3 ist richtig.
(D) 4 ist richtig.

1.77 Ordnen Sie die einzelnen Formen der Intelligenzminderung dem entsprechenden IQ zu!

(1) Minderbegabung
(2) leichte Intelligenzminderung (Debilität)
(3) mittelgradige Intelligenzminderung (Imbezillität)
(4) schwerste Intelligenzminderung (Idiotie)

(A) IQ 80–90
(B) IQ < 40
(C) IQ 60–90
(D) IQ 40–59

NEUROTISCHE UND SOMATOFORME STÖRUNGEN („NEUROSEN")

2.1 Unter dem Begriff der neurotischen Störung versteht man folgendes:

(1) eine Störung der Erlebnis- und Konfliktverarbeitung, die sich im wesentlichen vor dem Hintergrund psychosozialer Faktoren entwickelt

(2) eine psychische Störung aufgrund organischer Hirnveränderungen, die wegen im allgemeinen fehlender Produktivität nicht die Wertigkeit von Psychosen erlangt

(3) eine psychische Erkrankung aus der Gruppe der so genannten endogenen Psychosen

(4) eine Störung der Persönlichkeit, wobei bestimmte Merkmale der Persönlichkeitsstruktur in besonderer Weise ... ausgeprägt, unflexibel und wenig angepaßt sind.

(A) 1 ist richtig.
(B) 2 ist richtig.
(C) 3 ist richtig.
(D) 4 ist richtig.

2.2 Man sagt, die neurotische Symptombildung bringt für den Erwachsenen Gewinn: den primären und den sekundären Krankheitsgewinn. Ordnen Sie zu:

(A) primärer Krankheitsgewinn ist:

(1) die Verdrängung des Konfliktes
(2) die Angstminderung
(3) der Lustgewinn
(4) das Sicherheitsgefühl

(B) sekundärer Krankheitsgewinn liegt:

(1) im Kompromiß zwischen den aktualisierten kindlichen Wünschen und deren Abwehr
(2) in der besseren Beherrschung der Körperfunktionen
(3) im verstärkten Erleben des eigenen Selbst
(4) in der Reaktion der Umwelt, die oft dazu beträgt, die Symptome aufrechtzuerhalten

2.3 Welche der folgenden Aussagen über die „orale Phase" trifft nicht zu?

(1) Im Mittelpunkt des Erlebens steht die Nahrungsaufnahme, Triebbefriedigung und Lustgewinn am Saugen.
(2) Frühestes Erleben von Bindung, Abhängigkeit und Angenommenwerden
(3) Phasendauer bis 3. Lebensjahr
(4) Die Hauptangst in dieser Phase ist die Angst vor Objektverlust, Trennung und Liebesverlust.

(A) 1 ist nicht richtig.
(B) 2 ist nicht richtig.
(C) 3 ist nicht richtig.
(D) 4 ist nicht richtig.

2.4 Zu den möglichen Manifestationen infolge von Störungen während der oralen Phase gehören:

(1) Nähe-Distanz-Probleme
(2) Sexualstörungen
(3) depressive Charakterstruktur
(4) süchtiges Verhalten

(A) 1 und 2 sind richtig.
(B) Nur 2 ist richtig.
(C) 2, 3 und 4 sind richtig.
(D) Alle sind richtig.

(A) 1 ist nicht richtig.
(B) 2 ist nicht richtig.
(C) 3 ist nicht richtig.
(D) 4 ist nicht richtig.

2.5 Welche der Aussagen über die „anale Phase" trifft nicht zu?

(1) Phasendauer ca. 2.–3. Lebensjahr
(2) Weiterentwicklung von Autonomie, Beherrschung von Körperfunktionen
(3) Das Lustempfinden ist genital fokussiert.
(4) Entwicklung von Selbstwertgefühl

(A) 1 ist nicht richtig.
(B) 2 ist nicht richtig.
(C) 3 ist nicht richtig.
(D) 4 ist nicht richtig.

2.6 Zu den möglichen Manifestationen infolge von Störungen während der analen Phase gehören:

(1) zwanghafter Charakter mit Pedanterie und Ordnungsliebe
(2) starke Autonomie und Machtwünsche
(3) Zwangsneurosen
(4) Selbstwertproblematik

(A) 1 und 2 sind richtig.
(B) Nur 3 ist richtig.
(C) 1, 2 und 3 sind richtig.
(D) Alle sind richtig.

2.7 Welche der Aussagen über die „ödipale (phallische) Phase" trifft nicht zu?

(1) Erleben der sexuellen Unterschiede
(2) verstärktes Erleben des eigenen Selbst
(3) Das Lustempfinden ist genital fokussiert.
(4) Relativierung der Liebe zum gegengeschlechtlichen Elternteil und Identifizierung mit dem gleichgeschlechtlichen Elternteil

2.8 Zu den möglichen Manifestationen infolge von Störungen während der ödipalen Phase gehören:

(1) Isolierungstendenzen
(2) Sexualstörungen und Sexualängste
(3) Partnerprobleme
(4) Phobien

(A) 1, 2 und 4 sind richtig.
(B) 2 und 3 sind richtig.
(C) 2, 3 und 4 sind richtig.
(D) Alle sind richtig.

2.9 Welche der Aussagen über die „Latenzphase" trifft/treffen nicht zu?

(1) Phasendauer ca. 6.–10. Lebensjahr
(2) Orientierung am eigenen Selbst
(3) Erleben und Erfahrungen primär auf Weiterentwicklung von Ich-Fähigkeiten gerichtet
(4) zunehmendes Interesse an Genitale

(A) 1 ist nicht richtig.
(B) 2 ist nicht richtig.
(C) 3 und 4 sind nicht richtig.
(D) 2 und 4 sind nicht richtig.

2.10 Zu den möglichen Manifestationen infolge von Störungen während der Latenzphase gehören:

(1) Verhaltensstörungen
(2) autoaggressive Tendenzen
(3) Angst vor Auseinandersetzungen mit anderen (z.B. Schulkameraden)
(4) Konzentrationsmängel

(A) 1, 2 und 4 sind richtig.
(B) Nur 3 ist richtig.
(C) 1 und 4 sind richtig.
(D) Alle sind richtig.

2.11 Welche der Aussagen über die „genitale Phase/Pubertät" trifft nicht zu?

(1) Erfahrung von Autonomie durch die Eltern
(2) Phasendauer bis 16. Lebensjahr
(3) Austesten eigener Fähigkeiten und ihrer Grenzen
(4) verstärktes Erleben des eigenen Selbst, der Triebwünsche und der Geschlechtsidentität

(A) 1 ist nicht richtig.
(B) 2 ist nicht richtig.
(C) 3 ist nicht richtig.
(D) 4 ist nicht richtig.

2.12 Zu den möglichen Manifestationen infolge von Störungen während der genitalen Phase/Pubertät gehören:

(1) schwere Selbstwertprobleme
(2) Störungen der Geschlechtsidentität
(3) triebfeindliche Einstellungen
(4) erste Suchtmanifestationen

(A) 1 und 3 sind richtig.
(B) Nur 2 ist richtig.
(C) 2, 3 und 4 sind richtig.
(D) Alle sind richtig.

2.13 Ordnen Sie die folgenden Beziehungsstadien den einzelnen Phasen zu!

(1) Ich → Du
(2) Ich → Selbst
(3) Ich → Wir

(A) oral
(B) anal
(C) ödipal

2.14 Zu der Instanzenlehre gehören folgende Aussagen:

(1) Es – Ich – Über-Ich sind die drei Instanzen, die das Selbst bilden (nach Freud).

(2) Die seelische Situation zielt auf eine Balance zwischen Ich – Es – Über-Ich.
(3) Nach Freud entsteht aus einem nicht bewältigten Konflikt zwischen den drei Instanzen eine Neurose.
(4) Die Neurosenlehre basiert auf dem psychoanalytischen Strukturmodell (Instanzenlehre).

(A) 1 und 4 sind richtig.
(B) 2 und 3 sind richtig.
(C) 3 und 4 sind richtig.
(D) Alle sind richtig.

2.15 Welche der Aussagen über das „Es" trifft/treffen zu?

(1) Das „Es" umfasst die Gesamtheit der Triebe.
(2) Das „Es" ist Hauptträger der psychischen Energie (Libidoenergie).
(3) Das „Es" richtet sich auf Objekte, die Lustgewinn verschaffen.
(4) Man sagt, wenn „Es" es nicht schafft, entwickelt sich das „Ich".

(A) 1 ist richtig.
(B) 2 und 3 sind richtig.
(C) 3 und 4 sind richtig.
(D) Alle sind richtig.

2.16 Welche der Aussagen über das „Ich" trifft nicht zu?

(1) Das Herrschaftsprinzip des „Ich" ist nicht die Realität.
(2) Das „Ich" umfasst die Funktionen zur Regelung der Beziehungen des Individuums zu seiner Umgebung.
(3) Man sagt, das „Ich" versucht Ausgleich zu schaffen zwischen „Es" und „Über-Ich".
(4) Seine Mechanismen/Strategien sind Anpassung, Ausgleich und Kompromiss.

(A) 1 ist nicht richtig.
(B) 2 ist nicht richtig.
(C) 3 ist nicht richtig.
(D) 4 ist nicht richtig.

2.17 Welche der Aussagen über das „Über-Ich" trifft/treffen zu:

(1) Das „Über-Ich" enthält die moralischen Maßstäbe des Selbst.
(2) Die Moral gilt als Herrschaftsprinzip des „Über-Ich".
(3) Man sagt, mit Hilfe des „Über-Ich" wird die gesellschaftliche Ordnung aufrechterhalten.
(4) Man sagt, das „Über-Ich" hat eine zentrale Bedeutung bei der Regelung und Bewältigung von Wünschen.

(A) 1 und 2 sind richtig.
(B) 1, 2 und 3 sind richtig.
(C) Nur 3 ist richtig.
(D) Alle sind richtig.

2.18 Nennen Sie mindestens fünf Abwehrmechanismen!

2.19 Welche der folgenden Aussagen trifft/treffen für den Begriff „Verdrängung" zu?

(1) Die mit dem Gesamtleben nicht zu vereinbarenden Impulse oder Erlebnisse werden in den Bereich des Unbewussten verdrängt.
(2) Das Verdrängte bleibt aber aus dem Unterbewusstsein heraus wirksam.
(3) Das Motto des Verdrängens: „Was ich nicht weiß, macht mich nicht heiß."
(4) Persönlichkeitscharakteristika werden in das eigene Selbst integriert.

(A) 1 und 2 sind richtig.
(B) 1, 2 und 3 sind richtig.
(C) Nur 3 ist richtig.
(D) Alle sind richtig.

2.20 Unter dem Begriff „Projektion" versteht man folgendes:

(1) Eigene Konflikte/Triebregungen/Wünsche werden nach außen hin verschoben und dort häufig bekämpft (oft als Übertragung bezeichnet).
(2) Verleugnung unangenehmer Teile der Realität
(3) eine Form des Nichtwahrhabens
(4) Wendung eines Triebimpulses gegen die eigene Person

(A) 1 ist richtig.
(B) 2 ist richtig.
(C) 3 ist richtig.
(D) 4 ist richtig.

2.21 Der Begriff „Regression" ist wie folgt definiert:

(1) Konfliktanfälligkeit unter Berücksichtigung der Realität
(2) Verkehrung ins Gegenteil
(3) Rückzug in frühere Entwicklungszeiten, die harmonischer waren
(4) Versuch, etwas eine moralisch akzeptable Motivation zuzuschreiben

(A) 1 ist richtig.
(B) 2 ist richtig.
(C) 3 ist richtig.
(D) 4 ist richtig.

2.22 Ordnen Sie folgende Aussagen den jeweiligen Abwehrmechanismen zu!

(1) Konflikthaft erlebte Impulse gegenüber einer Person werden auf andere Personen oder Sachen verschoben.
(2) Beseitigung vorangegangener Gedanken/Handlungen durch neue Gedanken/Handlungen, die häufig gegenteilige Bedeutung haben
(3) Ein psychischer Konflikt wird in ein Körpersymptom umgesetzt.

(4) Gedanken werden von anderen Gedankenverknüpfungen isoliert und damit voneinander getrennt gehalten.

(A) Isolierung
(B) Ungeschehenmachen
(C) Verschiebung
(D) Konversion

2.23 Welche der Aussagen trifft/treffen auf die „neurotische" Depression (Dysthymia) zu?

(1) Bezeichnet man als ängstlich-traurige Verstimmung, die ihre Ursache in einem ungelösten, verdrängten neurotischen Konflikt hat.
(2) Es können auch vegetative Störungen wie beispielsweise Obstipation auftreten.
(3) Die neurotische Depression ist nicht heilbar.
(4) verkürzte Lebenserwartung durch erhöhtes Suizidrisiko

(A) Nur 1 ist richtig.
(B) 1, 2 und 3 sind richtig
(C) 1, 2 und 4 sind richtig.
(D) Alle sind richtig.

2.24 Anhand welcher der folgenden Symptome erkennt man eine „neurotische" Depression?

(1) Selbstwertproblematik
(2) Gefühl von Hilf- und Hoffnungslosigkeit
(3) chronische Abgeschlagenheit und Müdigkeit
(4) Angst vor Ablehnung, Trennung, Verlassenwerden oder Verlust
(5) Hemmungen

(A) 1 und 2 sind richtig.
(B) 2, 3 und 5 sind richtig.
(C) 1, 3, 4 und 5 sind richtig.
(D) Alle sind richtig.

2.25 Was ist beim Umgang mit einem depressiven Patienten zu beachten?

(1) keine guten Ratschläge geben
(2) bestimmend auf ihn einwirken, er soll sich nicht so anstellen
(3) „Ich-stärkend" arbeiten
(4) keinen Druck ausüben

(A) 1 und 2 sind richtig.
(B) 1, 3 und 4 sind richtig.
(C) 2 und 4 sind richtig.
(D) Alle sind richtig.

2.26 Welche Aussagen treffen auf die Zwangsstörung zu?

(1) Der Patient leidet unter sich ihm aufdrängenden Zwängen bzw. Zwangsimpulsen, gegen die er sich nicht oder nur mit großer Anstrengung wehren kann.
(2) Zwangsstörungen haben eine angstbindende Funktion.
(3) Zwangsneurotische Symptome treten häufig bei Patienten mit zwanghafter Persönlichkeitsstruktur auf.
(4) keine häufig vorkommende Störung

(A) 1, 2 und 3 sind richtig.
(B) 1 und 4 sind richtig.
(C) 3 und 4 sind richtig.
(D) Alle sind richtig.

2.27 Welche der folgenden Symptome sind typisch für eine Zwangsstörung?

(1) Zwangsgedanken, -vorstellungen und -handlungen, bei deren Unterlassung starke Angst auftritt
(2) Zwangsimpulse müssen immer ausgeführt werden
(3) sexuelle Funktionsstörungen
(4) psychosomatische Störungen (z.B. Asthma, Obstipation)

(A) 1, 3 und 4 sind richtig.
(B) 2 und 4 sind richtig.
(C) 1 und 4 sind ist richtig.
(D) Alle sind richtig.

2.28 Welche der Aussagen über die Zwangsstörung trifft nicht zu?

(1) häufig Beginn bereits in der Kindheit
(2) 100% heilbar
(3) mögliche Therapien sind analytische Psychotherapie und Verhaltenstherapie
(4) keine häufig vorkommende Störung

(A) 1 ist nicht richtig.
(B) 2 ist nicht richtig.
(C) 3 ist nicht richtig.
(D) 4 ist nicht richtig.

2.29 Welche der Aussagen treffen auf die Angststörung zu?

(1) Vorherrschen von Angstsymptomatik (zunächst nicht objekt- oder situationsgebunden)
(2) oft auch anfallsartig einsetzende Angstanfälle/Panickattacken
(3) begleitet von verschiedenen Somatisierungen (Angstäquivalenten)
(4) keine Einschränkung des Lebensradius

(A) 1, 2 und 4 sind richtig.
(B) 2 und 3 sind richtig.
(C) 1, 2 und 3 sind richtig.
(D) Alle sind richtig.

2.30 Welches der folgenden vegetativen Symptome kann bei der Angststörung auftreten?

(1) Zittern
(2) Magen-Darm-Irritationen
(3) Schlafstörungen
(4) Schweißausbrüche

(A) 1, 2 und 3 sind richtig.
(B) Nur 2 ist richtig
(C) 3 und 4 sind richtig.
(D) Alle sind richtig.

2.31 Welche der Aussagen über Verlauf und Prognose der Angststörung trifft nicht zu?

(1) Gefahr sekundärer Suchtentwicklung
(2) manifestiert sich meist im 2. Lebensjahrzehnt
(3) Neigung zu Chronifizierung
(4) häufig verbunden mit depressiver Begleitstörung

(A) 1 ist nicht richtig.
(B) 2 ist nicht richtig.
(C) 3 ist nicht richtig.
(D) 4 ist nicht richtig.

2.32 Welche der Aussagen trifft nicht auf Angsterkrankungen zu?

(1) Angsterkrankungen gehören neben Depression und Alkoholerkrankungen mit zu den meist verbreiteten Störungsbildern in der Psychiatrie.
(2) Frauen sind fast doppelt so häufig betroffen wie Männer.
(3) Der Erkrankungsgipfel liegt bei den über 40-jährigen.
(4) Die Agoraphobie ist eine typische Angsterkrankung.

(E) Aussage 1 trifft nicht zu.
(F) Aussage 2 trifft nicht zu.
(G) Aussage 3 trifft nicht zu.
(H) Aussage 4 trifft nicht zu.

2.33 Welche Therapieform wird bei Angsterkrankungen am häufigsten angewendet?

(1) Verhaltenstherapie
(2) Hypnose

(3) systemische Familientherapie
(4) klassische Psychoanalyse
(5) Bioenergetik

(A) Aussage 1 ist richtig.
(B) Aussage 2 ist richtig.
(C) Aussage 3 ist richtig.
(D) Aussage 4 ist richtig.

2.34 Welche der folgenden Symptome indizieren eine Panikstörung?

(1) plötzlicher Beginn mit Herzklopfen
(2) Häufige Angst zu sterben oder wahnsinnig zu werden
(3) Brustschmerz und häufig Erstikkungsgefühl
(4) Schreibkrämpfe

(A) 1, 2 und 3 sind richtig.
(B) 2 und 4 sind richtig.
(C) Nur 3 ist richtig.
(D) Alle sind richtig.

2.35 Welche der Aussagen gilt als Leitsymptom für die Phobien?

(1) nicht vorhersehbare, schwere Angstanfälle und nicht spezifisch ausgelöst
(2) frei flottierende Angst
(3) Selbstwertproblematik
(4) Situations- bzw. objektbezogene Angst

(A) 1 ist richtig.
(B) 2 ist richtig.
(C) 3 ist richtig.
(D) 4 ist richtig.

2.36 Nennen Sie drei gängige Phobien!

2.37 Welche der Aussagen treffen auf Phobien zu?

(1) häufig vorkommende Störung – Frauen erkranken häufiger als Männer
(2) Im Verlauf sind spontane Rückbildungen nicht möglich.
(3) Indikationsbereich für verhaltenstherapeutische Verfahren
(4) spezifisches Erkrankungsalter im 3. Lebensjahrzehnt

(A) 1 und 2 sind richtig.
(B) 3 und 4 sind richtig.
(C) 2 und 4 sind richtig.
(D) 1 und 3 sind richtig.

2.38 Nur eine der folgenden Aussagen trifft auf die soziale Phobie zu. Welche?

(1) Bei der sozialen Phobie handelt es sich um wiederholte, anfallsartige Angstattacken.
(2) Die soziale Phobie zeigt sich als inadäquate Angst vor Situationen, bei denen man im Mittelpunkt der Aufmerksamkeit anderer steht.
(3) Typisch für die soziale Phobie ist eine übertriebene Angst vor öffentlichen Plätzen.
(4) Bei der sozialen Phobie sind die Ängste auf bestimmte Objekte oder Situationen ausgerichtet.

(A) Aussage 1 trifft zu.
(B) Aussage 2 trifft zu.
(C) Aussage 3 trifft zu
(D) Aussage 4 trifft zu.

2.39 Welche der Aussage/n über die posttraumatische Belastungsstörung (PTSD) trifft/treffen zu?

(1) Die Erkrankung tritt bei Menschen auf, die eine katastrophale Lebenssi-

tuation (Krieg, Terror, Bedrohung des eigenen Lebens, Vergewaltigung, etc.) miterleben mussten.
(2) Typisch sind so genannte Flashbacks, d.h. sich aufdrängende Erinnerungen, die immer wieder den Ablauf des Erlebten vorführen.
(3) Schlaflosigkeit und übertriebene Schreckhaftigkeit treten oft als vegetative Symptome einer posttraumatischen Belastungsstörung auf.
(4) Charakteristisch für eine posttraumatische Belastungsstörung ist das Meiden von Situationen, die an das Trauma erinnern können.

(A) Nur Aussage 1 trifft zu.
(B) Aussagen 1 und 2 treffen zu.
(C) Aussagen 1, 3 und 4 treffen zu.
(D) Aussagen 3 und 4 treffen zu.
(E) Alle Aussagen treffen zu.

2.40 Welche der Aussagen treffen für die Konversionen zu?

(1) Störung des Erlebens, verbunden mit Störungen körperlicher Funktionen
(2) häufiges Auftreten bei ausgeprägter, hysterischer Persönlichkeitsstruktur
(3) Die Symptombildung verhindert die Bewusstwerdung des Konfliktes.
(4) Frauen erkranken häufiger als Männer.

(A) 1, 3 und 4 sind richtig.
(B) 1 und 2 sind richtig.
(C) 3 und 4 sind richtig.
(D) Alle sind richtig.

2.41 Welche der folgenden Symptome können bei Konversionsstörungen auftreten?

(1) Orgasmusstörung, Vaginismus
(2) dissoziative Störungen (z.B. Amnesien, Dämmerzustände)

(3) Lähmungen, Sehstörungen
(4) Stimmlosigkeit, Taubheit

(A) 1, 2 und 3 sind richtig.
(B) 2 und 4 sind richtig.
(C) 3 und 4 sind richtig.
(D) Alle sind richtig.

2.42 Welche der Aussagen über die Konversionsstörungen trifft nicht zu?

(1) Der Patient ist mit seiner Körpersymptomatik beschäftigt, ohne seine eigentliche Störung zu erkennen.
(2) Die Körpersymptomatik verschafft dem Leidenden einer erheblichen, sekundären Krankheitsgewinn: Verständnis und Schonung.
(3) Konversionssymptome zielen auf Entlastung von äußeren und inneren Verpflichtungen.
(4) Tritt ein Symptom auf, chronifiziert es sich meistens.

(A) 1 ist nicht richtig.
(B) 2 ist nicht richtig.
(C) 3 ist nicht richtig.
(D) 4 ist nicht richtig.

2.43 Welche der Aussagen treffen für die hypochondrische Störung zu?

(1) Vorherrschen einer ängstlichen, körperbezogenen Selbstbeobachtung
(2) Patienten mit einer hypochondrischen Störung sind meist Individualisten mit starkem Autarkiestreben.
(3) Konflikt ist meist eine tiefgreifende Lebensangst.
(4) Die gestörte Beziehung zum eigenen Körper hat meist den Ursprung in früherer Mutter-Kind-Beziehung.

(A) 1, 2 und 3 sind richtig.
(B) 2, 3 und 4 sind richtig.
(C) 1, 3 und 4 sind richtig.
(D) Alle sind richtig.

2.44 Welche Diagnose ist am wahrscheinlichsten?

 Ein 38-jähriger Vertriebsleiter kommt in die Praxis und berichtet, er habe ständig Angstgefühle. Angefangen hat dies vor vier Monaten, als ein Kollege am Arbeitsplatz zusammenbrach und den Herzinfarkt nicht überlebte. Kurz darauf, so erinnert sich der Patient, begannen die Angstgefühle. Er ließ sich beurlauben und blieb fast nur noch in der Wohnung, wo seine Angst weniger stark war. In letzter Zeit jedoch hatte er öfter Herzsensationen, die ihn befürchten ließen, er würde auch an einem Herztod sterben können. Untersuchungen beim Arzt führten zu keinem konkreten Ergebnis. Seine Angst wurde jedoch stärker, was sich fatal auf sein Leben auswirkte. Er fühle sich depressiv und denkt auch manchmal daran, er könne so nicht mehr weiterleben. Während des Gesprächs erzählte der Patient, dass er im letzten Jahr zwei ihm nahestehende Personen (Mutter – Freundin) durch Tod verloren hatte.

(1) „neurotische" Depression
(2) hypochondrische Störung
(3) Schizophrenie
(4) Angststörung

(A) 1 ist richtig.
(B) 2 ist richtig.
(C) 3 ist richtig.
(D) 4 ist richtig.

schiebt er vor sich her und kommt deshalb nicht weiter. Sein Arbeitgeber droht ihm jetzt mit Entlassung. Er fühle sich sehr hilf- und hoffnungslos und wisse nicht mehr, was er machen soll. Der Patient wirkt depressiv verstimmt, nicht so recht wissend, ob man ihm helfen kann. Während des Gesprächs berichtet der Patient, dass vor kurzem eine Beziehung zu Bruch gegangen ist. Seine Freundin hielt ihn für zu passiv. Immer sei es sie gewesen, die Bewegung in die Beziehung bringen musste, um etwas gemeinsam zu unternehmen. Aus den Erzählungen über seinen Familienhintergrund stellt sich heraus, dass er als Kind sehr behütet worden war. Schwierigkeiten wurden ihm immer aus dem Weg geräumt. Die Mutter kümmerte sich nur um den Haushalt und ihre Familie. Kontakte zu anderen pflegte sie kaum. Der Vater wurde als eher distanziert und kühl beschrieben. Es gab wenig gemeinsame Aktivitäten, da der Vater immer zu müde war. Das familiäre Leben spielte sich meistens zu Hause ab.

(1) Angststörung
(2) „neurotische" Depression
(3) Zwangsstörung
(4) Konversionsstörung

(A) 1 ist richtig.
(B) 2 ist richtig.
(C) 3 ist richtig.
(D) 4 ist richtig.

2.45 Welche Diagnose ist am wahrscheinlichsten?

 Ein 25-jähriger Informatiker kommt in die Praxis, weil er seit einigen Monaten unter massiven Arbeitsstörungen leidet. Ein wichtiges Projekt, an dem er arbeitet,

2.46 Welche Diagnose ist am wahrscheinlichsten?

 Eine 23-jährige Sekretärin kommt in die Praxis. Sie berichtet, dass sie bei bestimmten Zahlenkombinationen ein Gefühl, ihr könne etwas Schreckliches passie-

ren, bekommt und sie dann mehr-
malig das Vaterunser aufsagen muss,
um nicht mehr daran zu denken.
Da ihr als Sekretärin solche Zahlenkombinationen öfter unter die Augen
kommen, hat sie massive Arbeitsstörungen, die mittlerweile auch
ihren Kolleginnen auffielen.
Aus ihren Erzählungen über ihre
Familie deutet sich an, dass sie aus
einem rigiden Elternhaus kommt.
Ihre Mutter achtete immer peinlich
genau auf Sauberkeit und Ordnung.
Ihr Vater verhielt sich in ähnlicher
Weise. Er war pedantisch, wenn es
um sein Gartenhäuschen ging.

(1) Angststörung
(2) Zwangsstörung
(3) Konversionsstörung
(4) „neurotische" Depression

(A) 1 ist richtig.
(B) 2 ist richtig.
(C) 3 ist richtig.
(D) 4 ist richtig.

2.47 Welche Diagnose ist am wahrschein-lichsten?

 Eine 30-jährige Angestellte
kommt in die Praxis und berichtet, dass sie seit einiger Zeit
nicht mehr richtig hören könne.
Außerdem habe sie Orgasmusstörungen, die ihr ihr neuer Freund immer
wieder vorhielt. Die Beziehung sei
dadurch gefährdet. Im weiteren Gespräch erzählt die Patientin, sie sei
im Alter von 14 Jahren von ihrem da-
maligen, älteren Freund gegen ihren
Willen zum Geschlechtsakt gezwun-
gen worden. Ihren Eltern gegenüber
hatte sie aus Angst nichts erwähnt.
Sie erinnere sich auch an ein ähnliches Erlebnis mit 23 Jahren. Sie hatte
eine Beziehung mit einem Drogenab-

hängigen und litt auch damals unter
Orgasmusstörungen und hatte öfter
starke Krämpfe, wofür die Neurologen keine begründbare Ursache fan-
den. Die Symptome legten sich aber
bald, nachdem sie sich von ihrem
Freund getrennt hatte. Da sie den jet-
zigen Freund sehr liebe und sich
nicht trennen möchte, suche sie nach
Hilfe.

(1) hysterische Störung/Konversions-
störung
(2) hypochondrische Störung
(3) Angststörung
(4) Zwangsstörung

(A) 1 ist richtig.
(B) 2 ist richtig.
(C) 3 ist richtig.
(D) 4 ist richtig.

2.48 Welche Diagnose ist am wahrschein-lichsten?

Auf Anraten seines Hausarztes
kommt ein 28-jähriger Unter-
nehmer in die Praxis. Er berichtet, dass er sich seit längerem einmal in der Woche untersuchen ließe,
weil er die Befürchtung hat, schwer
krank zu werden und sich davor
schützen müßte. Er habe sich bereits
auf so ziemlich alles untersuchen lassen: AIDS, Krebs, Geschlechtskrank-
heiten, usw. Er erzählt weiter, dass er
fast immer Anzeichen für eine Krankheit aus seinen Selbstbeobachtungen
schließt; sein Hausarzt aber nie etwas
finden kann.

(1) hysterische Störung/Konversions-
störung
(2) Angststörung
(3) Zwangsstörung
(4) hypochondrische Störung

(A) 1 ist richtig.
(B) 2 ist richtig.
(C) 3 ist richtig.
(D) 4 ist richtig.

2.49 An welche Störung denken Sie?

 Ein Klient schildert: „Ich weiß nicht mehr was ich tun soll. In letzter Zeit erlebe ich ganz komische Situationen. In der U-Bahn, in Kaufhäusern oder selbst beim Spazierengehen bekomme ich plötzlich Schweißausbrüche und mein Herz fängt an zu rasen. Mir ist, als ob ich sterben müsste. Neulich war ich beim Internisten, weil ich dachte mit meinem Herzen stimmt etwas nicht. Der hat aber nichts gefunden. Ich unternehme schon gar nichts mehr alleine, weil ich so Angst habe, dass es wieder passiert.

(1) Agoraphobie
(2) soziale Phobie
(3) generalisierte Angststörung
(4) Panikstörung

(A) Aussage 1 ist richtig.
(B) Aussage 2 ist richtig.
(C) Aussage 3 ist richtig.
(D) Aussage 4 ist richtig.

PERSÖNLICHKEITSSTÖRUNGEN

3.1 Welche Aussage über Persönlichkeitsstörung trifft zu?

(1) Von Persönlichkeitsstörung spricht man, wenn bestimmte Merkmale der Persönlichkeitsstruktur in besonderer Weise ausgeprägt, unflexibel und wenig angepaßt sind, so dass sich hieraus ernsthafte Konflikte ergeben.
(2) Von Persönlichkeitsstörung spricht man, wenn eine akute, meist kurzdauernde Fehlverarbeitung eines Konflikts sich auf die Persönlichkeitsstruktur auswirkt.
(3) Von Persönlichkeitsstörung spricht man, wenn eine vorübergehende Störung von beträchtlichem Schweregrad sich als Reaktion auf eine außergewöhnliche seelische und/oder körperliche Belastung entwickelt.
(4) Von Persönlichkeitsstörung spricht man, wenn eine Vielfalt von Störungen, vor allem produktive Symptome und Bewusstseinsstörungen, auftreten.

(A) 1 ist richtig.
(B) 2 ist richtig.
(C) 3 ist richtig.
(D) 4 ist richtig.

3.2 Welche der Aussagen treffen für die Persönlichkeitsstörungen zu?

(1) Man sagt, dass im Gegensatz zu Neurotikern die Verhaltensweisen oft schon wie Persönlichkeitszüge lange vorhanden sind.

(2) Differentialdiagnostisch sind Persönlichkeitsstörungen leicht von einer Pseudopsychopathie zu unterscheiden.
(3) Es besteht keine regelhafte Beziehung zwischen schizoider Persönlichkeitsstörung und Schizophrenie.
(4) Die Abweichung vom gesunden Seelenleben besteht in der Prägnanz und Dominanz des jeweiligen Merkmals.

(A) 1, 2 und 4 sind richtig.
(B) 2 und 3 sind richtig.
(C) 1, 3 und 4 sind richtig.
(D) Alle sind richtig.

3.3 Welche Faktoren sind hinsichtlich der Entstehungsbedingungen für Persönlichkeitsstörungen relevant?

(1) Sehr wahrscheinlich sind genetische Faktoren, jedoch nicht allein verursachend.
(2) Erworbene Hirnschäden sind an der Entstehung von Persönlichkeitsstörungen mitbeteiligt.
(3) Entwicklungsbedingungen sind für die Entstehung von Persönlichkeitsstörungen maßgeblich.
(4) Jahreszeitliche Schwankungen verursachen die Entstehung von Persönlichkeitsstörungen.

(A) 1, 2 und 3 sind richtig.
(B) 2 und 4 sind richtig.
(C) Nur 3 ist richtig.
(D) Alle sind richtig.

3.4 Zu welchen Krankheitsgruppen können Persönlichkeitsstörungen in Bezug gesetzt werden?

(1) neurotischen Störungen
(2) Psychosen
(3) Schizophrenie
(4) hirnorganischen Krankheiten

(A) 1 und 4 sind richtig.
(B) 1, 2 und 4 sind richtig.
(C) Nur 4 ist richtig.
(D) Alle sind richtig.

3.5 Welche Aussagen treffen hinsichtlich Verlauf und Prognose über Persönlichkeitsstörungen zu?

(1) Die Persönlichkeitsmerkmale bleiben im Laufe des Lebens qualitativ weitgehend unverändert.
(2) mit fortschreitendem Alter oft Abschwächung der Merkmalsakzentuierung
(3) In bezug auf die Lebensbewältigung gilt in etwa die Drittelregel: $1/3$ ungünstiger Verlauf, $1/3$ kompromisshafte Lebensbewältigung, $1/3$ günstiger Verlauf mit ausreichender Lebensbewältigung.

(A) 1 und 2 sind richtig.
(B) 2 und 3 sind richtig.
(C) Alle sind richtig.

3.6 Nennen Sie mindestens fünf spezifische Persönlichkeitsstörungen!

3.7 Bezüglich einer Persönlichkeitsstörung lässt sich sagen:

(1) Die Behandlungserfolge einer Persönlichkeitsstörung sind eher als begrenzt einzustufen.
(2) Psychopharmaka werden bei dieser Störung meist symptomorientiert, d.h. bei depressiven Syndromen werden z.B. Antidepressiva eingesetzt.

(3) Es gibt eine hohe Suizidalität.
(4) Persönlichkeitsstörungen lassen sich am besten durch eine adäquate Gesprächspsychotherapie heilen.

(A) Aussage 1 ist richtig.
(B) Aussagen 1 und 2 sind richtig.
(C) Aussagen 1, 2 und 3 sind richtig.
(D) Aussage 3 und 4 sind richtig.
(E) Nur Aussage 4 ist richtig.

3.8 Unter der „anankastischen Persönlichkeitsstörung" versteht man auch:

(1) selbstunsichere Persönlichkeitsstörung
(2) abhängige Persönlichkeitsstörung
(3) zwanghafte Persönlichkeitsstörung

(A) 1 ist richtig.
(B) 2 ist richtig.
(C) 3 ist richtig.

3.9 Der Begriff „Zyklothymia" bezeichnet eine:

(1) zyklothyme Persönlichkeitsstörung
(2) depressive Persönlichkeitsstörung
(3) asthenische Persönlichkeitsstörung
(4) dissoziale Persönlichkeitsstörung

(A) 1 ist richtig.
(B) 2 ist richtig.
(C) 3 ist richtig.
(D) 4 ist richtig.

3.10 Der Begriff „Dysthymia" bezeichnet eine:

(1) schizoide Persönlichkeitsstörung
(2) sensitive Persönlichkeitsstörung
(3) histrionische Persönlichkeitsstörung
(4) depressive Persönlichkeitsstörung

(A) 1 ist richtig.
(B) 2 ist richtig.
(C) 3 ist richtig.
(D) 4 ist richtig.

3.11 Welche/s der folgenden Symptome tritt/treten bei der „paranoiden Persönlichkeitsstörung" auf?

(1) Neigung zu Mißtrauen und Argwohn
(2) leichte Kränkbarkeit
(3) Kontakthemmung
(4) rasche Erschöpfbarkeit

(A) 1 und 2 sind richtig.
(B) 1, 3 und 4 sind richtig.
(C) Nur 3 ist richtig.
(D) Alle sind richtig.

3.12 Differentialdiagnostisch ist die „paranoide Persönlichkeitsstörung" abzugrenzen gegen:

(1) Querulantenwahn
(2) paranoides Syndrom
(3) Süchte
(4) sensitive Persönlichkeitsstörung

(A) 1 und 3 sind richtig.
(B) 1, 2 und 4 sind richtig.
(C) Nur 3 ist richtig.
(D) Alle sind richtig.

3.13 Welche Symptome treten bei der „schizoiden Persönlichkeitsstörung" auf:

(1) Kontakthemmung
(2) extreme Distanz und emotionale Kühle
(3) Mißtrauen
(4) Neigung zu Isolation und Vereinsamung

(A) 1 und 3 sind richtig.
(B) 2 und 4 sind richtig.
(C) 1, 2 und 3 sind richtig.
(D) Alle sind richtig.

3.14 Welches der folgenden Merkmale trifft nicht auf die „schizoide Persönlichkeitsstörung" zu?

(1) starkes sexuelles Interesse
(2) Mangel an engen, vertrauensvollen Beziehungen
(3) emotionale Kühle
(4) Unfähigkeit, Freude zu erleben

(A) Aussage 1 trifft nicht zu.
(B) Aussage 2 trifft nicht zu.
(C) Aussage 3 trifft nicht zu.
(D) Aussage 4 trifft nicht zu.

3.15 Differentialdiagnostisch ist die „schizoide Persönlichkeitsstörung" abzugrenzen gegen:

(1) Schizophrenie
(2) depressive Persönlichkeitsstörung
(3) Borderline-Syndrom
(4) psychotisches Residualsyndrom

(A) 1 und 2 sind richtig.
(B) 2 und 4 sind richtig.
(C) 1, 2 und 4 sind richtig.
(D) Alle sind richtig.

3.16 Welche Symptome treten bei der „dissozialen Persönlichkeitsstörung" auf?

(1) Rücksichtslosigkeit gegenüber sozialen Normen/Regeln
(2) betonter Egoismus
(3) Verwahrlosungstendenzen
(4) starkes Geltungsbedürfnis

(A) 1 und 2 sind richtig.
(B) 1, 2 und 3 sind richtig.
(C) 3 und 4 sind richtig.
(D) Alle sind richtig.

3.17 Differentialdiagnostisch ist die „dissoziale Persönlichkeitsstörung" abzugrenzen gegen:

(1) hirnorganisches Psychosyndrom
(2) Schizophrenie
(3) Süchte
(4) sensitive Persönlichkeitsstörungen

(A) 1 und 3 sind richtig.
(B) 2 und 4 sind richtig.
(C) 2, 3 und 4 sind richtig.
(D) Alle sind richtig.

3.18 Welches der folgenden Symptome tritt nicht bei der „dissozialen Persönlichkeitsstörung" auf?

(1) aggressives und gewalttätiges Verhalten
(2) Reizbarkeit
(3) Unfähigkeit, auf die Gefühle anderer einzugehen
(4) überzogenes Gefühl der eigenen Wichtigkeit

(A) Aussage 1 ist nicht richtig.
(B) Aussage 2 ist nicht richtig.
(C) Aussage 3 ist nicht richtig.
(D) Aussage 4 ist nicht richtig.

3.19 Welche der nachstehenden Symptome treten bei einer „emotional instabilen Persönlichkeitsstörung" auf?

(1) rasch wechselnde Stimmung
(2) selbstverletzende Handlungen
(3) Suizidgedanken
(4) intensive, oft wechselnde private Beziehungen

(A) Aussagen 1 und 2 sind richtig.
(B) Aussagen 2 und 3 sind richtig.
(C) Aussagen 1 und 4 sind richtig.
(D) Aussagen 3 und 4 sind richtig.
(E) Alle Aussagen sind richtig

3.20 Welche Aussagen treffen auf die „emotional instabile Persönlichkeitsstörung" zu?

(1) „Impulsiver Typus" und „Borderline-Typus" werden als Unterformen beschrieben.
(2) Differentialdiagnostisch ist sie gegenüber den Psychosen abzugrenzen.
(3) Als Symptom gelten Wutausbrüche, die aus geringfügigem Anlass zu gewalttätigem und explosivem Verhalten führen können.
(4) Als Symptom des Borderline-Typus ist ein chronisches Depersonalisationserleben angezeigt.

(A) 1, 2 und 4 sind richtig.
(B) 2 und 3 sind richtig.
(C) 3 und 4 sind richtig.
(D) Alle sind richtig.

3.21 Welche Symptome treten bei der „histrionischen Persönlichkeitsstörung" auf?

(1) Neigung zu Effekthascherei und demonstrativem, unechtem Verhalten
(2) wechselnde, launenhafte Stimmung
(3) leichte Ermüdbarkeit
(4) starkes Kontaktbedürfnis bei gleichzeitig bestehender Kontaktunfähigkeit im Sinne von Liebes- und Bindungsunfähigkeit

(A) 1, 2 und 4 sind richtig.
(B) 1 und 4 sind richtig.
(C) 1, 2 und 3 sind richtig.
(D) Alle sind richtig.

3.22 Welches der Merkmale charakterisiert eine „histrionische Persönlichkeitsstörung"?

(1) theatralisches Verhalten mit überzogenem Ausdruck von Affekten
(2) Bestätigt werden müssen der eigenen Wichtigkeit von außen

(3) Unbeständigkeit des eigenen Selbstbilds
(4) ständig misstrauisches Verhalten

(A) Aussage 2 ist richtig.
(B) Aussage 2 ist richtig.
(C) Aussage 3 ist richtig.
(D) Aussage 4 ist richtig.

3.23 Differentialdiagnostisch ist die „histrionische Persönlichkeitsstörung" abzugrenzen gegen:

(1) Manie
(2) Konversionsstörung
(3) emotional instabile Persönlichkeitsstörung
(4) Psychosen

(A) 1 und 3 sind richtig.
(B) 2 und 4 sind richtig
(C) Nur 3 ist richtig.
(D) Alle sind richtig.

3.24 Welche Symptome treten bei der „anankastischen Persönlichkeitsstörung" auf?

(1) geringe Kompromissbereitschaft
(2) Perfektionismus
(3) charakterliche Rigidität
(4) Kontrollzwänge

(A) 1, 2 und 4 sind richtig.
(B) 2 und 3 sind richtig.
(C) 3 und 4 sind richtig
(D) Alle sind richtig.

3.25 Differentialdiagnostisch ist die „anankastische Persönlichkeitsstörung" abzugrenzen gegen:

(1) Zwangsstörung
(2) Psychosen
(3) paranoides Syndrom
(4) hirnorganisches Psychosyndrom

(A) Nur 1 ist richtig.
(B) 1 und 2 sind richtig.
(C) Nur 3 ist richtig.
(D) Alle sind richtig.

3.26 Welche Symptome treten bei der „sensitiven Persönlichkeitsstörung" auf?

(1) Mangel an Selbstvertrauen
(2) Überempfindlichkeit gegen Ablehnung und Zurückweisung
(3) Aggressionshemmung
(4) gesteigerte Aktivität

(A) 1 und 4 sind richtig.
(B) 2 und 3 sind richtig.
(C) 1, 2 und 3 sind richtig.
(D) Alle sind richtig.

3.27 Differentialdiagnostisch ist die „sensitive Persönlichkeitsstörung" abzugrenzen gegen:

(1) Psychosen
(2) Borderline-Persönlichkeitsstörung
(3) depressive Persönlichkeitsstörung
(4) asthenische Persönlichkeitsstörung

(A) 1 und 4 sind richtig.
(B) 2 und 3 sind richtig.
(C) Nur 3 ist richtig.
(D) Alle sind richtig.

3.28 Welche/s der Symptome tritt/treten bei der „asthenischen Persönlichkeitsstörung" auf:

(1) Mangel an Spannkraft und Durchhaltevermögen
(2) leichte Erschöpfbarkeit
(3) Neigung zu Depressivität
(4) Neigung zu Schlafstörungen

(A) 1 und 2 richtig.
(B) 3 und 4 sind richtig.
(C) Nur 3 ist richtig.
(D) Alle sind richtig.

3.29 Differentialdiagnostisch ist die „asthenische Persönlichkeitsstörung" abzugrenzen gegen:

(1) Konversionsstörung
(2) depressive „Neurose"
(3) emotional instabile Persönlichkeitsstörung
(4) Angststörung

(A) Nur 1 ist richtig.
(B) 1 und 2 sind richtig.
(C) Nur 2 ist richtig.
(D) Alle sind richtig.

3.30 Welche Symptome treten bei der „hyperthymen Persönlichkeitsstörung" auf?

(1) ständige Unruhe
(2) Distanzlosigkeit
(3) gesteigerte Aktivität
(4) Kontakthemmung

(A) 1, 2 und 3 sind richtig.
(B) 1 und 4 sind richtig.
(C) 3 und 4 sind richtig.
(D) Alle sind richtig.

3.31 Differentialdiagnostisch ist die „zyklothyme Persönlichkeitsstörung" abzugrenzen gegen:

(1) emotional instabile Persönlichkeitsstörung
(2) Manie
(3) maniformes Syndrom
(4) Konversionsstörung

(A) Nur 1 ist richtig.
(B) 1 und 2 sind richtig.
(C) 2 und 3 sind richtig.
(D) Alle sind richtig.

3.32 Welche/s Symptome tritt/treten bei der „depressiven Persönlichkeitsstörung" auf?

(1) Gehemmtheit
(2) gedrückte Stimmungslage
(3) Kontaktstörungen
(4) pessimistisch-skeptische Lebenseinstellung

(A) Nur 1 ist richtig.
(B) 1 und 2 sind richtig.
(C) 3 und 4 sind richtig.
(D) Alle sind richtig.

3.33 Differentialdiagnostisch ist die „depressive Persönlichkeitsstörung" abzugrenzen gegen:

(1) depressive „Neurose"
(2) depressive Phase bei endogenen Depressionen
(3) Psychosen
(4) dissoziale Persönlichkeitsstörung

(A) Nur 1 ist richtig.
(B) 1 und 2 sind richtig.
(C) 3 und 4 sind richtig.
(D) Alle sind richtig.

3.34 Welche Diagnose ist am wahrscheinlichsten?

 Ein 48-jähriger arbeitsloser, ehemaliger Versicherungskaufmann und seine 47jährige Ehefrau kommen in die Praxis. Schon im Erstgespräch stellt sich heraus, dass er nur widerwillig kam. Er berichtet, dass seine Frau ihm drohte, wenn er nicht Hilfe annimmt, werde sie ihn verlassen. Er selber hat nicht das Gefühl, Hilfe zu brauchen, und lehnt dies auch ab. Im weiteren Gespräch stellt sich heraus, dass er gegen seinen Nachbarn seit drei Jahren diverse Klagen anstrebte und die Gerichte

ihm bislang kein Recht zusprachen. Er sei aber der Meinung, dass er unbedingt Recht bekommen müsste und fühlt sich durch die Entscheidungen persönlich angegriffen. Er werde so lange weitermachen, bis er Recht bekommt und wenn es ihn den letzten Pfennig kosten würde. Seine Frau verstehe dies alles nicht. Äußerst erregt verläßt er die Praxis. Seine Frau berichtet weiter, dass ihrem Mann vor vier Jahren fristlos gekündigt worden war, weil er sich mit seinem Vorgesetzten gestritten hatte. Er habe dann über ein Jahr vor Gericht gegen die ehemalige Firma geklagt und auch damals nicht Recht bekommen. Weiter berichtet sie, dass ihr Mann schon immer leicht verletzlich gewesen sei.

(1) histrionische Persönlichkeitsstörung
(2) anankastische Persönlichkeitsstörung
(3) paranoide (querulatorische) Persönlichkeitsstörung
(4) emotional instabile Persönlichkeitsstörung

(A) 1 ist richtig.
(B) 2 ist richtig.
(C) 3 ist richtig.
(D) 4 ist richtig.

3.35 Welche Diagnose ist am wahrscheinlichsten?

 Ein 25-jähriger Verkäufer kommt in die Praxis. Schon bevor das Erstgespräch beginnt, zeigen sich auffällige Angstsymptome. Er muss sich nahe der Eingangstür setzen, weil er sonst Platzangst bekommt, sagt er. Während des Gesprächs vermittelt er erst Begeisterung über die Fähigkeiten des Therapeuten, die er dann folgend in Frage stellt

und behauptet, der Therapeut hätte überhaupt keine Ahnung. Im weiteren Verlauf kommt es zu einem heftigen Wutausbruch, den er nach Beendigung zutiefst bedauert und sich dabei selber ohrfeigt. In dieser Phase klammert er sich kurzfristig stark an den Therapeuten, um wenig später so zu tun, als sei das nie notwendig gewesen.

(1) histrionische Persönlichkeitsstörung
(2) anankastische Persönlichkeitsstörung
(3) schizoide Persönlichkeitsstörung
(4) emotinal instabile Persönlichkeitsstörung (Borderline-Typus)

(A) 1 ist richtig.
(B) 2 ist richtig.
(C) 3 ist richtig.
(D) 4 ist richtig.

3.36 Welche Diagnose ist am wahrscheinlichsten?

 Eine 30-jährige Klientin kommt in Ihre Praxis und berichtet von ihrem Problem mit männlichen Partnern. Jedes mal wenn sie mit dem neuen Mann nicht zu Recht kommt, spüre sie einen großen Druck. Dann trinke sie ständig Alkohol und die Beziehung geht zu Bruch. Es scheint wie ein Automatismus, denn das ist schon oft so passiert. Um den ganzen Stress loszuwerden, habe sie begonnen, sich selbst mit dem Küchenmesser an den Armen zu verletzen. Auf gezieltes Nachfragen sagt die Klientin, dass sie in letzter Zeit entweder total gut drauf war oder sehr verzweifelt gewesen sei. Dabei denke sie auch oft an Selbstmord.

(1) schizoide Persönlichkeitsstörung

(2) sensitive Persönlichkeitsstörung

(3) dissoziale Persönlichkeitsstörung

(4) emotional instabile Persönlichkeitsstörung

(5) Schizophrenie

(A) Aussage 2 ist richtig.

(B) Aussage 2 ist richtig.

(C) Aussage 3 ist richtig.

(D) Aussage 4 ist richtig.

(E) Aussage 5 ist richtig.

PSYCHOSOMATIK

4.1 Welche der folgenden Definitionen trifft für den Begriff „Psychosomatik" zu?

(1) Psychosomatik ist die Wissenschaft von der Bedeutung seelischer Vorgänge für die Entstehung und den Verlauf körperlicher Krankheiten.

(2) Psychosomatik ist die Lehre von den psychischen Phänomenen und Symptomen der psychiatrischen Störungen und Krankheiten.

(3) Psychosomatik ist die Lehre von den abnormen und krankhaften Veränderungen im Organismus, ihren Ursachen, Entstehungen und Entwicklungen.

(4) Psychosomatik ist die Lehre der Krankheitsursache und der Gesamtheit der Faktoren, die zu einer bestehenden Krankheit führen.

(A) 1 ist richtig.
(B) 2 ist richtig.
(C) 3 ist richtig.
(D) 4 ist richtig.

4.2 Bei der Klassifizierung psychosomatischer Symptome und Krankheitsbilder können drei Gruppen körperlicher Symptomatik unterschieden werden:

– Konversionssymptome
– funktionelle Syndrome und
– Psychosomatosen

a) Welche Aussage trifft auf das „funktionelle Syndrom" zu?

(1) Der Begriff besagt, dass Krankheiten allgemein als multifaktorielles Geschehen betrachtet werden.

(2) Der Begriff besagt, dass ein neurotischer Konflikt sekundär somatisch beantwortet und verarbeitet wird.

(3) Der Begriff besagt, dass es sich hier um einen schillernden und oft diffus erscheinenden Beschwerdenkomplex handelt – von seiten des Herz-Kreislauf-Systems, des Magen-Darm-Trakts, des Bewegungsapparats, der Atmungsorgane, des Urogenitalsystems. Es handelt sich häufig um die sog. „Problempatienten", weil es eigentlich keine echte Ursache gibt.

(4) Der Begriff besagt, dass es sich um ein konkret feststellbares Beschwerdebild handelt und der Arzt eine Vielzahl von Diagnoseverfahren anwenden muss, um die einzelnen Beschwerden zu isolieren und danach zu diagnostizieren.

(A) 1 ist richtig.
(B) 2 ist richtig.
(C) 3 ist richtig.
(D) 4 ist richtig.

b) Welche Aussage trifft auf die „Psychosomatosen" zu?

(1) Bei den Psychosomatosen handelt es sich häufig um eine primäre Reaktion des Körpers auf konflikthaftes Erleben, die mit einem organpathologischen Befund verbunden ist.

(2) Bei den Psychosomatosen handelt es sich um die Krankheiten, die allgemein als mutifaktorielles Geschehen betrachtet werden.

(3) Bei den Psychosomatosen handelt es sich um ein Krankheitsbild, das sich aus dem Zusammentreffen verschiedener charakteristischer Symptome ergibt.

(4) Bei den Psychosomatosen handelt es sich um die primären Störungen der libidinösen Beziehung zur Realität.

(A) 1 ist richtig.
(B) 2 ist richtig.
(C) 3 ist richtig.
(D) 4 ist richtig.

4.3 Historisch gesehen zählen sieben Krankheitsbilder („Holy seven") zu den klassischen der Psychosomatik. Nennen Sie mindestens fünf davon!

4.4 Ordnen Sie folgende Krankheitsbilder den jeweiligen Organsystemen zu!

(1) Colitis ulcerosa
(2) essentielle Hypertonie
(3) Hyperthyreose
(4) rheumatoide Arthritis

(A) Bewegungsapparat
(B) Herz-Kreislauf-System
(C) Psychoendokrinologie
(D) unterer Verdauungstrakt

4.5 Welche psychogenen Krankheitserscheinungen können auftreten, wenn die frühkindliche „orale Phase" gestört war?

(1) Morbus Crohn
(2) Colitis ulcerosa
(3) Magersucht
(4) Hyperthyreose

(A) 1 und 2 sind richtig.
(B) 3 und 4 sind richtig.
(C) 1 und 4 sind richtig.
(D) Alle sind richtig.

4.6 Welche psychogenen Krankheitserscheinungen können auftreten, wenn die frühkindliche „anale Phase" gestört war?

(1) essentielle Hypertonie
(2) Ulcus duodeni
(3) Asthma bronchiale
(4) Colitis ulcerosa

(A) 1 und 2 sind richtig.
(B) 3 und 4 sind richtig.
(C) 1 und 4 sind richtig.
(D) Alle sind richtig.

4.7 Welche der folgenden Krankheiten gehören zur schizoiden Persönlichkeitsstruktur?

(1) Neurodermitis
(2) Asthma bronchiale
(3) Anorexia nervosa
(4) Ulcus duodeni

(A) 1 und 2 sind richtig.
(B) 3 und 4 sind richtig.
(C) 1 und 4 sind richtig.
(D) Alle sind richtig.

4.8 Welche der folgenden Krankheiten gehören zur zwanghaften Persönlichkeitsstruktur

(1) Morbus Crohn
(2) essentielle Hypertonie
(3) Colitis ulcerosa
(4) Hyperthyreose

(A) 1, 2 und 3 sind richtig.
(B) 2, 3 und 4 sind richtig.
(C) 1 und 4 sind richtig.
(D) Alle sind richtig.

4.9 Welche Verhaltenstypen zeigen sich je nach Modalität bei der prägenitalen Reifungsstörung?

(1) Pseudounabhängigkeit
(2) manifeste Abhängigkeit
(3) narzistische Dysregulation
(4) Ambivalenzverhalten

(A) 1 und 2 sind richtig.
(B) 3 und 4 sind richtig.
(C) 1 und 4 sind richtig.
(D) Alle sind richtig.

4.10 Welche der folgenden Auslösesituationen sind typisch für „Ulcus duodeni"?

(1) Situationen mit Geborgenheitsverlust
(2) Zuwachs an Verantwortung und Reifungsanforderung
(3) bewusst erlebte Situationen der Angst
(4) Schock mit kontraphobischer Abwehr

(A) 1 und 2 sind richtig.
(B) 3 und 4 sind richtig.
(C) 1 und 4 sind richtig.
(D) Alle sind richtig.

4.11 Welche der Aussagen über die Psychodynamik treffen für „Ulcus duodeni" zu?

(1) Gehemmtheit mit betont rigider Anpassung
(2) Frustration durch äußere Versagung
(3) Abhängigkeitswünsche erfahren eine Versagung
(4) starkes Verantwortungsbewusstsein

(A) 1 und 2 sind richtig.
(B) 3 und 4 sind richtig.
(C) 2 und 3 sind richtig.
(D) Alle sind richtig.

4.12 Bezüglich der Ulkuskrankheiten lassen sich folgende Aussagen machen:

(1) Der Ulcus duodeni tritt meist erstmalig vor dem 30. Lebensjahr auf.
(2) Männer sind 3-mal häufiger betroffen als Frauen.
(3) Infektion durch Helicobacter pylori als Ursache für eine Ulkuserkrankung schließt man kategorisch aus.
(4) Meistens ist der Dickdarm betroffen.

(A) Aussagen 1 und 2 sind richtig.
(B) Aussagen 1, 2 und 3 sind richtig.
(C) Aussagen 2 und 4 sind richtig.
(D) Aussagen 1 und 4 sind richtig.
(E) Alle Aussagen sind richtig.

4.13 Hinsichtlich der „Colitis ulcerosa" lässt sich folgendes sagen:

(1) Männer sind häufiger betroffen.
(2) Bei der Colitis kommt es zu Remissionen (Ruhezustand).
(3) Die Erkrankung kann in jedem Lebensalter auftreten.
(4) Ursache für die Colitis ulcerosa ist eine genetische Disposition.

(A) Aussagen 1 und 2 sind richtig.
(B) Aussagen 1 und 3 sind richtig.
(C) Aussagen 1,2 und 3 sind richtig.
(D) Aussagen 3 und 4 sind richtig.
(E) Alle Aussagen sind richtig.

4.14 Welche der Aussagen treffen für die „Colitis ulcerosa" zu?

(1) Die Colitis ulcerosa ist eine in Schüben verlaufende, chronisch entzündliche Darmerkrankung, die in ausgeprägten Stadien mit Geschwürbildung einhergehen kann.
(2) Die Colitis ulcerosa beschreibt ein Krankheitsbild, bei dem typischerweise schleimiger, zum Teil blutiger Stuhl auftritt.

(3) Die Colitis ulcerosa bezeichnet man als habituell auftretende, motorisch-funktionelle Störung des Dickdarms mit ziehenden Bauchschmerzen.
(4) Die Colitis ulcerosa ist eine erschwerte oder seltene Stuhlausscheidung als chronisch funktionelle Störung, die nicht auf Entzündungen des Verdauungstraktes zurückzuführen ist.

(A) 1 und 2 sind richtig.
(B) 3 und 4 sind richtig.
(C) 1 und 4 sind richtig.
(D) Alle sind richtig.

4.15 Welche der folgenden Auslöse-situationen ist typisch für „Colitis ulcerosa"?

(1) Situationen der Verunsicherung und Schwellensituationen des Lebens
(2) schmerzhafte Verlusterlebnisse wie Tod, Zurückweisung durch den Liebespartner oder auch räumliche Trennung von einer nahestehenden Person
(3) Abhängigkeitsgefühle von Vorbildfiguren bei stark ambivalenter Einstellung
(4) gesteigerte orale Bedürfnisse

(A) 1 ist richtig.
(B) 2 ist richtig.
(C) 3 ist richtig.
(D) 4 ist richtig.

4.16 Welche der Aussagen über die psychotherapeutischen Maßnahmen trifft auf „Colitis ulcerosa"-Patienten zu:

(1) Bei Patienten mit diesem Krankheitsbild ist eher Gruppen- als Einzeltherapie angezeigt.
(2) Atemübungen sind für diese Patienten am besten geeignet.
(3) Die Konfrontation mit dem Ernst der Krankheit ist für diese Patienten wichtig.

(4) Unterstützende Psychotherapie, welche den Patienten akzeptiert und annimmt, eignet sich am ehesten.

(A) 1 ist richtig.
(B) 2 ist richtig.
(C) 3 ist richtig.
(D) 4 ist richtig.

4.17 Zu welchem psychogenen Krankheitsbild passt die folgende Beschreibung der Persönlichkeitszüge am ehesten: leistungswillig, gesellschaftlich über-angepaßt, pflichtbewusst, hohes Anspruchsniveau an sich selbst?

(1) Asthmatiker
(2) Hypertoniker
(3) Bulimiepatienten
(4) Ulcus-duodeni-Patienten

(A) 1 ist richtig.
(B) 2 ist richtig.
(C) 3 ist richtig.
(D) 4 ist richtig.

4.18 Welche Aussagen treffen für Hypertoniker zu?

(1) Auslöser sind Situationen, in denen Wut entsteht, aber nicht ausgedrückt werden kann.
(2) Hypertoniker haben ein großes Liebesbedürfnis.
(3) Patienten mit essentieller Hypertonie fürchten die Zuneigung der anderen zu verlieren und kontrollieren daher die Äußerung ihrer Feindseligkeit.
(4) Die Persönlichkeitsstruktur der Hypertoniker ist vorwiegend hysterisch mit vereinzelt zwangsneurotischen Anteilen.

(A) 1 und 2 sind richtig.
(B) 1, 2 und 3 sind richtig.
(C) 1, 3 und 4 sind richtig.
(D) Alle sind richtig.

4.19 Welche Symptome treten bei der „chronischen Polyarthritis (rheumatische Arthritis)" auf?

(1) Müdigkeit
(2) Depression
(3) Angst
(4) Morgensteifheit

(A) 1, 2 und 3 sind richtig.
(B) 1, 2 und 4 sind richtig.
(C) 2, 3 und 4 sind richtig.
(D) Alle sind richtig.

4.20 Welche Aussage über die Psychodynamik bei der „chronischen Polyarthritis" trifft am ehesten zu?

(1) Die Patienten haben meist als Konfliktthema eine Verbindung von Ängsten.
(2) Im Mittelpunkt steht der ständige Kampf des Patienten mit aufsteigenden aggressiven Gefühlen.
(3) Der Patient leidet unter einem Trennungskonflikt.
(4) Die Patienten haben die Tendenz, verdrängte aggressive Gefühle durch die Skelettmuskulatur zum Ausdruck zu bringen.

(A) 1 ist richtig.
(B) 2 ist richtig.
(C) 3 ist richtig.
(D) 4 ist richtig.

4.21 Welche der Aussagen über Patienten mit „chronischer Polyarthritis" trifft zu?

(1) Die Patienten verweigern in infantiler Weise ihre Kooperation.
(2) Die Patienten zeigen ein deutlich feindliches Verhalten dem Therapeuten gegenüber.
(3) Die Patienten erscheinen fügsam, weichen aber gerne Konfrontationen aus.

(4) Die Patienten zeigen eine deutlich gesteigerte Aktivität während der Sitzungen.

(A) 1 ist richtig.
(B) 2 ist richtig.
(C) 3 ist richtig.
(D) 4 ist richtig.

4.22 Welche der Aussagen über die seelischen Symptome bei der Hyperthyreose trifft nicht zu?

(1) Erregungssturm
(2) motorische Unruhe
(3) Ermüdbarkeit
(4) Schlaflosigkeit

(A) 1 ist nicht richtig.
(B) 2 ist nicht richtig.
(C) 3 ist nicht richtig.
(D) 4 ist nicht richtig.

4.23 Welche der Aussagen über die psychodynamische Konfiguration der Hyperthyreose treffen zu?

(1) starkes Verantwortungsbewusstsein
(2) Leistungsbereitschaft wird kontraphobisch eingesetzt
(3) Bedrohung der Sicherheit wird durch eigene Kraftanstrengung überwunden
(4) hohe Bereitschaft, Sorge für andere zu übernehmen

(A) 1 und 2 sind richtig.
(B) 3 und 4 sind richtig.
(C) 1, 3 und 4 sind richtig.
(D) Alle sind richtig.

4.24 Welche Aussagen über Auslösesituationen für Schübe von Neurodermitis sind zutreffend?

(1) Probleme in der Partnerbeziehung
(2) Erleben und Äußern von heftigen Affekten

(3) Einschränkungen der motorischen Bedürfnisse durch äußere Einwirkungen
(4) Annäherungskonflikte

(A) 1 und 2 sind richtig.
(B) 1, 2 und 3 sind richtig.
(C) 1, 2 und 4 sind richtig.
(D) Alle sind richtig.

4.25 Welche der folgenden Aussagen treffen auf die Neurodermitis zu?

(1) Die Neurodermitis gehört zu den Hautkrankheiten, denen ein psychiatrisches Leiden zugrunde liegt.
(2) Sie wird auch als atopische Dermatitis bezeichnet.
(3) Folgen können Konzentrations- und Leistungsabfall sowie Schlafstörungen sein.
(4) Die frühkindliche Form wird als „Milchschorf" bezeichnet.
(5) Therapeutisch versucht man den „Juckreiz-Kratz-Teufelskreis" zu unterbrechen.

(A) Aussagen 1 und 2 sind zutreffend.
(B) Aussagen 1,2 und 3 sind zutreffend.
(C) Aussagen 1, 2, 3 und 4 sind zutreffend.
(D) Aussagen 2, 3, 4 und 5 sind zutreffend.
(E) Alle Aussagen treffen zu.

4.26 Welche Persönlichkeitsstruktur würden Sie Neurodermitikern am ehesten zuordnen?

(1) schizoide Struktur
(2) depressive Struktur
(3) zwanghafte Struktur
(4) hysterische Struktur

(A) 1 ist richtig.
(B) 2 ist richtig.

(C) 3 ist richtig.
(D) 4 ist richtig.

4.27 Welche der Aussagen trifft/treffen für Asthma bronchiale zu?

(1) Asthma bronchiale tritt in allen Lebensaltern auf. Statistisch jedoch am häufigsten im ersten Lebensjahrzehnt.
(2) Im Anfall ist der Kranke in akuter, schwerer Atemnot. Die Anfälle können von kurzer Dauer sein oder in den Status asthmaticus übergehen.
(3) Auslösend für den Anfall sind z.B. Situationen, in denen es ein Gefühl von Zärtlichkeit und Hingabe zu äußern gilt (Hochzeitsnacht-Asthma).
(4) Der Hauptkonflikt bei Asthmatikern dreht sich um innere Impulse, die die Zuneigung zur Mutter bedrohen (nach ALEXANDER).

(A) 1 und 3 sind richtig.
(B) 1, 2 und 4 sind richtig.
(C) Nur 4 ist richtig.
(D) Alle sind richtig.

4.28 Welche psychotherapeutischen Verfahren eignen sich bei Asthmatikern?

(1) Atemübungen
(2) Training der Selbstwahrnehmung (Bewusstsein über ihre Krankheit aneignen)
(3) konfliktzentrierte Gespräche
(4) körperentspannende Verfahren

(A) 1, 2 und 4 sind richtig.
(B) 2, 3 und 4 sind richtig.
(C) 1 und 3 sind richtig.
(D) Alle sind richtig.

4.29 Welche der Aussagen über Morbus Crohn trifft nicht zu?

(1) Morbus Crohn ist eine unspezifische Erkrankung, welche entzündlich

ist und vornehmlich das Ileum befällt, aber auch an Stellen des Magen-Darm-Trakts auftritt und schubweise verläuft.
(2) Patienten mit Morbus Crohn zeigen meist eine gesteigerte Aktivität.
(3) Der Verlust von nahestehenden Personen ist oft Auslösesituation für die Krankheit.
(4) Als therapeutische Maßnahmen eignen sich Einzel- und Gruppentherapie sowie Kreativitätstherapie.

(A) 1 ist richtig.
(B) 2 ist richtig.
(C) 3 ist richtig.
(D) 4 ist richtig.

4.30 Welche der Aussagen treffen auf die Psychodynamik bei Morbus-Crohn-Patienten zu?

(1) Im Familienhintergrund findet sich meist eine symbiotische Mutter-Kind-Beziehung und ein ausgeprägter familiärer Zusammenhang.
(2) Im Familienhintergrund findet sich meist eine ausgeprägte Dominanz des Vater-Kind-Verhaltens, während die Mutter als schwach empfunden wird.
(3) Die Persönlichkeit soll durch betonte Selbstsicherheit mit pseudounabhängigem Verhalten gekennzeichnet sein.
(4) Die Persönlichkeit soll durch anankastische Wesenszüge und starken Geltungsdrang gekennzeichnet sein.

(A) 1 und 3 sind richtig.
(B) 2 und 4 sind richtig.
(C) 1 und 4 sind richtig.
(D) 2 und 3 sind richtig.

4.31 Welche der Aussagen über Morbus Crohn sind zutreffend?

(1) Typisch ist der chronisch rezidivierende Verlauf mit akuten Krankheitsphasen und beschwerdefreien Intervallen.
(2) Charakteristisch sind schleimige, blutige Durchfälle.
(3) Die Stuhlfrequenz im akuten Intervall beträgt bis zu 20-mal pro Tag.
(4) Der Patient hat meist eine blasse Hautfarbe aufgrund des schleichenden Blutverlustes.
(5) Morbus Crohn tritt nur bei Frauen auf.

(A) Aussagen 1 und 2 sind zutreffend.
(B) Aussagen 1,2 und 3 sind zutreffend.
(C) Aussagen 1, 2, 3 und 4 sind zutreffend.
(D) Aussagen 3, 4 und 5 sind zutreffend.
(E) Alle Aussagen sind zutreffend.

4.32 Welche der Aussagen treffen für die Herzphobie („Herzangstneurose") zu?

(1) Typischerweise beginnend mit einem akuten Herzanfall, erlebt der Kranke folgend Angstzustände mit Herzstillstandsangst und sich diffus ausbreitenden hypochondrischen und phobischen Beschwerden.
(2) Die Herzphobie tritt am häufigsten im 2. Lebensjahrzehnt auf.
(3) Herzphobiker haben starke Anklammerungstendenzen – können nicht allein sein.
(4) Je nach Verlaufsform zeigen sich phobische Züge – besonders Klaustrophobie oder auch Agoraphobie.

(A) 1 und 2 sind richtig.
(B) 1, 3 und 4 sind richtig.
(C) 2, 3 und 4 sind richtig.
(D) Alle sind richtig.

4.33 Welchen der folgenden Konflikte findet man mit großer Regelmäßigkeit bei Herzphobie („Herzangstneurose")?

(1) Nähe-Distanz-Konflikt
(2) Appetenz-Appetenz-Konflikt
(3) Trennungskonflikt gegenüber ambivalent besetzten Personen
(4) erotische Konfliktsituationen

(A) 1 ist richtig.
(B) 2 ist richtig.
(C) 3 ist richtig.
(D) 4 ist richtig.

4.34 Zum typischen pathologischen Essverhalten bei Adipositas zählt:

(1) der rauschartig ablaufende Essvorgang (oraler Orgasmus)
(2) der „Daueresser" bei gemindertem Sättigungsempfinden
(3) der „Vielesser" bei begonnener Mahlzeit
(4) der „Nachtesser"

(A) 1 und 3 sind richtig.
(B) 1, 2 und 4 sind richtig.
(C) 3 und 4 sind richtig.
(D) Alle sind richtig.

4.35 Zu den seelischen Einflussgrößen, die zur Fettleibigkeit führen, zählt man:

(1) die Trennung von einem Liebesobjekt mit nachfolgender Frustration
(2) die Angst vor dem Alleinsein und Leeregefühl
(3) Situationen, die einem Freude und Entspannung bringen
(4) Eltern, die eine direkte Liebesbeziehung vermeiden und sie durch die „orale Verwöhnung" kompensieren

(A) 1, 2 und 3 sind richtig.
(B) 1, 2 und 4 sind richtig.
(C) 2, 3 und 4 sind richtig.
(D) Alle sind richtig.

4.36 Welche Aussage über die Leitsymptome bei Anorexia nervosa trifft nicht zu:

(1) starke Angst vor Gewichtszunahme
(2) deutliche Körperschemastörung (Fehleinschätzung des gesunden Körpers)
(3) lethargisches Verhalten
(4) Kontaktstörungen

(A) 1 ist nicht richtig.
(B) 2 ist nicht richtig.
(C) 3 ist nicht richtig.
(D) 4 ist nicht richtig.

4.37 Zu den typischen Auslösesituationen für die Anorexia nervosa gehören:

(1) Krise im Familiensystem (z.B. Trennung der Eltern)
(2) Probleme, die durch die Schwellensituation der Pubertät auftreten
(3) stark ausgeprägtes Modebewusstsein
(4) Streben nach religiösen Idealen

(A) 1 und 2 sind richtig.
(B) 2 und 3 sind richtig.
(C) 2, 3 und 4 sind richtig.
(D) Alle sind richtig.

4.38 Welche Aussagen treffen für die Anorexia nervosa zu?

(1) Psychodynamisch findet sich hier ein akuter Konflikt zwischen Verselbständigung und Erwachsenwerden.
(2) Meist lügen die Patienten bewusst über selbstinduziertes Erbrechen.
(3) Die somatischen Komplikationen der Anorexie können lebensbedrohlich sein.
(4) Während der Therapie sollte auf Gegenübertragung geachtet werden: Abneigung des Therapeuten durch Arroganz und Lügenhaftigkeit des Patienten.

(A) 1 und 2 sind richtig.
(B) 2 und 4 sind richtig.
(C) 1, 3 und 4 sind richtig.
(D) Alle sind richtig.

**4.39 An welche Störung denken sie in ers-
ter Linie?**

 *Eine 18-jährige Schülerin
kommt in Begleitung ihrer
Mutter in die Praxis. Die
Mutter befürchtet, dass ihre Tochter
magersüchtig ist. Sie sagt, es kann
doch nicht normal sein, dass sie bei
einer Größe von 1,70 m nur 50 kg
wiegt. Auf Nachfragen antwortet die
Tochter sie ernähre sich schon seit
dem 16. Lebensjahr bewusst kalorien-
arm, weil sie ständig mit ihrer Figur
unzufrieden und sich als zu dick
empfindet. Sie treibt seitdem intensiv
Lauf- und Kraftsport, damit sie ihre
Traumfigur erreichen kann. Weil sie
ihrem Ziel Traumfigur noch nicht
nahe genug ist, hat sie sich entschie-
den noch weniger zu essen. Je mehr
sie ihrem Ideal entspricht desto besser fühlt sie sich. Die Tochter sagt,
dass ihre Mutter ein wenig übertreibt
und sie eh alles im Griff hat.*

(1) Bulimia nervosa
(2) Anorexia nervosa
(3) Polyphagie
(4) Pica bei Erwachsenen

(A) Aussage 1 ist richtig.
(B) Aussage 2 ist richtig.
(C) Aussage 3 ist richtig.
(D) Aussage 4 ist richtig.

**4.40 Welche der folgenden Symptome sind
typisch für Bulimia nervosa?**

(1) Fressattacken, wobei große Mengen an Nahrung verzehrt werden

(2) aus Angst vor Gewichtszunahme
wird Erbrechen induziert
(3) häufig depressive Verstimmungen
nach großen Fressanfällen
(4) Durchschlafstörungen

(A) 1 und 2 sind richtig.
(B) 2, 3 und 4 sind richtig.
(C) 1, 2 und 3 sind richtig.
(D) Alle sind richtig.

**4.41 Zu den psychodynamischen Faktoren
der Bulimia nervosa gehören:**

(1) Suche nach Geborgenheit und
Selbstwertgefühl
(2) ausgeprägtes Krankheitsgefühl, deshalb keine Verleugnungstendenzen
(3) anale Grundstörung
(4) starke Abgrenzungstendenzen gegenüber der Umwelt

(A) 1 und 4 sind richtig.
(B) 1 und 2 sind richtig.
(C) 1 und 3 sind richtig.
(D) 1, 2 und 4 sind richtig.

**4.42 Welche Aussagen treffen für die
Bulimia nervosa zu?**

(1) Bulimia nervosa kommt überwiegend bei Frauen zwischen 20 und
30 Jahren vor.
(2) Auslöser für bulimische Handlungen ist oft das Gefühl innerer Leere
oder Langeweile.
(3) Da die Patienten ausreichend intro-
spektiv sind, kann therapeutisch kon-
fliktaufdeckend gearbeitet werden.
(4) Bulimia nervosa ist im Prinzip eine
lebensbedrohliche Erkrankung.

(A) 1, 2 und 3 sind richtig.
(B) 2, 3 und 4 sind richtig.
(C) 3 und 4 sind richtig.
(D) Alle sind richtig.

4.43 Welche Aussagen über Migräne treffen zu?

(1) Bei Migräne handelt es sich um einen anfallsartig auftretenden, meist halbseitig lokalisierten Kopfschmerz, der mit körperlichen Begleiterscheinungen wie Seh- und häufig Magen-Darm-Störungen einhergehen kann.
(2) Ein Migräneanfall kann oft bis zu mehreren Stunden dauern.
(3) Migränepatienten zeigen häufig eine ausgesprochene „Hypernormalität" im Verhalten auf.
(4) Migränepatienten haben während des Anfalls häufig den dringenden Wunsch allein zu sein und sich in einen dunklen Raum zurückzuziehen.

(A) 1, 2 und 3 sind richtig.
(B) 1, 2 und 4 sind richtig.
(C) 3 und 4 sind richtig.
(D) Alle sind richtig.

4.44 Den Begriff „Migräne-Aura" erklärt am ehesten:

(1) Als Migräne-Aura bezeichnet man das Flimmern vor den Augen.
(2) Als Migräne-Aura bezeichnet man den plötzlichen Stimmungswandel.
(3) Als Migräne-Aura bezeichnet man die Lichtempfindlichkeit.
(4) Als Migräne-Aura bezeichnet man die Magen-Darm-Beschwerden.

(A) 1 ist richtig.
(B) 2 ist richtig.
(C) 3 ist richtig.
(D) 4 ist richtig.

4.45 Welche Auslösesituationen treffen für die Migräne zu?

(1) Nahrungs- und Genussmittel
(2) Veränderungen des Schlaf-Wach-Rhythmus
(3) Schwellensituationen, wie z.B. Pubertät, Eheschließung, Geburt oder Scheidung
(4) klimabedingte Einflüsse

(A) 1, 2 und 3 sind richtig.
(B) 2 und 4 sind richtig.
(C) 3 und 4 sind richtig.
(D) Alle sind richtig.

4.46 Welche Aussage trifft für den Spannungskopfschmerz nicht zu:

(1) Spannungskopfschmerz ist häufig verbunden mit muskulären Anspannungen des Nackens und der Schultermuskulatur.
(2) Spannungskopfschmerz tritt häufig in Situationen des Leistungsdruckes auf.
(3) Patienten mit Spannungskopfschmerzen sind meistens pseudounabhängig.
(4) Zur Psychodynamik des Spannungskopfschmerzes gehört der äußere und/oder innere Leistungskonflikt.

(A) 1 ist nicht richtig.
(B) 2 ist nicht richtig.
(C) 3 ist nicht richtig.
(D) 4 ist nicht richtig.

4.47 Welche therapeutische Maßnahme ist bei Spannungskopfschmerz nicht angezeigt?

(1) Psychotherapeutische Gespräche sind förderlich.
(2) Körperzentrierte Maßnahmen wie konzentrative Bewegungstherapie sind förderlich.
(3) Medikamentöse Behandlungen sind förderlich.
(4) Psychoanalytische Gruppentherapie ist förderlich.

(A) 1 trifft nicht zu.
(B) 2 trifft nicht zu.
(C) 3 trifft nicht zu.
(D) 4 trifft nicht zu.

5

SUIZIDALITÄT

5.1 Welche der Aussagen über Suizidanten treffen zu:

(1) Das bewusst angegebene Suizidmotiv enthält nicht den eigentlichen Grund.
(2) Der Suizidant möchte mit seinen Todeswünschen immer ernst genommen werden.
(3) Der Suizidant wählt um so leichter das Leben, um so weniger man es ihm aufdrängt.
(4) Wenn Patienten gerne und viel über ihre Suizidabsicht sprechen, ist es besonders ernst gemeint.

(A) 1, 2 und 3 sind richtig.
(B) 1, 2 und 4 sind richtig.
(C) 2, 3 und 4 sind richtig.
(D) Alle sind richtig.

5.2 Was sollte der Therapeut bei akuter Suizidalität tun?

(1) Es gibt keine Verpflichtung zum Handeln, deshalb muss der Therapeut entscheiden, ob und wie er handelt.
(2) Im Vordergrund steht das Gesprächs- und Kontaktangebot. Eine „echte" Beziehung muss aufgenommen werden.
(3) Das Einbeziehen wichtiger Bezugspersonen erweist sich meist als hilfreich.
(4) Eventuell muss der Suizidant in die Klinik (zwangs-)eingewiesen werden.

(A) 1 und 4 sind richtig.
(B) 2, 3 und 4 sind richtig.

(C) 1, 2 und 3 sind richtig.
(D) Alle sind richtig.

5.3 Was muss man bei der Suizidanamnese beachten?

(1) Gehört der Patient zu den so genannten Risikogruppen?
(2) den Patienten auf das Thema Suizidalität aktiv ansprechen
(3) den Patienten mit der Sinnlosigkeit seines Vorhabens konfrontieren und Druck ausüben, es nicht zu tun
(4) gezielte Fragen nach konkreten Suizidplänen und eventuellen Vorbereitungen

(A) 1 und 3 sind richtig.
(B) 2, 3 und 4 sind richtig.
(C) 1, 2 und 4 sind richtig.
(D) Alle sind richtig.

5.4 Welche/r der folgenden Punkte gehört/gehören zum präsuizidalen Syndrom (nach Ringel):

(1) Einengung des Lebensbereiches (Isolation, Kontaktstörung, Vereinsamung)
(2) Aggressionsumkehr und Aggressionshemmung
(3) Suizidphantasien
(4) so genannte Ruhe vor dem Sturm

(A) Nur 1 ist richtig.
(B) 1 und 2 sind richtig.
(C) 1, 2 und 3 sind richtig.
(D) Alle sind richtig.

5.5 Wie ist das Geschlechterverhältnis zur Suizidhäufigkeit:

(1) mehr Männer als Frauen
(2) mehr Frauen als Männer
(3) Frauen und Männer gleich

(A) 1 ist richtig.
(B) 2 ist richtig.
(C) 3 ist richtig.

5.6 Die höchste Rate an Suizidversuchen findet sich in der Altersgruppe:

(1) 15–25 Jahre
(2) 30–40 Jahre
(3) 40–50 Jahre
(4) älter als 60 Jahre

(A) 1 ist richtig.
(B) 2 ist richtig.
(C) 3 ist richtig.
(D) 4 ist richtig.

5.7 Welche der aufgeführten Personengruppen sind für Suizid besonders gefährdet?

(1) Frauen im Klimakterium
(2) Suchtkranke
(3) Menschen mit neurotisch-depressiver Entwicklung
(4) Affektpsychotiker

(A) 1 und 2 sind richtig.
(B) 1, 3 und 4 sind richtig.
(C) 3 und 4 sind richtig.
(D) Alle sind richtig.

5.8 Was versteht man unter einem „erweiterten Suizid"?

(1) Der Suizidant überlegt sich mehrere Methoden für seinen Suizid.
(2) Es handelt sich hierbei um den Versuch einer „Alltötung".
(3) Die Verabredung mehrerer Menschen zur Selbsttötung.

(4) Die Einbeziehung anderer (Ehepartner, Kinder).

(A) 1 ist richtig.
(B) 2 ist richtig.
(C) 3 ist richtig.
(D) 4 ist richtig.

5.9 Wann ist das Risiko für einen Suizid erhöht?

(1) Schwierigkeiten mit Schule/Beruf
(2) Beziehungskonflikte
(3) Verlust einer Bezugsperson
(4) zunehmende Abkapselung und Interessenlosigkeit

(A) 1, 2 und 4 sind richtig.
(B) 2, 3 und 4 sind richtig.
(C) Nur 3 ist richtig.
(D) Alle sind richtig.

5.10 Welche der Aussagen sind Hinweise für ein aktuell erhöhtes Suizidrisiko?

(1) Der Patient erwähnt, wenn die Therapie nicht hilft, kann er sich immer noch umbringen.
(2) Der Patient wiederholt öfter die Selbsttötungsabsicht.
(3) Der Patient erwähnt, er wüßte genau, wie er es tun würde.
(4) Der Patient erwähnt, dass schon sein Vater Suizid begangen hat.

(A) 1, 2 und 3 sind richtig.
(B) 2 und 4 sind richtig.
(C) 1, 3 und 4 sind richtig.
(D) Alle sind richtig.

5.11 Bei Patienten, die zur Depression neigen, sind folgende Aussagen Hinweise auf ein erhöhtes Suizidrisiko:

(1) Das Selbstwertgefühl des Patienten vermindert sich zunehmend.

(2) Ein Rückzug aus der Realität wird deutlich erkennbar.
(3) Der Patient leidet unter Aggressionshemmung.
(4) Kränkungen werden einfach ignoriert.

(A) 1, 2 und 3 sind richtig.
(B) 2, 3 und 4 sind richtig.
(C) 3 und 4 sind richtig.
(D) Alle sind richtig.

5.12 Zu den harten Suizidmethoden zählt man nicht:

(1) Erschießen
(2) Erhängen
(3) Vergiftung durch Autoabgase
(4) Tod durch Überfahrenlassen

(A) Aussage 1 trifft nicht zu.
(B) Aussage 2 trifft nicht zu.
(C) Aussage 3 trifft nicht zu.
(D) Aussage 4 trifft nicht zu.

5.13 Welche Aussagen bezüglich der Suizidalität sind zutreffend?

(1) Innerhalb eines Jahres sterben auf der ganzen Welt ca. 500.000 Menschen durch Suizid.
(2) Fast jeder Mensch erlebt einmal im Leben Suizidgedanken.
(3) Man unterscheidet zwischen harten und weichen Suizidmethoden.
(4) Männer sind dabei doppelt so häufig wie Frauen betroffen.
(5) Die zweithäufigste Todesursache bei den 15–35-jährigen ist Suizid.

(A) Aussagen 1 und 2 sind zutreffend.
(B) Aussagen 2 und 3 sind zutreffend.
(C) Aussagen 1 und 4 sind zutreffend.
(D) Aussagen 2, 3 und 4 sind zutreffend.
(E) Alle Aussagen sind zutreffend.

5.14 Bei welchen Krankheitsbildern kommt es besonders häufig zu Suizidalität?

(1) Depressionen
(2) Schizophrenien
(3) Sucht
(4) Persönlichkeitsstörungen

(A) Aussagen 1 und 3 sind richtig.
(B) Aussagen 2 und 4 sind richtig.
(C) Aussagen 1,2 und 4 sind richtig.
(D) Alle Aussagen sind richtig.

5.15 Wie können Sie bei einem Klienten die Suizidgefährdung am ehesten erkennen?

(1) Die Gefährdung erkenne ich auf den ersten Blick.
(2) Ich spreche das Thema Suizid behutsam beim Klienten an und versuche es von verschieden Seiten her auszuleuchten.
(3) Ob jemand gefährdet ist, kann man nicht erkennen.
(4) Suizidalität ist krankheitsspezifisch, deshalb weiß ich, dass sie nur bei Depressionen und Schizophrenien auftritt

(A) Aussage 1 ist richtig.
(B) Aussage 2 ist richtig.
(C) Aussage 3 ist richtig.
(D) Aussage 4 ist richtig.

5.16 Was machen sie?

 Eine 45-jährige Frau wird von ihrem Mann zu Ihnen in die Praxis gebracht. Der Mann erzählt, dass sie sich seit Tagen schlecht fühle, kaum noch mit ihm oder den Kindern rede und immer wieder von Schluss machen spricht. Gestern habe er einen großen Vorrat an Tabletten gefunden. Auf seine

Frage was sie mit den Tabletten wolle, habe sie nichts gesagt. In der Exploration stellen Sie Symptome einer depressiven Störung fest. Nach längeren Hin und Her gibt die Frau zu, schon einmal einen Versuch sich das Leben zu nehmen, gewagt hatte. Es hat aber nicht geklappt. Bislang habe sie wegen den Kindern nichts gemacht, aber jetzt kann sie das nicht mehr versprechen.

(1) Ich schicke sie zu einem Psychiater.

(2) Ich spreche mit dem Mann im Vertrauen und beauftrage ihn, auf seine Frau aufzupassen.

(3) Ich gehe von einer akuten Suizidalität aus und sorge für eine stationäre Aufnahme, wenn nötig auch gegen ihren Willen.

(4) Ich ruf ihren Hausarzt an und bespreche die Möglichkeiten.

(A) Aussage 1 ist richtig.
(B) Aussage 2 ist richtig.
(C) Aussage 3 ist richtig.
(D) Aussage 4 ist richtig.

SUCHT UND ABHÄNGIGKEIT

6.1 Welche Aussage über Abhängigkeit trifft nicht zu?

(1) Abhängigsein kann einem Menschen Halt und Orientierung vermitteln.
(2) Anfängliche Abhängigkeit führt nie in die Sucht und zur psychiatrischen Auffälligkeit.
(3) Als Grundannahme für eine Abhängigkeit sieht man multifaktorielle Ursachen. Sie lauten: Mensch – Droge – Umwelt.
(4) Fast immer handelt es sich um eine Flucht aus einer unerträglichen und schmerzlichen Realität.

(A) 1 ist nicht richtig.
(B) 2 ist nicht richtig.
(C) 3 ist nicht richtig.
(D) 4 ist nicht richtig.

6.2 Welche Aussagen über Sucht treffen zu?

(1) Sucht bezieht sich ausschließlich auf dingliche Objekte.
(2) Das unbezwingbare Verlangen nach dem Suchtmittel hat eine zerstörerische Komponente.
(3) Sucht wird auch als protrahierter Suizid interpretiert.
(4) Dem Suchtkonflikt liegt in aller Regel eine organische Krankheit zugrunde.

(A) 1 und 3 sind richtig.
(B) 1 und 4 sind richtig.
(C) 2 und 3 sind richtig.
(D) Alle sind richtig.

6.3 Welche psychischen Veränderungen können als Folge der Abhängigkeit auftreten?

(1) Verminderung des Selbstwertgefühls
(2) Stimmungsschwankungen
(3) Schuldgefühle
(4) bei Verknappung der psychotropen Substanz im allgemeinen dysphorisches Verhalten

(A) 1 und 4 sind richtig.
(B) 2 und 4 sind richtig.
(C) 1, 2 und 3 sind richtig.
(D) Alle sind richtig.

6.4 Welche Organschäden können durch Alkohol enstehen?

(1) Leberzirrhose
(2) Neurodermitis
(3) Polyneuropathien
(4) Magenulcera

(A) 1 und 4 sind richtig.
(B) 2 und 4 sind richtig.
(C) 1, 3 und 4 sind richtig.
(D) Alle sind richtig.

6.5 Nach JELLINEK lassen sich fünf verschiedene Typen des Alkoholismus nach folgenden charakteristischen Merkmalen unterscheiden:

(1) Der Alpha-Typus ist der so genannte „Konflikttrinker". Es besteht nur zeitweilig psychische Abhängigkeit, kein Kontrollverlust und die Fähigkeit zur Abstinenz ist erhalten.

(2) Der Beta-Typus ist der so genannte „Gelegenheitstrinker" mit übermäßigem Alkoholkonsum. Es besteht keine Abhängigkeit und kein Kontrollverlust. Es können aber Organschäden auftreten (exzessiver Alkoholkonsum!).
(3) Der Gamma-Typus ist der so genannte „süchtige Trinker". Es besteht eine erhebliche psychische und physische Abhängigkeit mit Kontrollverlust. Es sind jedoch Perioden von Abstinenz möglich.
(4) Der Delta-Typus ist der so genannte „Gewohnheitstrinker". Es besteht die Unfähigkeit zur Abstinenz (täglich eine gewisse Menge Alkohol!), aber kein Kontrollverlust.
(5) Der Epsilon-Typus ist der so genannte „Quartalstrinker". Es besteht psychische Abhängigkeit, Kontrollverlust, jedoch ist die Fähigkeit zur Abstinenz erhalten. Beim Epsilon-Typus liegt eine Tendenz zum Übergang in den Gamma-Typus vor.

(A) 1, 2 und 4 sind richtig.
(B) 1, 2, 3 und 5 sind richtig.
(C) 2, 3, 4 und 5 sind richtig.
(D) 1, 3, 4 und 5 sind richtig.
(E) Alle sind richtig.

6.6 Welche Aussage über das Prädelir trifft nicht zu?

(1) tritt nach Abfall des Blutalkoholspiegels (meist am frühen Morgen) auf – so genannter „Flattermann"
(2) Symptomatik: Tremor, Schwitzen, Puls- und Blutdruckerhöhung
(3) auffallend ist die gehobene Stimmungslage
(4) kann in ein Delirium tremens übergehen

(A) 1 ist nicht richtig.
(B) 2 ist nicht richtig.
(C) 3 ist nicht richtig.
(D) 4 ist nicht richtig.

6.7 Welche der folgenden Phänomene sind typisch für das Delirium tremens?

(1) Bewusstseinsstörung
(2) optische Halluzinationen
(3) Desorientiertheit
(4) Nesteln

(A) 1 und 4 sind richtig.
(B) 2 und 4 sind richtig.
(C) 1, 2 und 3 sind richtig.
(D) Alle sind richtig.

6.8 Welche Symptome treten bei der Wernicke-Encephalopathie auf?

(1) Delir
(2) Augenmuskellähmung
(3) Desorientiertheit
(4) Leistungsfähigkeit häufig gesteigert

(A) 1, 2 und 3 sind richtig.
(B) 1, 2 und 4 sind richtig.
(C) 2 und 3 sind richtig.
(D) Alle sind richtig.

6.9 In bezug auf das Korsakow-Syndrom sind folgende Aussagen zutreffend:

(1) tritt häufig im Anschluss an Alkoholdelir oder Wernicke-Encephalopathie auf
(2) wird auch als amnestisches Syndrom bezeichnet
(3) typisch ist das auftretende Wahnverhalten
(4) Kurzzeitgedächtnis ist am stärksten betroffen

(A) 1 und 4 sind richtig.
(B) 1, 2 und 3 sind richtig.
(C) 1, 2 und 4 sind richtig.
(D) Alle sind richtig.

6.10 Beim Korsakow-Syndrom spricht man von einer Symptomentriade. Welches Symptom gehört nicht dazu?

(1) Merkfähigkeitsstörungen
(2) Desorientiertheit
(3) Konfabulation
(4) Erregungszustände

(A) 1 ist nicht richtig.
(B) 2 ist nicht richtig.
(C) 3 ist nicht richtig.
(D) 4 ist nicht richtig.

6.11 Welche Diagnose ist am wahrscheinlichsten:

 Ein Patient hat nach dreiwöchiger Alkoholabstinenz Beeinträchtigungen des abstrakten Denkens, Beeinträchtigungen des Urteilsvermögens sowie Aphasie, Apraxie und Agnosie.

(1) Delirium tremens
(2) alkoholische Demenz
(3) Wernicke-Encephalopathie
(4) Alkoholhalluzinose

(A) 1 ist richtig.
(B) 2 ist richtig.
(C) 3 ist richtig.
(D) 4 ist richtig.

6.12 Welche Diagnose ist am wahrscheinlichsten?

 *Ein Patient kommt in die Praxis. Während des Erstgesprächs wird er zusehends unruhiger, nestelt dauernd am Stuhl und seine Sprache wird zitterig und stolpernd.*

(1) Wernicke-Encephalopathie
(2) beginnendes Alkoholdelir
(3) Alkoholhalluzinose
(4) vaskuläre Demenz

(A) 1 ist richtig.
(B) 2 ist richtig.
(C) 3 ist richtig.
(D) 4 ist richtig.

6.13 Im Gespräch mit einem Patienten fällt auf, dass er konfabuliert. An was denken Sie?

(1) Alkoholhalluzinose
(2) Delirium tremens
(3) Wernicke-Encephalopathie
(4) Korsakow-Syndrom

(A) 1 ist richtig.
(B) 2 ist richtig.
(C) 3 ist richtig.
(D) 4 ist richtig.

6.14 Welche Aussagen zur Alkoholhalluzinose treffen zu?

(1) wird auch als paranoid-halluzinatorische Psychose bezeichnet
(2) kommt relativ selten vor
(3) akustische Halluzinationen sind vorherrschend
(4) dauert meist nur Minuten

(A) 1, 2 und 3 sind richtig.
(B) 2, 3 und 4 sind richtig.
(C) 3 und 4 sind richtig.
(D) Alle sind richtig.

6.15 Zu den Symptomen der Alkoholhalluzinose zählt man:

(1) keine Bewusstseinsstörung
(2) Stimmenhören
(3) Orientierung erhalten
(4) zeitweilige Krankheitseinsicht

(A) 1 und 4 sind richtig.
(B) 2, 3 und 4 sind richtig.
(C) 1, 2 und 3 sind richtig.
(D) Alle sind richtig.

6.16 Bei einem Krankheitsbild des Alko-holismus kann es zu Wahn (z.B.Ver-folgungswahn) kommen. Um welches Krankheitsbild handelt es sich?

(1) Wernicke-Encephalopathie
(2) Delirium tremens
(3) Alkoholhalluzinose
(4) Korsakow-Psychose

(A) 1 ist richtig.
(B) 2 ist richtig.
(C) 3 ist richtig.
(D) 4 ist richtig.

6.17 Welche Aussage über den alkoholi-schen Eifersuchtswahn trifft nicht zu?

(1) kommt häufiger bei Männern vor
(2) bedingt durch die Ablehnung der Ehefrau/Partnerin und durch die Im-potenz des Alkoholikers seltene Wahn-entwicklung
(3) keine Krankheitseinsicht
(4) typisch sind optische Halluzina-tionen

(A) 1, 2 und 3 sind nicht richtig.
(B) 2 und 4 sind nicht richtig.
(C) 1, 3 und 4 sind nicht richtig.
(D) 4 ist nicht richtig.

6.18 Welche der folgenden psychischen Merkmale passen zum Bild des chro-nischen Alkoholikers?

(1) depressive Verstimmung
(2) psychoorganisches Syndrom
(3) affektlabil
(4) passiv abhängige Persönlichkeit

(A) 1, 2 und 3 sind richtig.
(B) 1, 2 und 4 sind richtig.
(C) 1, 3 und 4 sind richtig.
(D) Alle sind richtig.

6.19 Welches sind typische äußere körper-liche Kennzeichen für einen Alkoho-liker?

(1) Foetor
(2) Teleangiektasien
(3) Tränensäcke
(4) auffällig helle Gesichtshaut

(A) 1, 2 und 3 sind richtig.
(B) 1 und 4 sind richtig.
(C) 1, 3 und 4 sind richtig.
(D) Alle sind richtig.

6.20 Zu den körperlichen Erkrankungen eines chronischen Alkoholikers zählt man:

(1) Gastritis mit Erbrechen und Übel-keit
(2) Leberschädigung
(3) Polyneuropathie
(4) Krampfanfälle

(A) 1, 2 und 3 sind richtig.
(B) 2 und 4 sind richtig.
(C) 1, 3 und 4 sind richtig.
(D) Alle sind richtig.

6.21 Welches Krankheitsbild ist am wahr-scheinlichsten?

 Ein Patient, der ihnen als lang-jähriger Alkoholiker bekannt ist, berichtet, dass er seit Tagen Stimmen hört, die ihn bedrohen. Er habe fürchterliche Angst, dass ihm et-was passieren könnte, und traue sich nicht mehr unter Menschen.

(1) Delirium tremens
(2) Wernicke-Encephalopathie
(3) Alkoholhalluzinose
(4) Angstneurose

(A) 1 ist richtig.
(B) 2 ist richtig.
(C) 3 ist richtig.
(D) 4 ist richtig.

6.22 Welches sind typische Symptome beim „einfachen Rausch"?

(1) Koordinationsstörungen beim Gehen und Sprechen
(2) Bilckrichtungsnystagmus
(3) Pupillenerweiterung
(4) depressive Regression

(A) 1, 2 und 3 sind richtig.
(B) 2 und 4 sind richtig.
(C) 1, 3 und 4 sind richtig.
(D) Alle sind richtig.

6.23 Welche der Aussagen über den „komplizierten Rausch" treffen zu?

(1) stärkere Ausprägung des „einfachen" Rausches
(2) keine Bewusstseinsstörung
(3) Bei hirnorganisch Kranken tritt oft Amnesie auf.
(4) Patientenverhalten ist persönlichkeitsfremd.

(A) 1, 2 und 3 sind richtig.
(B) 2 und 4 sind richtig.
(C) 1, 3 und 4 sind richtig.
(D) Alle sind richtig.

6.24 Welche der Aussagen über den „pathologischen Rausch" treffen zu?

(1) Eintreten nach oft nur geringen Mengen von Alkohol (Alkoholunverträglichkeit)
(2) Auftreten eines Dämmerzustandes
(3) kommt häufig bei Alkoholikern in der chronischen Phase vor
(4) zeitweise ausgeprägte Wahnvorstellungen

(A) 1, 2 und 3 sind richtig.
(B) 2 und 4 sind richtig.
(C) 1, 3 und 4 sind richtig.
(D) Alle sind richtig.

6.25 Welches der folgenden Phänomene ist typisch für den pathologischen Rausch?

(1) massive Schlafstörungen
(2) Einschlafstörungen
(3) Terminalschlaf
(4) Durchschlafstörungen

(A) 1 ist richtig.
(B) 2 ist richtig.
(C) 3 ist richtig.
(D) 4 ist richtig.

6.26 Folgende Symptome findet man beim pathologischen Rausch:

(1) Desorientiertheit
(2) Personenverkennung
(3) schwere Erregung
(4) Erinnerungslücke (meist nur kurze Dauer)

(A) 1, 2 und 3 sind richtig.
(B) 2 und 4 sind richtig.
(C) 1, 3 und 4 sind richtig.
(D) Alle sind richtig.

6.27 Welche Diagnose ist am wahrscheinlichsten und welcher Paragraph regelt die Schuldunfähigkeit?

 Vater und Sohn holen seit dem frühen Morgen die Ernte ein. Während des Mittagsessens trinken beide einen kleinen Schluck Schnaps. Plötzlich flippt der Sohn aus und schlägt dem Vater die Schaufel auf den Kopf. Danach flüchtet er nach Hause, legt sich hin und schläft. Nach einer Viertelstunde wacht er auf und weiß von gar nichts.

(1) komplizierter Rausch
(2) pathologischer Rausch
(3) Korsakow-Psychose
(4) Alkoholhalluzinose

(A) § 20 StGB
(B) § 21 StGB
(C) § 64 StGB

6.28 Im Zusammenhang mit Substanzeinnahmen gibt es folgende Syndrome:

(1) akute Intoxikation
(2) Entzugssyndrom
(3) exogene Psychose
(4) hirnorganisches Psychosyndrom

(A) 1, 2 und 3 sind richtig.
(B) 2 und 4 sind richtig.
(C) 1, 3 und 4 sind richtig.
(D) Alle sind richtig.

6.29 Welche Symptome treten bei der akuten Intoxikation auf?

(1) delirante Zustandsbilder
(2) Anfälle
(3) unter Umständen Bewusstseinsverlust
(4) Erregungszustände

(A) 1 und 2 sind richtig.
(B) 3 und 4 sind richtig.
(C) 1, 3 und 4 sind richtig.
(D) Alle sind richtig.

6.30 Welche Aussagen über das Entzugssyndrom sind zutreffend?

(1) Vegetative Symptome sind Schlafstörungen, Tremor, Schwitzen.
(2) Zu den psychischen Symptomen zählt man Unruhe, Angst und Depression.
(3) Ein rascher Entzug ist immer anzustreben.
(4) Im Rahmen des Entzugs kann ein Delirium tremens auftreten.

(A) 1 und 3 sind richtig.
(B) 2 und 4 sind richtig.
(C) 1, 3 und 4 sind richtig.
(D) Alle sind richtig.

6.31 Welche Formen zählen zu den exogenen Psychosen?

(1) Halluzinose
(2) Nachhallzustände (Flashbacks) von Psychosen und Intoxikationen
(3) Korsakow-Syndrom
(4) affektive Zustandsbilder (chronische Angstzustände)

(A) 1, 2 und 3 sind richtig.
(B) 1, 2 und 4 sind richtig.
(C) 1, 3 und 4 sind richtig.
(D) Alle sind richtig.

6.32 Welche Aussagen hinsichtlich der Entzugserscheinungen bei Opiatabhängigkeit sind zutreffend?

(1) enge Pupillen
(2) Schwitzen, Nasenlaufen
(3) Durchfälle
(4) Muskelkrämpfe

(A) 1, 2 und 4 sind richtig.
(B) 2, 3 und 4 sind richtig.
(C) 1, 3 und 4 sind richtig.
(D) Alle sind richtig.

6.33 Welche der folgenden Symptome können auf Morphinabhängigkeit hindeuten?

(1) gerötete Augen
(2) weite Pupillen
(3) trockener Mund
(4) psychische Auffälligkeit (z.B. Gereiztheit)

(A) 1 und 3 sind richtig.
(B) 1, 2 und 4 sind richtig.
(C) 1, 3 und 4 sind richtig.
(D) Alle sind richtig.

6.34 Welche Symptome zählen typischer-weise zur Cannabiswirkung?

(1) gehobene Stimmung
(2) Wahrnehmungsstörungen (z.B. Far-ben werden intensiver wahrgenom-men)
(3) Albernheit
(4) Nachhallzustände (Echophäno-mene) können noch nach Tagen auf-treten.

(A) 1 und 2 sind richtig.
(B) 1, 3 und 4 sind richtig.
(C) 3 und 4 sind richtig.
(D) Alle sind richtig.

6.35 Welche Aussagen hinsichtlich des Kokainmissbrauchs sind zutreffend?

(1) Beim Kokainmissbrauch kommt es zur psychischen Abhängigkeit.
(2) Zu den Kokainpsychosen zählt man ein Delir mit euphorischer Stim-mung.
(3) Auffällig ist ein starker Rededrang und Antriebssteigerung.
(4) Bei der Kokainabhängigkeit kommt es zu einer Zunahme des Körperge-wichts.

(A) 1, 2 und 3 sind richtig.
(B) 1, 2 und 4 sind richtig.
(C) 3 und 4 sind richtig.
(D) Alle sind richtig.

6.36 Unter dem Begriff „Craving" versteht man:

(1) ein typisches Symptom, dass bei Entzug auftritt
(2) ein unwiderstehliches Verlangen nach einer Substanz
(3) die Toleranzentwicklung während der Abhängigkeit
(4) das Suchtpotential einer Substanz

(A) Aussage 1 ist richtig.

(B) Aussage 2 ist richtig.
(C) Aussage 3 ist richtig.
(D) Aussage 4 ist richtig.

6.37 Der Begriff Polytoxikomanie be-zeichnet ...

(1) die Entstehung von Abhängigkeit
(2) einen neurologischen Ausfall während einer Entzugsphase
(3) die Mehrfachabhängigkeit, bei der verschiedene Substanzen aus unter-schiedlichen Gruppen eingenommen werden
(4) das zwanghafte Bedürfnis, die Substanz einzunehmen
(5) den Verlust der Kontrolle hinsicht-lich der Menge des Konsums

(A) Aussage 1 ist richtig.
(B) Aussage 2 ist richtig.
(C) Aussage 3 ist richtig.
(D) Aussage 4 ist richtig.
(E) Aussage 5 ist richtig.

6.38 Welcher Substanzgruppe ordnen Sie „Mescalin" zu?

(1) Morphin-Opiat-Typ
(2) Amphetamin-Typ
(3) Kokain-Typ
(4) Halluzinogen-Typ

(A) Aussage 1 ist richtig.
(B) Aussage 2 ist richtig.
(C) Aussage 3 ist richtig.
(D) Aussage 4 ist richtig.

6.39 Welche Aussagen über die Abhängig-keit von Drogen und Medikamenten sind zutreffend?

(1) Im Vordergrund steht neben dem Konsum die Beschaffung der illegalen Drogen (Beschaffungskriminalität).
(2) Bei der Medikamentenabhängig-

keit beträgt das Verhältnis Männer zu Frauen 3:1.

(3) Das höchste Suchtpotential findet sich beim Morphin-Opiat-Typ.

(4) Beim Barbiturat-Alkoholtyp tritt psychische und physische Abhängigkeit auf.

(5) Ein chronischer Konsum des Cannabis-Typ kann zu einem amotivationalen Syndrom führen

(A) Aussagen 1 und 2 sind zutreffend.

(B) Aussagen 1, 2 und 3 sind zutreffend.

(C) Aussagen 1, 3, 4 und 5 sind zutreffend.

(D) Aussagen 3, 4 und 5 sind zutreffend.

(E) Alle Aussagen sind zutreffend.

6.40 Welche der Aussagen über die Heroinabhängigkeit trifft nicht zu?

(1) Bei der Heroinabhängigkeit tritt eine ungewöhnlich schnelle Toleranzentwicklung auf.

(2) Entzugssymptome sind Craving, Schlaflosigkeit, Unruhe sowie Muskelschmerzen, Durchfall und Erbrechen.

(3) Das Risiko einer Infektion mit Hepatitis- HIV ist besonders hoch.

(4) Das Risiko einer psychischen Abhängigkeit ist als nicht hoch zu betrachten.

(A) Aussage 1 trifft nicht zu.

(B) Aussage 2 trifft nicht zu.

(C) Aussage 3 trifft nicht zu.

(D) Aussage 4 trifft nicht zu.

AFFEKTIVE STÖRUNGEN

7.1 Welche Aussagen über die affektiven Psychosen sind zutreffend?

(1) Kennzeichen für die Gruppe der affektiven Psychosen sind das depressive und das manische Syndrom.
(2) Es handelt sich um seelische Erkrankungen, die in erster Linie mit Störungen der Wahrnehmung einhergehen.
(3) Der Verlauf einer affektiven Psychose besteht meist aus zeitlich abgesetzten Phasen mit gesunden Intervallen.
(4) Als Synonyma gilt auch der Begriff Zyklothymien.

(A) 1, 2 und 4 sind richtig.
(B) 1, 3 und 4 sind richtig.
(C) 2, 3 und 4 sind richtig.
(D) Alle sind richtig.

7.2 Wenn eine affektive Psychose monopolar verläuft, heißt das:

(1) nur depressive bzw. manische Phasen
(2) depressive und manische Phasen im Wechsel
(3) einmalige Depression bzw. Manie
(4) mehrmalige Depressionen und/oder Manien

(A) 1 ist richtig.
(B) 2 ist richtig.
(C) 3 ist richtig.
(D) 4 ist richtig.

7.3 Wenn der Verlauf polyphasisch ist, heißt das:

(1) nur depressive bzw. manische Phasen
(2) depressive und manische Phasen im Wechsel
(3) einmalige Depression bzw. Manie
(4) mehrmalige Depressionen und/oder Manien

(A) 1 ist richtig.
(B) 2 ist richtig.
(C) 3 ist richtig.
(D) 4 ist richtig.

7.4 Welche Aussage über die Phasen affektiver Psychosen trifft nicht zu?

(1) Die Phasendauer liegt im Durchschnitt bei vier bis sechs Monaten – maximal bis zu einem Jahr.
(2) Manische Phasen kommen häufiger vor als depressive.
(3) Manische Phasen sind häufig kürzer als depressive.
(4) Die Phasen enden teils allmählich, teils abrupt.

(A) 1 ist nicht richtig.
(B) 2 ist nicht richtig.
(C) 3 ist nicht richtig.
(D) 4 ist nicht richtig.

7.5 In welchem Lebensjahrzehnt kommt es am häufigsten zur Erstmanifestation bipolarer affektiver Psychosen?

(1) im zweiten Lebensjahrzehnt
(2) im dritten Lebensjahrzehnt
(3) im vierten Lebensjahrzehnt
(4) im fünften Lebensjahrzehnt

(A) 1 ist richtig.
(B) 2 ist richtig.
(C) 3 ist richtig.
(D) 4 ist richtig.

7.6 Welche Aussage über die Prognose affektiver Psychosen ist nicht richtig?

(1) Affektive Psychosen führen meist zu bleibenden Residuen.
(2) Die Persönlichkeit wird nicht abgebaut.
(3) erhöhtes Suizidrisiko vor allem bei Melancholiekranken
(4) Rückfallgefährdung durch fehlende Medikamenteneinnahme oder chronische Stressfaktoren

(A) 1 ist nicht richtig.
(B) 2 ist nicht richtig.
(C) 3 ist nicht richtig.
(D) 4 ist nicht richtig.

7.7 Zu den auslösenden Faktoren zählt man:

(1) nur somatische Faktoren
(2) nur psychische Faktoren
(3) somatische und psychische Faktoren

(A) 1 ist richtig.
(B) 2 ist richtig.
(C) 3 ist richtig.

7.8 Welche affektiven Symptome sind typisch für die melancholische (depressive) Phase?

(1) Insuffizienzgefühle
(2) Gefühle von Sinn- und Hoffnungslosigkeit
(3) Verlust der affektiven Schwingungsfähigkeit („Gefühl der Gefühllosigkeit")
(4) Morgentief

(A) 1, 2 und 4 sind richtig.
(B) 2 und 3 sind richtig.
(C) 2, 3 und 4 sind richtig.
(D) Alle sind richtig.

7.9 Hinsichtlich der Antriebsstörungen während der depressiven Episode sind folgende Aussagen zutreffend:

(1) Noch vor kurzem bewältigte Alltagsaktivitäten werden zum Problem.
(2) Initiativlosigkeit und Arbeitsunfähigkeit sind typische Phänomene
(3) Vorkommen von depressivem Stupor
(4) Die so genannte agitierte Depression ist durch Antriebssteigerung gekennzeichnet.

(A) 1, 2 und 4 ist richtig.
(B) 1 und 3 sind richtig.
(C) 2, 3 und 4 sind richtig.
(D) Alle sind richtig.

7.10 Zu den Vitalstörungen und vegetativen Symptomen der Depression zählt man:

(1) gesteigerte Libidoaktivität
(2) Durchschlafstörungen
(3) Obstipation
(4) Druckgefühl auf Brust- und Bauchraum

(A) 1, 2 und 3 sind richtig.
(B) 2, 3 und 4 sind richtig.
(C) 3 und 4 sind richtig.
(D) Alle sind richtig.

7.11 In welcher Form zeigen sich kognitive Störungen bei einer Depression?

(1) Konzentrationsstörungen
(2) verminderte Aufmerksamkeit und Merkfähigkeit
(3) Energielosigkeit
(4) gesteigerte Reizbarkeit
(5) Interessenverlust

(A) Nur Aussage 1 ist richtig.
(B) Aussagen 1 und 2 sind richtig.
(C) Aussagen 3 und 4 sind richtig.
(D) Aussagen2, 4 und 5 sind richtig.
(E) Alle Aussagen sind richtig.

7.12 Welche Aussagen bezüglich der Schlafstörungen bei Depressionen sind zutreffend?

(1) Schlafstörungen gehören zu den häufigsten Symptomen einer Depression.
(2) Man unterscheidet Ein- und Durchschlafstörungen sowie morgendliches Früherwachen.
(3) Schlafstörungen zählt man zu den somatischen Symptomen im Rahmen einer depressiven Erkrankung.
(4) Schlafstörungen führen in der Regel zu einer Medikamentenabhängigkeit.

(A) Aussagen 1 und 2 treffen zu.
(B) Aussagen 3 und 4 treffen zu.
(C) Aussagen 1, 2 und 3 treffen zu.
(D) Aussagen 2, 3 und 4 treffen zu.
(E) Alle Aussagen treffen zu.

7.13 Welche Aussage über eine depressive Erkrankung trifft nicht zu?

(1) Die Depression hat eine geringe Mortalität.
(2) Typische Inhalte des depressiven Wahns sind Schuld und Verarmung.
(3) Für die Diagnose einer Depression

müssen die Symptome mindestens zwei Wochen lang andauern.
(4) Das Gefühl der Gefühllosigkeit gehört zu den Störungen des Affektes.
(5) Charakteristisch für die Depression ist die herabgesetzte Stimmung.

(A) Aussage 1 trifft nicht zu.
(B) Aussage 2 trifft nicht zu.
(C) Aussage 3 trifft nicht zu.
(D) Aussage 4 trifft nicht zu.
(E) Aussage 5 trifft nicht zu.

7.14 Welche formale Denkstörung ist typisch für die endogene Depression?

(1) Inkohärenz
(2) Denksperrung
(3) Denkhemmung
(4) ideenflüchtiges Denken

(A) 1 ist richtig.
(B) 2 ist richtig.
(C) 3 ist richtig.
(D) 4 ist richtig.

7.15 Welche Thematik findet sich beim depressiven Wahn?

(1) Verfolgungswahn
(2) nihilistischer Wahn
(3) hypochondrischer Krankheitswahn
(4) Schuldwahn

(A) 1, 3 und 4 sind richtig.
(B) 2, 3 und 4 sind richtig.
(C) 2 und 3 sind richtig.
(D) Alle sind richtig.

7.16 Bei der Diagnose und Differentialdiagnose sind folgende Aussagen zutreffend:

(1) Verlust von Aktivität und Energie, Vitalstörungen, Antriebsstörungen und typische Tagesschwankungen zählen zu dem charakteristischen Symptomenkomplex der endogenen Depression.

(2) Da sich die Diagnose am phasenhaften Verlauf orientiert, sind Fragen nach früheren depressiven oder manischen Phasen wichtig.

(3) Abzugrenzen gilt es unter anderem gegen die depressive Verstimmung bei Schizophrenie sowie bei Depression, die durch verschiedene körperliche Grunderkrankungen hervorgerufen wird.

(4) Sehr schwer ist die endogene Depression von der neurotischen Depression abzugrenzen, da auch hier Phasen auftreten.

(A) 1, 2 und 3 sind richtig.
(B) 2 und 3 sind richtig.
(C) 1, 3 und 4 sind richtig.
(D) Alle sind richtig.

7.17 Welche Aussage über die Therapiemöglichkeiten für die melancholische Phase trifft nicht zu?

(1) Die Therapie der depressiven Symptomatik gilt als vorrangiges Behandlungsziel.

(2) Vor Therapiebeginn muss die Diagnosesicherung stehen.

(3) Als somatische Therapie bieten sich Schlafentzug, Elektrokrampftherapie und Lichttherapie an.

(4) Auf die psychopharmakologische Behandlung verzichtet man im allgemeinen.

(A) 1 ist nicht richtig.
(B) 2 ist nicht richtig.
(C) 3 ist nicht richtig.
(D) 4 ist nicht richtig.

7.18 Welche affektiven Symptome zeigen sich bei der Manie?

(1) Selbstüberschätzung
(2) Affektverflachung
(3) gehobene Stimmung
(4) Distanzlosigkeit im Verhalten anderen gegenüber

(A) 1, 2 und 4 sind richtig.
(B) 1, 3 und 4 sind richtig.
(C) 2 und 3 sind richtig.
(D) Alle sind richtig.

7.19 Welche Symptome des Antriebsverhaltens deuten auf eine Manie hin?

(1) starke Antriebssteigerung
(2) aggressive Handlungen
(3) Mutismus
(4) psychomotorische Enthemmung

(A) 1, 2 und 4 sind richtig.
(B) 2 und 3 sind richtig.
(C) 1, 3 und 4 sind richtig.
(D) Alle sind richtig.

7.20 Welche der folgenden Patientenaussagen deutet am ehesten auf eine Manie hin?

(1) Ich fühle mich so erschlagen und ausgelaugt.

(2) Bei Ihnen fühle ich mich sauwohl und deshalb schenke ich Ihnen 2500,– Euro.

(3) Ich glaube, ich werde ständig vom Geheimdienst abgehört.

(4) Ich hab das Gefühl, mir dauernd die Hände waschen zu müssen.

(A) 1 ist richtig.
(B) 2 ist richtig.
(C) 3 ist richtig.
(D) 4 ist richtig.

7.21 Zu den typischen Vitalsymptomen bei der Manie zählt man:

(1) Schlafstörungen (Schlafdefizit)
(2) gesteigerte Libido/Potenz
(3) Appetitverlust
(4) ständige Müdigkeit

(A) 1, 2 und 4 sind richtig.
(B) 1 und 2 sind richtig.

(C) 3 und 4 sind richtig.
(D) Alle sind richtig.

(C) 2 und 3 sind richtig.
(D) Alle sind richtig.

7.22 Welche formale Denkstörung ist typisch für die Manie?

(1) Denkhemmung
(2) Inkohärenz
(3) Ideenflucht
(4) Kontamination

(A) 1 ist richtig.
(B) 2 ist richtig.
(C) 3 ist richtig.
(D) 4 ist richtig.

7.23 Welches der folgenden Wahnthemen ist typisch bei der Manie:

(1) Größenwahn
(2) Verfolgungswahn
(3) Schuldwahn
(4) Verarmungswahn

(A) 1 ist richtig.
(B) 2 ist richtig.
(C) 3 ist richtig.
(D) 4 ist richtig.

7.24 Welche Aussagen hinsichtlich der Therapie manisch Kranker sind zutreffend?

(1) somatische Therapie mit Neuroleptika
(2) Psychotherapie ist bei manischen Patienten aufgrund fehlender Krankheitseinsicht sehr schwierig.
(3) Je nach Ausprägungsgrad der Krankheit muss unter Umständen die Frage nach Geschäfts- und Schuldunfähigkeit gestellt werden.
(4) Gelegentlich ist eine Zwangseinweisung unumgänglich.

(A) 1, 2 und 3 sind richtig.
(B) 2 und 4 sind richtig.

7.25 Welche Aussage/n über bipolare affektive Störungen (Mischzustände) ist/sind zutreffend?

(1) In der Symptomatik zeigt sich ein rascher Wechsel von Stimmungsgehobenheit und tiefer Verzweiflung.
(2) Sie tritt häufig im Übergang von depressiven zu manischen Phasen und umgekehrt auf.
(3) Mischzustände sind abzugrenzen gegen manische Phasen, depressive Phasen und gegen affektive Syndrome anderer organischer Erkrankungen.
(4) Als Therapie zeigt sich eine Kombination von Antidepressiva und Neuroleptika förderlich.

(A) 1, 2 und 3 sind richtig.
(B) Nur 1 ist richtig.
(C) 3 und 4 sind richtig.
(D) Alle sind richtig.

7.26 Welche Aussagen über schizoaffektive Psychosen sind zutreffend?

(1) Es handelt sich hierbei um endogene Psychosen mit Symptomen aus dem Überschneidungsbereich des schizophrenen und manisch-depressiven Formenkreises.
(2) Auffällig sind schizophrene Symptome wie Ich-Störungen.
(3) Langfristig gesehen sind schizoaffektive Psychosen relativ gut heilbar.
(4) Bei schizodepressiven Phasen ist eine Behandlung mit Neuroleptika und Antidepressiva förderlich.

(A) 1, 3 und 4 sind richtig.
(B) 2 und 4 sind richtig.
(C) 1, 2 und 3 sind richtig.
(D) Alle sind richtig.

7.27 Welche Begriffe sind Synonyma für schizoaffektive Psychosen?

(1) Mischpsychosen
(2) atypische endogene Psychosen
(3) Zyklothymie
(4) Affektpsychosen

(A) 1 und 2 sind richtig.
(B) 2, 3 und 4 sind richtig.
(C) 3 und 4 sind richtig.
(D) Alle sind richtig.

7.28 Zur Sondergruppe der zykloiden Psychosen zählt man:

(1) Angst-Glücks-Psychose
(2) erregt-gehemmte Verwirrtheits-psychose
(3) Involutionsdepression
(4) hyperkinetisch-akinetische Motili-tätspsychose

(A) 1, 2 und 3 sind richtig.
(B) 1, 2 und 4 sind richtig.
(C) 3 und 4 sind richtig.
(D) Alle sind richtig.

7.29 Eine erregt-gehemmte Verwirrtheits-psychose weist folgende Symptome auf:

(1) Das Leitsymptom ist die Denkstö-rung.
(2) Stimmung labil
(3) Beziehungs- und Bedeutungswahn, Aspontanität (gehemmter Pol)
(4) Ideenflucht und Zerfahrenheit, Per-sonenverkennung und Halluzinatio-nen (erregter Pol)

(A) 1, 3 und 4 sind richtig.
(B) 2, 3 und 4 sind richtig.
(C) 3 und 4 sind richtig.
(D) Alle sind richtig.

7.30 Welche Aussage über akute vorüber-gehende Psychosen ist zutreffend?

(1) Akute vorübergehende Psychose ist ein Sammelbegriff für unterschiedliche, innerhalb von Tagen akut auftretende, kurzdauernde psychotische Syndrome.
(2) Akute vorübergehende Psychose ist ein Oberbegriff für monophasische Psychosen.
(3) Akute vorübergehende Psychose ist ein Grenzbegriff der Schizophrenie.
(4) Akute vorübergehende Psychose gehört zur Gruppe der schizoaffekti-ven Psychosen.

(A) 1 ist richtig.
(B) 2 ist richtig.
(C) 3 ist richtig.
(D) 4 ist richtig.

7.31 Als wahnhafte Störungen oder Wahnentwicklungen bezeichnet man die Psychosen, die sich durch die Entwicklung eines anhaltenden Wahns …

(1) mit Persönlichkeitsveränderungen, aber ohne sonstige psychopathologi-sche Störungen kennzeichnen
(2) ohne Persönlichkeitsveränderun-gen und ohne sonstige psychopatholo-gische Störungen kennzeichnen
(3) mit Ich-Störungen und erheblichen psychovegetativen Symptomen kenn-zeichnen
(4) ohne Ich-Störungen und ohne ve-getative Symptome kennzeichnen

(A) 1 ist richtig.
(B) 2 ist richtig.
(C) 3 ist richtig.
(D) 4 ist richtig.

7.32 Zu den Formen der Wahnentwicklung zählt man:

(1) Paranoia/sensitiver Beziehungswahn
(2) seniler Beeinträchtigungswahn/ Kontaktmangelparanoia
(3) Eigengeruchsparanoia
(4) Dysmorphophobie

(A) 1, 2 und 3 sind richtig.
(B) 2, 3 und 4 sind richtig.
(C) 3 und 4 sind richtig.
(D) Alle sind richtig.

7.33 Ordnen Sie die folgenden Aussagen zu den entsprechenden Wahnformen!

(A) Kontaktmangelparanoia
(B) Eigengeruchsparanoia
(C) Dysmorphophobie
(D) Paranoia

(1) eingebildete Wahrnehmung von unangenehmem Eigengeruch
(2) Patient sieht sich wegen eines vermeintlichen oder tatsächlichen Körperfehlers von der Umwelt abschätzig beurteilt.
(3) Nach Verlust des Kontaktes zur Umwelt meist im Alter auftretender Wahn.
(4) Ein sich aus dem Charakter entwickelnder, nichtschizophrener chronischer Wahn, der sich auf Eifersucht, Beeinträchtigung etc. bezieht.

7.34 Bei der Manie findet man oft folgendes typisches Verhalten:

(1) Ideenflucht
(2) kein Krankheitsgefühl
(3) Jammern
(4) übermäßige Kauflust

(A) 1 und 2 sind richtig.
(B) 3 und 4 sind richtig.
(C) 1, 2 und 4 sind richtig.
(D) Alle sind richtig.

7.35 Welche der folgenden Symptome sind charakteristisch für die Manie?

(1) Größenideen
(2) Antriebshemmung
(3) gesteigerte Libido/Potenz
(4) Morgentief

(A) 1 und 3 sind richtig.
(B) 2 und 4 sind richtig.
(C) Nur 3 ist richtig.
(D) Alle sind richtig.

7.36 Hinsichtlich einer Manie sind folgende Aussagen zutreffend:

(1) Typisch ist ein vermindertes Schlafbedürfnis.
(2) Bei Auftreten eines selbst- oder fremdgefährdenden Verhaltens ist möglicherweise eine vormundschafsgerichtliche Unterbringung unumgänglich.
(3) In der Regel sind kognitive Therapiemaßnahmen erfolgreich.
(4) Typisch ist, dass sich der Erkrankte nicht krank fühlt.

(A) Aussagen 1 und 2 treffen zu.
(B) Aussagen 2 und 4 treffen zu.
(C) Aussagen 1,2 und 3 treffen zu.
(D) Aussagen 1, 2 und 4 treffen zu.
(E) Aussagen 3 und 4 treffen zu.

7.37 Was versteht man unter dem Ausdruck „rapid cycling"?

(1) den raschen Wechsel von Symptomen innerhalb von Stunden bei einer einzigen Episode einer affektiven Störung
(2) das schnell hintereinander Auftreten von mehrwöchigen Episoden einer bipolaren Störung innerhalb eines Jahres
(3) einzelne Tage guter und schlechter Stimmung

(4) eine verhaltenstherapeutische Technik bei einer unipolaren Depression

(A) Aussage 1 ist richtig.
(B) Aussage 2 ist richtig.
(C) Aussage 3 ist richtig.
(D) Aussage 4 ist richtig.

7.38 Welche Diagnose ist am wahrscheinlichsten?

 Frau M. kommt in Begleitung ihrer Schwester in die Praxis. Ihre Schwester berichtet, dass Frau M. sich seit gestern völlig verändert hat. Sie sei ziemlich gereizt gewesen und habe dann in der Nacht völlig durchgedreht. Sie habe ihr Zimmer vollkommen demoliert, Gegenstände auf die Straße geworfen und immer wieder geschrien, dass sie die beste aller Frauen sei. Ihre Schwester vermutet, dass es mit der Trennung von ihrem Freund zu tun hat und dass das der Grund für ihr übertriebenes Verhalten sein müsse. Zur familiären Vorgeschichte gehört, dass sie sich oft allein fühlte, da ihre Eltern eine schlechte Ehe führten, selten daheim waren und ihre Geschwister sich nicht mit ihr beschäftigten, sondern sie im Gegenteil häufig wegen ihrer Sensibilität gehänselt haben. Die Vaterbeziehung war intensiver und gut. Zur Mutter hatte sie ein sehr distanziertes Verhältnis. So kam es, dass Frau M. bereits vor zwei Jahren einen Suizidversuch machte. Nach dem Suizidversuch zeigten sich bald zunehmende depressive Phasen. Erst eine Familientherapie half, die Depression zum Abklingen zu bringen. Es folgte eine zweite Therapie, weil Frau M. ihren Eltern öfter größere Geldbeträge entwendete

und damit rauschartig Großeinkäufe machte.
Im direkten Gespräch mit Frau M. erzählt sie, dass der gestrige Ausbruch die Folge eines Rituals war. Dieses Ritual sei ihr telepathisch mitgeteilt worden und in der Botschaft sei ihr bestätigt worden, dass sie die beste aller Frauen sei. Dies sollte sie so laut schreien, wie sie konnte. Denn so könnte es auch ihr geliebter Freund hören und würde dann wieder zurückkommen.
Im weiteren Gespräch werden folgende psychische Symptome deutlich: bewusstseinsklar, distanzlos, ideenflüchtig, gehobene euphorische Stimmung, Größenideen, erregt, depressive Einbrüche mit Schuldgefühlen, akustische Halluzinationen, Wahn.

(1) Melancholie
(2) Manie
(3) bipolare affektive Störung
(4) schizoaffektive Psychose

(A) 1 ist richtig.
(B) 2 ist richtig.
(C) 3 ist richtig
(D) 4 ist richtig.

7.39 Welche Diagnose ist am wahrscheinlichsten?

 Ein 36-jähriger Angestellter berichtet, dass er ohne ersichtlichen Grund seit mehreren Wochen an folgenden Symptomen leidet: Druck auf dem Brustkorb, keinen Appetit, Arbeitsunfähigkeit, Schlafstörungen. Am schlimmsten ist es, dass er sich an jedem Morgen so niedergeschlagen fühle. Sein Hausarzt konnte nach gründlicher Untersuchung keine Ursache finden. Er weiß sich keinen Rat mehr, fühlt sich ziemlich verzweifelt.

(1) endogene Depression
(2) depressive Persönlichkeitsstörung
(3) zykloide Psychose
(4) bipolare Störung

(A) 1 ist richtig.
(B) 2 ist richtig.
(C) 3 ist richtig.
(D) 4 ist richtig.

7.40 Welche Diagnose ist am wahrscheinlichsten?

 Ein 30-jähriger Mann kommt mit seiner Frau in die Praxis.
Seine Frau berichtet, dass er seit einigen Wochen nicht mehr richtig schläft und dauernd etwas tun muss. Nur mit Mühe ist der Mann zu einem Gespräch bereit, da er nicht das Gefühl hat, krank zu sein. Der Mann kann aber nicht lange sitzen bleiben, steht auf und läuft im Zimmer unruhig umher. Dabei redet er pausenlos – über seine Eltern, seine Frau, seine Pläne für die Zukunft etc. Es ist deutlich, dass in seinen Ausführungen immer wieder neue Ideen auftauchen, er aber nie beim Thema bleibt. Im Verhalten ist er distanzlos und euphorisch gestimmt.

(1) hyperthyme Persönlichkeitsstörung
(2) bipolare affektive Störung
(3) Zwangsstörung
(4) Manie

(A) 1 ist richtig.
(B) 2 ist richtig.
(C) 3 ist richtig.
(D) 4 ist richtig.

7.41 Welche Diagnose ist am wahrscheinlichsten?

 Eine 47-jährige Hausfrau kommt in die Praxis. Sie erzählt, dass ihr Ehemann vor vier Monaten gestorben sei und sie seitdem nicht mehr richtig schlafen kann, keinen Appetit mehr hat und sich innerlich leer fühle. Die Frau wirkt deutlich depressiv und gehemmt. Aus dem weiteren Gespräch läßt sich ein Wahn mit Verarmungsthematik klar erkennen.

(1) depresssive Persönlichkeitsstörung
(2) endogene Depression mit Wahninhalten
(3) bipolare affektive Störung
(4) anankastische Depression

(A) 1 ist richtig.
(B) 2 ist richtig.
(C) 3 ist richtig.
(D) 4 ist richtig.

8

SCHIZOPHRENIEN

8.1 Welche der Aussagen über schizophrene Psychosen sind zutreffend?

(1) Schizophrenien gehören zu der Gruppe der endogenen Psychosen.
(2) Eine frühere Bezeichnung lautet Dementia praecox.
(3) Schizophrenie ist ein Syndrom.
(4) Man sagt, dass das Gesunde erhalten bleibe und in der Schizophrenie nur verdeckt wird.

(A) 1, 2 und 4 sind richtig.
(B) 2 und 3 sind richtig.
(C) 1, 3 und 4 sind richtig.
(D) Alle sind richtig.

8.2 Zu den Grundsymptomen (nach BLEULER) der Schizophrenien zählt man:

(1) Störungen des Denkens
(2) Störungen der Wahrnehmung
(3) Störungen der Affektivität
(4) Ich-Störungen

(A) 1, 2 und 3 sind richtig.
(B) 3 und 4 sind richtig.
(C) 1, 3 und 4 sind richtig.
(D) Alle sind richtig.

8.3 Zu den akzessorischen Symptomen der Schizophrenien (nach BLEULER) zählt man:

(1) Wahn
(2) Halluzinationen
(3) katatone Symptome
(4) vegetative Symptome

(A) 1, 2 und 3 sind richtig.
(B) 3 und 4 sind richtig.
(C) 1, 3 und 4 sind richtig.
(D) Alle sind richtig.

8.4 Zu den katatonen Symptomen der Schizophrenien gehören typischerweise:

(1) Störungen der Motorik und des Antriebs
(2) Katalepsie
(3) katatone Erregungszustände
(4) Haltungs- und Bewegungsstereotypien

(A) 1, 2 und 3 sind richtig.
(B) 2, 3 und 4 sind richtig.
(C) 3 und 4 sind richtig.
(D) Alle sind richtig.

8.5 Welche Aussage hinsichtlich der Schizophrenien trifft nicht zu?

(1) Zu der Gruppe der Ich-Störungen gehört der Gedankenentzug bei schizophrenen Patienten.
(2) Charakteristisch für Schizophrene ist, dass als formale Denkstörung nur Zerfahrenheit vorkommt.
(3) Um anhand eines Syndroms die Diagnose erstellen zu können, muss in jedem Fall eine körperliche Verursachung des Syndroms ausgeschlossen werden.
(4) Nur für diagnostische Zwecke sind die Symptome ersten und zweiten Ranges (nach K. SCHNEIDER) von Bedeutung.

(A) 1 ist nicht richtig.
(B) 2 ist nicht richtig.
(C) 3 ist nicht richtig.
(D) 4 ist nicht richtig.

8.6 Welche der folgenden Aussagen trifft nicht auf die Schizophrenien zu?

(1) Die Suizidrate von schizophrenen Patienten liegt bei 5–10%.
(2) Die Erkrankung tritt bei Frauen und Männern etwa in der gleichen Häufigkeit auf.
(3) Der schizophrene Patient kann sowohl gehobene als auch depressive Stimmung erleben.
(4) Als Ursache wird hauptsächlich eine genetische Komponente vermutet.
(5) Häufige Wahnthemen sind Beziehungs- und Verfolgungswahn.

(A) Aussage 1 trifft nicht zu.
(B) Aussage 2 trifft nicht zu.
(C) Aussage 3 trifft nicht zu.
(D) Aussage 4 trifft nicht zu.
(E) Aussage 5 trifft nicht zu.

8.7 Als Störungen der Affektivität bei Schizophrenen findet man:

(1) Parathymie
(2) Ambivalenz
(3) Verlust der emotionalen Schwingungsfähigkeit
(4) depressive Verstimmtheit

(A) 1, 2 und 3 sind richtig.
(B) 3 und 4 sind richtig.
(C) 1, 2 und 4 sind richtig.
(D) Alle sind richtig.

8.8 Zu den typischen Ich-Störungen bei schizophrenen Patienten zählt man:

(1) Gedankeneingebung
(2) Willensbeeinflussung
(3) Gedankenentzug
(4) Gedankenausbreitung

(A) 1, 2 und 3 sind richtig.
(B) 2, 3 und 4 sind richtig.
(C) 1, 3 und 4 sind richtig.
(D) Alle sind richtig.

8.9 Schizophrene Ich-Störungen gehören nach KURT SCHNEIDER zu:

(1) Symptomen 1. Ranges
(2) Symptomen 2. Ranges

(A) 1 ist richtig.
(B) 2 ist richtig.

8.10 Welche der folgenden Symptome gehören zu den Symptomen 1. Ranges nach K. SCHNEIDER?

(1) Gedankenlautwerden
(2) Hören von Stimmen in der Form von Rede und Gegenrede
(3) leibliche Beeinflussungserlebnisse
(4) optische Halluzinationen

(A) 1, 2 und 3 sind richtig.
(B) 2, 3 und 4 sind richtig.
(C) 1 und 4 sind richtig.
(D) Alle sind richtig.

8.11 Welche/s der folgenden Symptome gehören/gehört zu den Symptomen 2. Ranges nach K. SCHNEIDER?

(1) Wahneinfall
(2) Willensbeeinflussung
(3) Gedankenausbreitung
(4) Wahnwahrnehmung

(A) 1, 2 und 3 sind richtig.
(B) Nur 1 ist richtig.
(C) 3 und 4 sind richtig.
(D) Alle sind richtig.

8.12 Typische Störungen des Denkens bei Schizophrenie sind:

(1) Begriffszerfall
(2) Kontamination
(3) Gedankenabreißen
(4) Perseveration

(A) 1, 2 und 3 sind richtig.
(B) 3 und 4 sind richtig.
(C) 1, 3 und 4 sind richtig.
(D) Alle sind richtig.

8.13 Hinsichtlich der Symptome bei schizophrenen Patienten sind folgende Aussagen zutreffend:

(1) Typische Wahnthemen sind Verfolgungs- und Beeinträchtigungswahn.
(2) Zu den möglichen Störungen der Affektivität bei Schizophrenien gehören Autismus und Ratlosigkeit.
(3) Die Störung der Ich-Vitalität bei Schizophrenen zeigt sich durch fehlende Gewissheit der eigenen Lebendigkeit (im katatonen Stupor).
(4) Ein an Schizophrenie leidender Kranker erlebt oft Gedanken als von außen beeinflusst.

(A) 1, 2 und 3 sind richtig.
(B) 2, 3 und 4 sind richtig.
(C) 1 und 4 sind richtig.
(D) Alle sind richtig.

8.14 In Bezug auf die akzessorischen Symptome bei Schizophrenien sind folgende Aussagen zutreffend:

(1) Am häufigsten treten akustische Halluzinationen auf.
(2) Die Wahnthematik beim schizophrenen Patienten ist durch seine Erlebniswelt geprägt.
(3) Katatone Symptome zeigen sich in Störungen der Motorik und des Antriebs.
(4) Halluzinatorische Körpermissempfindungen treten bei Schizophrenien nie auf.

(A) 1, 2 und 3 sind richtig.
(B) 3 und 4 sind richtig.
(C) 1, 3 und 4 sind richtig.
(D) Alle sind richtig.

8.15 Der schizophrene Wahn läßt sich nach CONRAD in fünf Stadien beschreiben. Welche Aussage trifft auf das Trema zu?

(1) Unter Trema versteht man das Erleben von wahnhaften Körpergefühlen.
(2) Unter Trema versteht man den Verlust der Spannkraft.
(3) Unter Trema versteht man eine Wahnspannung, die sich durch Unruhe, Angst, Misstrauen und meist mutlose Stimmung auszeichnet.
(4) Unter Trema versteht man das Gedankenlautwerden im Innern.

(A) 1 ist richtig.
(B) 2 ist richtig.
(C) 3 ist richtig.
(D) 4 ist richtig.

8.16 Das terminale Stadium (nach CONRAD) zeichnet sich aus durch:

(1) katatone Symptome
(2) vegetative Symptome
(3) Reduktion des energetischen Potentials
(4) Wahnwahrnehmungen

(A) 1 ist richtig.
(B) 2 ist richtig.
(C) 3 ist richtig.
(D) 4 ist richtig.

8.17 Nennen Sie die fünf Stadien des schizophrenen Wahns (nach CONRAD)!

8.18 Welches Phänomen gilt als besonders charakterisch für die Schizophrenie in Abgrenzung zu anderen Erscheinungen endogener Psychosen?

(1) das Auftreten von Dermatozoenwahn
(2) das Auftreten von wahnhaften Verarmungsideen
(3) Hören von Stimmen in Form von Rede und Gegenrede
(4) das Auftreten von taktilen Halluzinationen

(A) 1 ist richtig.
(B) 2 ist richtig.
(C) 3 ist richtig.
(D) 4 ist richtig.

8.19 Welche der folgenden Begriffe zählt man zu den Minussymptomen?

(1) Halluzinationen
(2) Wahn
(3) Mutismus
(4) sozialer Rückzug
(5) Gefühlsarmut

(A) Aussagen 1 und 2 sind richtig.
(B) Aussagen 2 und 3 sind richtig.
(C) Aussagen 1, 2 und 3 sind richtig.
(D) Aussagen 3, 4 und 5 sind richtig.
(E) Nur Aussage 3 ist richtig.

8.20 Auf welche psychopathologischen Symptome achten sie bei einem schizophrenen Patienten?

(1) Formale und inhaltliche Denkstörungen
(2) Störungen der Affektivität und Psychomotorik
(3) Wahnerleben und Halluzinationen
(4) Ich-Störungen
(5) Sozialverhalten

(A) Aussagen 1 und 3 sind richtig.
(B) Aussagen 1, 2 und 4 sind richtig.

(C) Aussagen 3, 4 und 5 sind richtig.
(D) Aussagen 1 und 5 sind richtig.
(E) Alle Aussagen sind richtig.

8.21 Für die Diagnose Schizophrenie sind – nach Ausschluss körperlicher Krankheiten – folgende Aussagen zutreffend:

(1) mindestens ein eindeutiges Symptom 1. Ranges (nach SCHNEIDER)
(2) mindestens zwei eindeutige Symptome 2. Ranges (nach SCHNEIDER)
(3) Die Symptome müssen mindestens einen Monat lang bestanden haben.
(4) Die Symptome müssen mindestens eine Woche lang bestanden haben.

(A) 1, 2 und 3 sind richtig.
(B) 2 und 4 sind richtig.
(C) 1 und 3 sind richtig.
(D) 3 und 4 sind richtig.

8.22 Zu den Unterformen schizophrener Psychosen zählt man:

(1) Hebephrenie
(2) paranoid-halluzinatorische Schizophrenie
(3) katatone Formen
(4) Schizophrenia simplex

(A) 1 und 2 sind richtig.
(B) 3 und 4 sind richtig.
(C) 2, 3 und 4 sind richtig.
(D) Alle sind richtig.

8.23 Welche Aussagen über Hebephrenie sind zutreffend?

(1) Hebephrenie beginnt häufig in der Adoleszenz.
(2) Affektive Symptome stehen im Vordergrund.
(3) Charakteristisch ist die heiter-läppische Gestimmtheit.
(4) Typisch für hebephrene Patienten ist mangelnde Körperpflege.

(A) 1 und 3 sind richtig.
(B) 1, 2 und 3 sind richtig.
(C) 3 und 4 sind richtig.
(D) Alle sind richtig.

8.24 Welches der folgenden Symptome trifft auf die Hebephrenie nicht zu?

(1) „läppisches" Gestimmtsein
(2) Beziehungslosigkeit
(3) diffus-zerfahrenes Denken
(4) Haltungsstereotypien

(A) 1 ist nicht richtig.
(B) 2 ist nicht richtig.
(C) 3 ist nicht richtig.
(D) 4 ist nicht richtig.

8.25 Zu den typischen Erscheinungen bei paranoid-halluzinatorischer Schizophrenie zählt man:

(1) Manierismen
(2) Wahnwahrnehmungen
(3) akustische Halluzinationen
(4) Gefühl des Gemachten

(A) 1, 2 und 4 sind richtig.
(B) 2, 3 und 4 sind richtig.
(C) 3 und 4 sind richtig.
(D) Alle sind richtig.

8.26 Welche Aussagen über die paranoid-halluzinatorische Schizophrenie sind zutreffend?

(1) Beginn häufig in der Altersgruppe 30–40 Jahre
(2) häufigste Form der Schizophrenie
(3) Das intellektuelle Potential der Persönlichkeit wird herabgesetzt.
(4) Im Verlauf einer Schizophrenie durchlaufen viele Kranke ein paranoid-halluzinatorisches Stadium.

(A) 1, 2 und 4 sind richtig.
(B) 2, 3 und 4 sind richtig.

(C) 1 und 3 sind richtig.
(D) Alle sind richtig.

8.27 Welcher Erstmanifestationsgipfel trifft auf die hebephrene Schizophrenie zu?

(1) 10–20 Lebensjahr
(2) 15–21 Lebensjahr
(3) 18–25 Lebensjahr
(4) 30–40 Lebensjahr
(5) 40–50 Lebensjahr

(A) Aussage 1 trifft zu.
(B) Aussage 2 trifft zu.
(C) Aussage 3 trifft zu.
(D) Aussage 4 trifft zu.
(E) Aussage 5 trifft zu.

8.28 Liegen Wahnerleben und Halluzinationen als vorherrschende Symptomatik vor, handelt es sich am wahrscheinlichsten um eine …

(1) Schizophrenia simplex
(2) hebephrene Schizophrenie
(3) schizzoaffektive Störung
(4) katatone Schizophrenie
(5) paranoid-halluzinatorischen Schizophrenie

(A) Aussage 1 ist richtig.
(B) Aussage 2 ist richtig.
(C) Aussage 3 ist richtig.
(D) Aussage 4 ist richtig.
(E) Aussage 5 ist richtig.

8.29 Akoasmen findet man typischerweise bei:

(1) Hebephrenie
(2) paranoid-halluzinatorischer Schizophrenie
(3) katatonen Formen
(4) Schizophrenia simplex

(A) 1 ist richtig.

(B) 2 ist richtig.
(C) 3 ist richtig.
(D) 4 ist richtig.

(B) 2 ist richtig.
(C) 3 ist richtig.
(D) 4 ist richtig.

8.30 Welche Aussage/n hinsichtlich der katatonen Form der Schizophrenie trifft/treffen zu?

(1) beginnt meist im jüngeren Erwachsenenalter
(2) beginnt meist im vierten Lebensjahrzehnt
(3) häufig plötzliche Manifestation der Erkrankung
(4) tritt nie plötzlich auf

(A) 1 und 3 sind richtig.
(B) 2 und 4 sind richtig.
(C) Nur 3 ist richtig.
(D) Nur 1 ist richtig.

8.31 Zu den typischen Symptomen der katatonen Form der Schizophrenie zählt man:

(1) Katalepsie
(2) Bewegungsstereotypien
(3) Mutismus
(4) Größenideen

(A) 1, 2 und 3 sind richtig.
(B) 2 und 4 sind richtig.
(C) Nur 3 ist richtig.
(D) Alle sind richtig.

8.32 Bei welcher schizophrenen Unterform beobachtet man die charakteristischen Symptome Stupor und Erregungszustände?

(1) Hebephrenie
(2) katatone Schizophrenie
(3) Schizophrenia simplex
(4) paranoid-halluzinatorische Schizophrenie

(A) 1 ist richtig.

8.33 Welches der folgenden Symptome gilt als charakteristisch für die katatone Form der Schizophrenie?

(1) Negativismus
(2) Verlangsamung des Denkablaufs
(3) Verstimmung mit Schuldthematik
(4) Verfolgungswahn

(A) 1 ist richtig.
(B) 2 ist richtig.
(C) 3 ist richtig.
(D) 4 ist richtig.

8.34 Hinsichtlich der perniziösen Katatonie sind folgende Aussagen zutreffend:

(1) Auftreten von körperlichen Symptomen wie hohes Fieber und Kreislaufstörungen
(2) Als lebensgefährliches Symptom zeigt sich das Austrocknen des Körpers.
(3) Flüssigkeitszufuhr gilt als wichtig bei der Behandlung der perniziösen Schizophrenie.
(4) Als Therapie sind Neuroleptikainfusionen und Elektrokrampftherapie vorrangig.

(A) 1 und 3 sind richtig.
(B) 2 und 4 sind richtig.
(C) 2, 3 und 4 sind richtig.
(D) Alle sind richtig.

8.35 Welche Aussagen über die Schizophrenia simplex sind zutreffend?

(1) Da keine auffälligen, produktiven Symptome auftreten, setzt die Krankheit fast unmerklich ein.
(2) Symptome sind Initiativeverlust, Antriebsdefizit und Mangel an Aktivität und Vitalität.

(3) Bei den an Schizophrenia simplex Erkrankten verkümmern meist die mitmenschlichen Beziehungen und der Realitätsbezug.
(4) Zu den typischen Wahnthemen der Schizophrenia simplex zählt Verarmungswahn.

(A) 1 und 3 sind richtig.
(B) 1, 2 und 3 sind richtig.
(C) 2, 3 und 4 sind richtig.
(D) Alle sind richtig.

8.36 Hinsichtlich der Somatotherapie verwendet man bei Schizophrenie:

(1) Neuroleptika
(2) Lithiumsalze
(3) Antidepressiva
(4) Psychoanaleptika

(A) 1 ist richtig.
(B) 2 ist richtig.
(C) 3 ist richtig.
(D) 4 ist richtig.

8.37 Zu den Zielsymptomen der somatischen Behandlung mit Neuroleptika zählt man:

(1) Wahn und Halluzinationen
(2) Erregung
(3) Störung der psychischen Funktionen (Defektsyndrom)
(4) Denkstörungen

(A) 1 und 4 sind richtig.
(B) 1, 2 und 3 sind richtig.
(C) 2, 3 und 4 sind richtig.
(D) Alle sind richtig.

8.38 Welches der folgenden Neuroleptika verwendet man bei therapieresistenten Psychosen?

(1) Neurocil
(2) Decentan

(3) Haldol
(4) Leponex

(A) 1 ist richtig.
(B) 2 ist richtig.
(C) 3 ist richtig.
(D) 4 ist richtig.

8.39 Welche der Aussagen über die Verwendung von Neuroleptika bei Schizophrenie treffen zu?

(1) Hochpotente Neuroleptika finden ihre Anwendung vorrangig in der akuten Psychose.
(2) Extrapyramidale Nebenwirkungen treten bei allen Neuroleptika auf.
(3) Bei der Behandlung mit Neuroleptika treten keine vegetativen Begleiterscheinungen auf.
(4) Bei der medikamentösen Langzeitbehandlung sind schwach potente Neuroleptika angezeigt.

(A) 1 und 4 sind richtig.
(B) 2 und 3 sind richtig.
(C) 1, 2 und 3 sind richtig.
(D) Alle sind richtig.

8.40 Hinsichtlich der Psychotherapie bei Schizophrenie sind folgende Therapieformen möglich:

(1) Gesprächstherapie
(2) Musiktherapie
(3) Verhaltenstherapie
(4) Familientherapie

(A) 1 und 3 sind richtig.
(B) 2 und 4 sind richtig.
(C) 1, 2 und 4 sind richtig.
(D) Alle sind richtig.

8.41 Welche der Aussagen in bezug zur Psychotherapie sind zutreffend?

(1) Ich-stützende Gesprächsführung besonders bei Ich-Verlustängsten und Ich-Grenzverlust

(2) In der Familientherapie geht es um den Einbezug der Angehörigen in den therapeutischen Prozess.
(3) Aus der Psychoanalyse hat sich die speziell für Schizophrene psychodynamische Therapie geformt.
(4) In der Musiktherapie werden vorrangig beruhigende Musikstücke gehört.

(A) 1, 2 und 3 sind richtig.
(B) 2, 3 und 4 sind richtig.
(C) 3 und 4 sind richtig.
(D) Alle sind richtig.

8.42 Hinsichtlich der Soziotherapie sind folgende Aussagen zutreffend:

(1) Wichtig ist die Schaffung eines möglichst natürlichen Behandlungsumfeldes.
(2) Hospitalismus gilt es zu vermeiden.
(3) Hilfreich für Schizophrene ist das Realitätstraining.
(4) Als zusätzliche therapeutische Aktivitäten sind Arbeitstherapie und Entspannungsübungen möglich.

(A) 1, 2 und 3 sind richtig.
(B) 2 und 4 sind richtig.
(C) 1, 3 und 4 sind richtig.
(D) Alle sind richtig.

8.43 Welche der folgenden Behandlungsinstitution/en wirkt/wirken sich positiv auf die Rehabilitation Schizophrener aus?

(1) Tageskliniken
(2) therapeutische Wohngemeinschaften
(3) Patientenclubs
(4) Angehörigengruppen

(A) 1, 2 und 3 sind richtig.
(B) 2 und 4 sind richtig.
(C) Nur 2 ist richtig.
(D) Alle sind richtig.

8.44 Welche Diagnose ist am wahrscheinlichsten?

 Eine Mutter kommt mit ihrem 18-jährigen Sohn in die Praxis. Sie berichtet, dass sich ihr Sohn in letzter Zeit sehr intensiv mit Esoterik beschäftigt, sich überwiegend in sein Zimmer zurückzieht und abschließt. Seit einer Woche wäscht er sich nicht mehr und nimmt kaum noch am Familienleben teil. Erst nach mehrmaligem Drängen seiner Mutter ist der Sohn bereit zu sprechen. Dabei wird deutlich, dass er die Situation nicht ernst nimmt. Er gibt alberne, nichtssagende Antworten und schneidet Grimassen.

(1) Hebephrenie
(2) Zyklothymie
(3) Affektpsychose
(4) sensitive Persönlichkeitsstörung

(A) 1 ist richtig.
(B) 2 ist richtig.
(C) 3 ist richtig.
(D) 4 ist richtig.

8.45 Welche Diagnose ist am wahrscheinlichsten?

 Ein 36-jähriger Angestellter kommt in die Praxis. Deutlich ist ihm Unruhe und Ängstlichkeit anzusehen. Ständig schaut er sich im Behandlungsraum um. Dann erzählt er, dass er verfolgt wird. Überall wo er hingeht, bemerkt er, dass sich fremde Menschen deutliche Zeichen geben, die alle mit ihm zu tun haben. Manchmal hört er die Stimmen seiner Verfolger. Sie sagen, dass sie ihn bald töten werden. Während des Gesprächs antwortet er lautstark den Stimmen mit den Worten: „Ihr kriegt mich nicht!"

(1) Katatonie
(2) paranoid-halluzinatorische Schizophrenie
(3) Zwangsstörung
(4) Manie

(A) 1 ist richtig.
(B) 2 ist richtig.
(C) 3 ist richtig.
(D) 4 ist richtig.

8.46 Welche Diagnose ist am wahrscheinlichsten?

 Ein Mann bringt seine 24-jährige Ehefrau in die Praxis. Sie schreit lautstark, schwingt ihre Arme heftig auf und nieder und trampelt mit den Füßen auf den Boden. Auf den Versuch, durch Zureden die Frau aus ihrem Erregungszustand zu holen, reagiert sie mit dem Gegenteil – ihre Bewegungen werden extremer.

(1) Schizophrenia simplex
(2) katatone Form der Schizophrenie
(3) Affektpsychose
(4) anankastische Persönlichkeitsstörung

(A) 1 ist richtig.
(B) 2 ist richtig.
(C) 3 ist richtig.
(D) 4 ist richtig.

NEUROLOGIE

9.1 Was versteht man unter dem Begriff „Apoplexia cerebri"?

(1) Gefäßleiden
(2) Gehirnschlag
(3) krankhafte Störung des Wahrnehmungsvermögens
(4) Teilnahmslosigkeit

(A) 1 ist richtig.
(B) 2 ist richtig.
(C) 3 ist richtig.
(D) 4 ist richtig.

9.2 Unter dem Begriff „postencephalitisch" versteht man:

(1) selbständig, von sich aus entstehende Krankheit
(2) Kräfteschwund und Abmagerung
(3) nach einer Gehirnentzündung
(4) gesteigerte Erregbarkeit

(A) 1 ist richtig.
(B) 2 ist richtig.
(C) 3 ist richtig.
(D) 4 ist richtig.

9.3 Der Begriff „progredient" sagt aus, ...

(1) dass eine Krankheit sich stufenweise fortschreitend entwickelt
(2) dass etwas rhythmisch abgehackt erscheint
(3) dass es sich um eine motorische Fehlfunktion handelt
(4) dass sich eine Krankheit über ein größeres Gebiet verteilt

(A) 1 ist richtig.
(B) 2 ist richtig.
(C) 3 ist richtig.
(D) 4 ist richtig.

9.4 Zu den (Hirn-)Werkzeugstörungen zählt man:

(1) Apraxie
(2) Agnosie
(3) Akalkulie
(4) Aphasie

(A) 1, 3 und 4 sind richtig.
(B) 2 und 4 sind richtig.
(C) 1, 2 und 3 sind richtig.
(D) Alle sind richtig.

9.5 In welchem Teil des Gehirns befindet sich der Hypothalamus?

(1) Cortex
(2) Diencephalon
(3) Kleinhirn
(4) Medulla spinalis

(A) 1 ist richtig.
(B) 2 ist richtig.
(C) 3 ist richtig.
(D) 4 ist richtig.

9.6 Welche Aussagen über das limbische System sind zutreffend?

(1) Das limbische System hat die Aufgabe der Selbsterhaltung und der Arterhaltung.

(2) Es ist das Zentrum der Emotionen.
(3) Störungen des limbischen Systems führen über Angstgefühle bis zu schwerer Aggressionshandlung.
(4) Es wirkt unter anderem beim Lernprozess mit.

(A) 1 und 4 sind richtig.
(B) 1, 2 und 3 sind richtig.
(C) 3 und 4 sind richtig.
(D) Alle sind richtig.

9.7 Ordnen Sie zu:

(1) Sympathikus
(2) Parasympathikus

(A) mobilisiert den Körper, das Energiepotential und steuert Notsituationen wie Krampf, Schreck, Flucht und Abwehr (fight, fright and flight)
(B) erhält das innere Gleichgewicht (Homöostase)

9.8 Zu den neurologischen Krankheitsbildern zählt man:

(1) Morbus Parkinson
(2) Multiple Sklerose
(3) Alzheimer
(4) Epilepsie

(A) 1, 2 und 4 sind richtig.
(B) 2 und 3 sind richtig.
(C) 1, 2 und 3 sind richtig.
(D) Alle sind richtig.

9.9 Welche der Aussagen sind charakteristisch für die organische Persönlichkeitsstörung?

(1) Es treten Störungen der Kognition und des Antriebes auf.
(2) Stimmungsschwankungen sind typisch.
(3) Tritt häufig nach allen möglichen Hirnschädigungen auf.

(4) Auffallend ist die Missachtung sozialer Konventionen.
(5) Die Abgrenzung zur prämorbiden Persönlichkeit fällt leicht wegen der ausgeprägten Symptomatik einer organischen Persönlichkeitsstörung.

(A) Aussagen 1 und 2 sind richtig.
(B) Aussagen 2 und 3 sind richtig.
(C) Aussagen 1, 2, 4 und 5 sind richtig.
(D) Aussagen 1, 2, 3 und 4 sind richtig.
(E) Alle Aussagen sind richtig.

9.10 Welche Aussagen über Morbus Parkinson treffen zu?

(1) Beim Morbus Parkinson handelt es sich um eine chronische Erkrankung des zentralen Nervensystems mit Zelldegeneration.
(2) Parkinson wird auch als Dopaminmangelkrankheit bezeichnet.
(3) Beginn meist in der Altersgruppe 30–40 Jahre.
(4) Der Verlauf der Krankheit ist langsam progredient.

(A) 1, 2 und 4 sind richtig.
(B) 2, 3 und 4 sind richtig.
(C) 1 und 4 sind richtig.
(D) Alle sind richtig.

9.11 Zu den charakterischen neurologischen Symptomen bei Parkinson zählt man:

(1) Ruhetremor
(2) Rigor
(3) Mimigraphie
(4) monotone Sprache

(A) 1 und 3 sind richtig.
(B) 2, 3 und 4 sind richtig.
(C) 1 und 3 sind richtig.
(D) Alle sind richtig.

9.12 Bei welchem der folgenden Krankheitsbilder findet man das sog. „Salbengesicht":

(1) Multiple Sklerose
(2) Hyperthyreose
(3) Morbus Parkinson
(4) Enzephalitis

(A) 1 ist richtig.
(B) 2 ist richtig.
(C) 3 ist richtig.
(D) 4 ist richtig.

9.13 Welche/s psychische/n Symptom/e tritt/treten beim Morbus Parkinson auf?

(1) Euphorie
(2) Depression
(3) Antriebsminderung
(4) verlangsamtes Auffassungs- und Reaktionsvermögen

(A) 1, 3 und 4 sind richtig.
(B) 2, 3 und 4 sind richtig.
(C) Nur 3 ist richtig.
(D) Alle sind richtig.

9.14 Man sagt, dass Menschen, die früher Antidepressiva oder Neuroleptika genommen haben, eher zu Morbus Parkinson neigen.
Welche der folgenden Antworten stimmt?

(1) Die Aussage ist nicht zutreffend.
(2) Die genannten Psychopharmaka behindern das Dopamin, was letztlich zu Parkinson führen kann.
(3) Hochpotente Psychopharmaka hinterlassen Schäden am vegetativen Nervensytem. Deshalb ist Parkinson wahrscheinlich.

(A) 1 ist richtig.
(B) 2 ist richtig.
(C) 3 ist richtig.

9.15 Welche Aussage/n über Multiple Sklerose trifft/treffen nicht zu:

(1) akut eintretende Krankheit des zentralen Nervensystems
(2) Zwei Drittel der Ersterkrankungen treten zwischen 20. und 40. Jahren auf.
(3) Männer erkranken doppelt so häufig wie Frauen.
(4) charakterisiert durch disseminierte Markscheidenzerfallsherde im Gehirn und Rückenmark

(A) 1 ist nicht richtig.
(B) 2 ist nicht richtig.
(C) 3 und 4 sind nicht richtig.
(D) 1 und 3 sind nicht richtig.

9.16 Welche der folgenden Symptome treten bei Multipler Sklerose auf?

(1) Nystagmus
(2) Intentionstremor
(3) Parästhesien
(4) Maskengesicht („Amimie")

(A) 1, 2 und 3 sind richtig.
(B) 2, 3 und 4 sind richtig.
(C) 3 und 4 sind richtig.
(D) Alle sind richtig.

9.17 Hinsichtlich der psychotherapeutischen Arbeit mit Multiple-Sklerose-Patienten gelten folgende Aussagen:

(1) Das hohe Suizidrisiko im frühen Krankheitsstadium muss beachtet werden.
(2) Man soll dem Patienten viele objektive Informationen über die Krankheit geben.
(3) Die Bearbeitung von Ängsten und Verlusterfahrungen sollte nur im schubfreien Intervall erfolgen.
(4) Die Einbeziehung der sozialen Partner (Ehefrau etc.) wirkt stabilisierend.

(A) 1, 2 und 4 sind richtig.
(B) 3 und 4 sind richtig.
(C) 2, 3 und 4 sind richtig.
(D) Alle sind richtig.

9.18 Welche Aussage über Alzheimer-Demenz trifft nicht zu?

(1) präsenil auftretende Degenerationskrankheit mit diffuser Hirnatrophie
(2) seltenste Demenzform im höheren Lebensalter
(3) Beginn der Krankheit schleichend – dann langsam progredienter Verlauf
(4) wird auch als Acetylcholinmangel-Krankheit bezeichnet

(A) 1 ist nicht richtig.
(B) 2 ist nicht richtig.
(C) 3 ist nicht richtig.
(D) 4 ist nicht richtig.

9.19 Welche Aussagen hinsichtlich der Demenz treffen nicht zu?

(1) Am häufigsten tritt die Alzheimer-Demenz in der Bevölkerung auf.
(2) Charakteristische Symptome sind Störungen der Affektivität.
(3) Die Demenz ist kaum vom Delir zu unterscheiden.
(4) Wichtig bei der Demenzbehandlung ist die Unterbringung auf eine geschlossene Station.

(A) Aussagen 1 und 3 treffen nicht zu.
(B) Aussagen 2 und 4 treffen nicht zu.
(C) Aussagen 2, 3 und 4 treffen nicht zu.
(D) Aussagen 3 und 4 treffen nicht zu.
(E) Alle Aussagen sind nicht zutreffend

9.20 Zu den typischen Symptomen der Alzheimer-Demenz zählen:

(1) Merkfähigkeits- und Gedächtnisstörungen
(2) Erethismus
(3) Orientierungsstörungen
(4) kleinschrittiger Gang

(A) 1, 2 und 4 sind richtig.
(B) 3 und 4 sind richtig.
(C) 2, 3 und 4 sind richtig.
(D) Alle sind richtig.

9.21 Dyskinesien findet man am ehesten bei:

(1) Zwangsstörung
(2) paranoid-halluzinatorischer Schizophrenie
(3) Alzheimer-Demenz
(4) lavierter Depression

(A) 1 ist richtig.
(B) 2 ist richtig.
(C) 3 ist richtig.
(D) 4 ist richtig.

9.22 Zu welcher Störung zählt man Dyskinesien?

(1) zur Wahrnehmungsstörung
(2) zur vegetativen Störung
(3) zur extrapyramidalen Störung
(4) zur Orientierungsstörung

(A) 1 ist richtig.
(B) 2 ist richtig.
(C) 3 ist richtig.
(D) 4 ist richtig.

9.23 Hinsichtlich der Therapie Kranker mit fortgeschrittener Alzheimer-Demenz sind folgende Aussagen zutreffend:

(1) Vordergründig sind hier Pflege und Betreuung.
(2) spezielle Betreuung der Angehörigen (wegen Überforderungssituation)
(3) Als Therapieform ist die Verhaltenstherapie angezeigt.

(4) Hochpotente Psychopharmaka unterstützen die Therapie.

(A) 1, 2 und 4 sind richtig.
(B) 1 und 2 sind richtig.
(C) 2, 3 und 4 sind richtig.
(D) Alle sind richtig.

9.24 Welche Aussagen über die Demenz bei zerebrovaskulärer Erkrankung treffen zu?

(1) Vaskuläre Demenz tritt häufig nach Apoplexie oder nach mehreren ischämischen Episoden auf.
(2) Die Demenz beruht auf einer allgemeinen Arteriosklerose der Hirngefäße.
(3) Faktoren wie Hypertonus und Herzfunktionsstörungen gelten als Risiko.
(4) statistisch Beginn meist im höheren Alter

(A) 1, 2 und 4 sind richtig.
(B) 1, 3 und 4 sind richtig.
(C) 2, 3 und 4 sind richtig.
(D) Alle sind richtig.

9.25 Welche der folgenden Symptome treten bei vaskulärer Demenz in Erscheinung?

(1) amnestisches Syndrom
(2) nächtliche Verwirrtheitszustände
(3) Apathie oder Enthemmung
(4) illusionäre Verkennung

(A) 1, 2 und 3 sind richtig.
(B) 1, 2 und 4 sind richtig.
(C) 2, 3 und 4 sind richtig.
(D) Alle sind richtig.

9.26 Welche psychotherapeutischen Maßnahmen sind für vaskuläre Demenz indiziert?

(1) falls möglich psychotherapeutische Gespräche

(2) Behandlung mit Beschäftigungs- und Körpertherapien sind förderlich.
(3) Katathymes Bildererleben erweist sich als hilfreich.
(4) Einbeziehung der Familie in den therapeutischen Prozess

(A) 1, 2 und 4 sind richtig.
(B) 3 und 4 sind richtig.
(C) 2, 3 und 4 sind richtig.
(D) Alle sind richtig.

9.27 Welche Aussagen über Epilepsien sind zutreffend?

(1) Man bezeichnet Epilepsie auch als Anfallsleiden oder Fallsucht.
(2) Beginn der Anfälle zwischen dem 3. und 15. Lebensjahr
(3) Einteilung in generalisierte und nichtgeneralisierte (partielle, fokale) Anfälle
(4) Etwa 10% der Bevölkerung sind Epileptiker.

(A) 1, 2 und 3 sind richtig.
(B) 2, 3 und 4 sind richtig.
(C) 3 und 4 sind richtig.
(D) Alle sind richtig.

9.28 Über die Suizidalität bei Epilepsie treffen folgende Aussagen zu:

(1) Viele Epileptiker sind stark Suizidgefährdet.
(2) Suizidalität kommt bei Epileptikern kaum vor.
(3) Bei der Wahl der Suizidmethoden kommen häufig ungewöhnlich harte, autodestruktive, impulsive Techniken zur Anwendung.
(4) In gereizten Verstimmungszuständen neigen Epileptiker zu extremen selbst- und fremdzerstörerischen Gewaltausbrüchen.

(A) 1 und 3 sind richtig.
(B) 1, 3 und 4 sind richtig.

(C) 3 und 4 sind richtig.
(D) Alle sind richtig.

9.29 Zu den Ursachen für die symptomatische Epilepsie zählt man:

(1) Intoxikationen
(2) Hirnerkrankungen, wie z.B. Tumor
(3) Stoffwechselerkrankungen
(4) substanzielles Trauma

(A) 1, 2 und 3 sind richtig.
(B) 1, 3 und 4 sind richtig.
(C) 2 und 4 sind richtig.
(D) Alle sind richtig.

9.30 Welche Form der Epilepsie hat ihre Ursache in frühkindlichen Erkrankungen (Infektionen) oder Geburtstraumata?

(1) symptomatische Epilepsie
(2) Residual-Epilepsie
(3) lavierte Epilepsie
(4) idiopathische Epilepsie

(A) 1 ist richtig.
(B) 2 ist richtig.
(C) 3 ist richtig.
(D) 4 ist richtig.

9.31 Welche Aussage definiert die diffuse Epilepsie?

(1) Anfallsleiden mit unregelmäßig über den Tag verteilt auftretenden generalisierten Anfällen
(2) seltenes Anfallsleiden, das sich ausschließlich in Form eines Lachens äußert
(3) fokale epileptische Anfälle, die aus lebhaften Halluzinationen bestehen
(4) anfallsweise Blindheit, die durch Störung in den übergeordneten Hirnzentren hervorgerufen wird

(A) 1 ist richtig.
(B) 2 ist richtig.

(C) 3 ist richtig.
(D) 4 ist richtig.

9.32 Ein Kind bekommt beim Aufwachen aus dem Mittagsschlaf einen epileptischen Anfall.
Welche Form der Epilepsie ist am wahrscheinlichsten?

(1) Schlafepilepsie
(2) maskierte Epilepsie
(3) genuine Epilepsie
(4) Aufwachepilepsie

(A) 1 ist richtig.
(B) 2 ist richtig.
(C) 3 ist richtig.
(D) 4 ist richtig.

9.33 Welche Aussagen zur epileptischen Aura sind zutreffend?

(1) subjektives Erleben, das vor dem eigentlichen epileptischen Anfall unmittelbar auftritt
(2) Kennzeichen sind leibliche oder sensorische Missempfindungen, die zum Teil mit normaler Erfahrung nicht vereinbar sind (Blitze, Sterne, Töne, Geräusche).
(3) Am häufigsten ist die epigastrische Aura.
(4) Zu einer besonderen Art von epileptischer Aura zählt der „dreamy state" (sog. Traumzustand)

(A) 1 und 3 sind richtig.
(B) 1, 3 und 4 sind richtig.
(C) 2, 3 und 4 sind richtig.
(D) Alle sind richtig.

9.34 Welche Aussagen über den konkreten epileptischen Anfall treffen zu?

(1) wird oft mit einem Initialschrei eingeleitet

(2) Symptome wie Krämpfe (tonisch-klonisch), Zungenbiss, Schaum, Einkoten und Einnässen sind charakteristisch.
(3) Der Epileptiker erlebt den Anfall bei vollem Bewusstsein, deswegen treten nach dem Anfall depressive Verstimmungen auf.
(4) Nach dem Anfall postiktaler Dämmerungsschlaf.

(A) 1, 2 und 4 sind richtig.
(B) 1, 3 und 4 sind richtig.
(C) 3 und 4 sind richtig.
(D) Alle sind richtig.

9.35 Hinsichtlich der Therapie bei Epilepsie sind folgende Aussagen zutreffend:

(1) Vorrangig sind die üblichen medikamentös vorbeugenden Maßnahmen.
(2) Zusätzlich werden diätische und körperentspannende Verfahren eingesetzt.
(3) Der Patient erlernt eigenständige Strategien zur Anfallsunterbrechung vorzunehmen.
(4) Bei komplex-motorischen Anfällen hilft Schokolade essen wegen des Inhaltsstoffs „Serotonin".

(A) 1 und 3 sind richtig.
(B) 1, 3 und 4 sind richtig.
(C) 2 und 4 sind richtig.
(D) Alle sind richtig.

9.36 Welche Maßnahmen hinsichtlich der Lebensführung sind bei Epileptikern angezeigt?

(1) regelmäßiger Schlaf-Wach-Rhythmus
(2) keine Über- oder Unterforderung
(3) Alkoholabstinenz
(4) Als wichtig gilt auch ein guter, vertrauensvoller Arztkontakt.

(A) 1, 2 und 3 sind richtig.
(B) 1, 3 und 4 sind richtig.
(C) 2, 3 und 4 sind richtig.
(D) Alle sind richtig.

9.37 Welche Maßnahmen gilt es im akuten Anfall zu beachten?

(1) den Anfall ausleben lassen und dafür Platz schaffen
(2) den Epileptiker festhalten und versuchen zu beruhigen
(3) Zungenbiss vermeiden
(4) Notarzt rufen

(A) 1 und 3 sind richtig.
(B) 1, 3 und 4 sind richtig.
(C) 3 und 4 sind richtig.
(D) Alle sind richtig.

9.38 Bei dem Symptomtrias Rigor, Tremor und Hypokinese denken Sie in erster Linie an:

(1) Morbus Parkinson
(2) HIV-Infektion
(3) Chorea Huntington
(4) Creutzfeldt-Jakob-Erkrankung
(5) Korsakow-Syndrom

(A) Aussage 1 ist richtig.
(B) Aussage 2 ist richtig.
(C) Aussage 3 ist richtig.
(D) Aussage 4 ist richtig.
(E) Aussage 5 ist richtig.

9.39 Welche Aussage trifft nicht auf die Krankheit „Chorea Huntington" zu?

(1) Bei der Chorea Huntington besteht eine Hirnatrophie.
(2) Patienten mit Chorea Huntington sind stark suizidgefährdet.
(3) Bei der Chorea Huntington handelt es sich um eine erbliche Erkrankung.

(4) Der Erstmanifestationsgipfel liegt bei den 20–30-jährigen.

(A) Aussage 1 trifft nicht zu.
(B) Aussage 2 trifft nicht zu.
(C) Aussage 3 trifft nicht zu.
(D) Aussage 4 trifft nicht zu.

9.40 Welche Aussage/n trifft/treffen auf die Creutzfeldt-Jakob-Erkrankung zu?

(1) Es handelt sich um eine Krankheit, die durch ein Prion (Proteinaceous infectious agent) übertragen wird.

(2) Sie tritt insgesamt selten auf.
(3) Überwiegend Patienten aus der Altersgruppe der 50–60-jährigen sind betroffen.
(4) Zu Beginn der Krankheit stehen unspezifische ängstliche oder depressive Syndrome im Vordergrund.

(A) Nur Aussage 1 trifft zu.
(B) Aussagen 1 und 2 sind zutreffend.
(C) Aussagen 3 und 4 sind zutreffend.
(D) Aussagen 1 und 4 sind zutreffend.
(E) Alle Aussagen sind zutreffend.

PSYCHOPHARMAKA

10.1 Welche/s der folgenden Medikamente („Handelsname") zählt man zu der Gruppe der Tranquilizer?

(1) Valium
(2) Tavil
(3) Haldol
(4) Saroten

(A) 1 und 2 sind richtig.
(B) 3 und 4 sind richtig.
(C) Nur 2 ist richtig.
(D) 1 und 4 sind richtig.

10.2 Zu den Zielsymptomen bei Verwendung von Tranquilizern zählt man:

(1) Angst
(2) suizidale Krisen
(3) Erregungszustände
(4) Residualzustände

(A) 1 und 2 sind richtig.
(B) 1, 2 und 3 sind richtig.
(C) 2, 3 und 4 sind richtig.
(D) Alle sind richtig.

10.3 Welche Aussagen über Tranquilizer treffen zu?

(1) Die Wirkung von Tranquilizern wird als angenehm beruhigend, angstlösend und vegetativ harmonisierend beschrieben.
(2) Wegen der Gefahr der psychischen Abhängigkeit werden Tranquilizer in der Regel nur bis zu drei Wochen verabreicht.
(3) keine besondere Gefahr in Verbindung mit Alkohol
(4) Als Nebenwirkung kann es bei langfristiger Medikation zu Verwirrtheit und Vergeßlichkeit kommen.

(A) 1, 2 und 3 sind richtig.
(B) 3 und 4 sind richtig.
(C) 1, 2 und 4 sind richtig.
(D) Alle sind richtig.

10.4 Über welchen Zeitraum soll man in der Regel, nach langer Einnahme, Tranquilizer absetzen?

(1) innerhalb 24 Std.
(2) innerhalb einer Woche
(3) über mehrere Wochen
(4) Beim Absetzen von Tranquilizern gibt es keine Regel.

(A) 1 ist richtig.
(B) 2 ist richtig.
(C) 3 ist richtig.
(D) 4 ist richtig.

10.5 Zu welchen Entzugssymptomen kann es beim abrupten Entzug von Tranquilizern kommen:

(1) Tremor
(2) Schwitzen
(3) Delirien
(4) akustische Halluzinationen

(A) 1, 2 und 3 sind richtig.
(B) 2, 3 und 4 sind richtig.
(C) 1 und 2 sind richtig.
(D) Alle sind richtig.

10.6 Antidepressiva vom Amitriptylin-Typ gelten als:

(1) eher sedierend
(2) antriebssteigernd

(A) 1 ist richtig.
(B) 2 ist richtig.

10.7 Folgende im Handel erhältliche Antidepressiva sind antriebs-steigernd oder eher sedierend. Ordnen Sie zu!

(1) Saroten
(2) Noveril
(3) Aponal
(4) Toframil

(A) eher sedierend
(B) antriebssteigernd

10.8 Zu den Zielsymptomen von Antidepressiva zählt man:

(1) depressive Verstimmung
(2) Antriebsmangel und Agitiertheit
(3) Suizidalität
(4) Schlafstörungen

(A) 1, 2 und 3 sind richtig.
(B) 2, 3 und 4 sind richtig.
(C) 2 und 4 sind richtig.
(D) Alle sind richtig.

10.9 Welche der folgenden Symptome können als Nebenwirkung bei der Medikation von Antidepressiva auftreten?

(1) Mundtrockenheit
(2) Übelkeit
(3) sexuelle Funktionsstörungen
(4) Frühdyskinesien

(A) 1 und 2 sind richtig.
(B) 1, 2 und 3 sind richtig.
(C) 2, 3 und 4 sind richtig.
(D) Alle sind sind richtig.

10.10 Bei welchen Erkrankungen werden Antidepressiva hauptsächlich eingesetzt?

(1) Suizidalität
(2) Depression im Wochenbett
(3) Anpassungsstörung mit trauriger Verstimmung
(4) schwere depressive Episode
(5) Manie

(A) Aussagen 1 und 2 sind richtig.
(B) Aussagen 1, 2 und 3 sind richtig.
(C) Aussagen 2 und 4 sind richtig.
(D) Aussagen 1, 2, 3 und 4 sind richtig.
(E) Alle Aussagen sind richtig.

10.11 Welche der Aussagen trifft nicht auf Antidepressiva zu?

(1) Antidepressiva werden auch bei Angst- und Zwangsstörungen eingesetzt.
(2) Antidepressiva machen nicht abhängig.
(3) Antidepressiva finden keinen Einsatz bei der Behandlung von Entzugssymptomen.
(4) Antidepressiva müssen zum Absetzen langsam reduziert werden, damit es nicht zu Absetzeffekten wie z.B. Schwindel oder Übelkeit kommt.

(A) Aussage 1 trifft nicht zu.
(B) Aussage 2 trifft nicht zu.
(C) Aussage 3 trifft nicht zu.
(D) Aussage 4 trifft nicht zu.

10.12 Welche Aussagen über Antidepressiva vom Amitriptylin-Typ sind zutreffend?

(1) Medikamente vom Amitriptylin-Typ wirken stimmungsaufhellend und stark dämpfend.
(2) Ebenso wirken Medikamente vom Amitriptylin-Typ antriebssteigernd.

(3) Der neuroleptisch-sedierende Effekt wirkt relativ schnell, während die volle Wirkung (stimmungsaufhellend, antriebssteigernd) erst nach drei bis vier Wochen erreicht wird.
(4) Medikamente vom Amtiriptylin-Typ werden bei der Behandlung von ängstlich agitierter Depression und suizidgefährdeten Patienten eingesetzt.

(A) 1, 2 und 4 sind richtig.
(B) 1, 3 und 4 sind richtig.
(C) 2 und 3 sind richtig.
(D) Alle sind richtig.

10.13 Welche Aussagen über MAO-Hemmer sind zutreffend?

(1) Wirkungseintritt schon in den ersten Tagen
(2) Wegen der enormen Antriebssteigerung ist die Gabe bei Suizidrisiko-Patienten sehr gefährlich.
(3) wird bei Panikstörung eingesetzt
(4) Von Nachteil sind die typischen Nebenwirkungen in Form von Spätdyskinesien.

(A) 1, 2 und 4 sind richtig.
(B) 1, 3 und 4 sind richtig.
(C) 1, 2 und 3 sind richtig.
(D) Alle sind richtig.

10.14 Die wichtigste Anwendung für Lithiumsalze liegt in der Prophylaxe. Warum?

(1) Lithiumsalze haben eine phasenunterdrückende oder -abschwächende Wirkung z.B. bei Manien.
(2) Bei Lithiumsalzen treten keinerlei Nebenwirkungen auf.
(3) Lithiumsalze wirken stark sedierend.
(4) Lithiumsalze wirken über einen langen Zeitraum stimmungsaufhellend.

(A) Nur 1 ist richtig.
(B) 1 und 4 sind richtig.
(C) 1, 2 und 3 sind richtig.
(D) Alle sind richtig.

10.15 Zu den Nebenwirkungen, die bei Lithiumsalzen initial auftreten, zählt man:

(1) Müdigkeit
(2) Gewichtszunahme
(3) feinschlägiger Tremor
(4) Gesichtsödeme

(A) 1, 2 und 4 sind richtig.
(B) 1 und 3 sind richtig.
(C) 1, 2 und 3 sind richtig.
(D) Alle sind richtig.

10.16 Welche Aussagen über niedrigpotente Neuroleptika sind zutreffend?

(1) Niedrigpotente Neuroleptika wirken stark sedierend.
(2) Niedrigpotente Neuroleptka wirken in erster Linie anstriebssteigernd.
(3) Bei niedrigpotenten Neuroleptika kommt es zu erheblichen vegetativen Nebenwirkungen.
(4) Niedrigpotente Neuroleptika sind in ihrer Wirkung anxiolytisch.

(A) 1, 2 und 4 sind richtig.
(B) 1 und 3 sind richtig.
(C) 1, 3 und 4 sind richtig.
(D) Alle sind richtig.

10.17 Welche der Aussagen über hochpotente Neuroleptika treffen zu?

(1) Hochpotente Neuroleptika haben eine starke Wirkung auf paranoid-halluzinatorische Syndrome.
(2) Hochpotente Neuroleptika wirken nur gering sedierend.

(3) Als Nebenwirkung treten häufig extrapyramidal-motorische Störungen auf.
(4) Vegetative Nebenwirkungen treten bei hochpotenten Neuroleptika kaum auf.

(A) 1, 2 und 4 sind richtig.
(B) 1 und 3 sind richtig.
(C) 2 und 3 sind richtig.
(D) Alle sind richtig.

10.18 Ordnen Sie folgende Medikamente ihrer jeweiligen Potenz zu!

(1) Truxal
(2) Leponex
(3) Melleril
(4) Glianimon

(A) niedrigpotent
(B) mittelpotent
(C) hochpotent

10.19 Bei welchen der folgenden Störungsbilder sind Neuroleptika angezeigt?

(1) schizophrene Störungen
(2) organisches Psychosyndrom
(3) manisches Syndrom
(4) delirante und Erregungszustände

(A) 1, 2 und 4 sind richtig.
(B) 1, 2 und 3 sind richtig.
(C) 1, 3 und 4 sind richtig.
(D) Alle sind richtig.

10.20 Als Begleittherapie sind Neuroleptika möglicherweise wirksam bei…

(1) Zwangsstörungen
(2) Angststörungen
(3) Anorexia nervosa
(4) Borderline-Persönlichkeitsstörung

(A) Aussage 1 ist richtig.

(B) Aussagen 1 und 2 sind richtig.
(C) Aussagen 1,2 und 3 sind richtig.
(D) Aussagen 3 und 4 sind richtig.
(E) Alle Aussagen sind richtig.

10.21 Welche Aussage über Neuroleptika trifft nicht zu?

(1) Wegen der Gefahr von heftigen Nebenwirkungen muss die Indikation von Neuroleptika besonders gewissenhaft geprüft werden.
(2) Hochpotente Neuroleptika wirken in erster Linie sedierend.
(3) Neuroleptika werden auch zur Sedierung bei Schmerzsyndromen eingesetzt
(4) Die Wirksamkeit von Neuroleptika richtet in erster Linie auf die Symptome Wahn oder Halluzinationen.

(A) Aussage 1 trifft nicht zu.
(B) Aussage 2 trifft nicht zu.
(C) Aussage 3 trifft nicht zu.
(D) Aussage 4 trifft nicht zu.

10.22 Welche Aussagen über Lithium sind zutreffend?

(1) Lithium gehört zur Gruppe der Phasenprophylaktika.
(2) Bei einer Lithiumintoxikation können lebensbedrohliche Zuständen auftreten.
(3) Lithium sollte grundsätzlich langsam ausschleichend abgesetzt werden
(4) Während der Behandlung mit Lithium tritt häufig Akathisie auf.

(A) Aussagen 1 und 2 sind zutreffend.
(B) Aussagen 3 und 4 sind zutreffend.
(C) Aussagen 1, 2 und 3 sind zutreffend.
(D) Alle Aussagen sind zutreffend.

10.23 Zu den Nebenwirkungen, die als extrapyramidal-motorische Symptome auftreten, zählt man:

(1) Frühdyskinesien
(2) Parkinsonoid
(3) Akathisie
(4) Schlafstörungen

(A) 1, 2 und 3 sind richtig.
(B) 1 und 3 sind richtig.
(C) 1, 2 und 4 sind richtig.
(D) Alle sind richtig.

10.24 Bei welchem der extrapyramidal-motorischen Symptome tritt der „Zungenschlundkrampf" auf?

(1) Frühdyskinesien
(2) Spätdyskinesien
(3) neuroleptisches Syndrom
(4) Parkinsonoid

(A) 1 ist richtig.
(B) 2 ist richtig.
(C) 3 ist richtig.
(D) 4 ist richtig.

10.25 Bei welcher Nebenwirkung der Neuroleptika verwendet man zur Blitzheilung Akineton?

(1) beim neuroleptischen Syndrom
(2) bei Frühdyskinesien
(3) bei Spätdyskinesien
(4) bei keinem der Symptome

(A) 1 ist richtig.
(B) 2 ist richtig.
(C) 3 ist richtig.
(D) 4 ist richtig.

10.26 Welches der folgenden Psychopharmaka gilt als schlaferzwingendes Narkotikum?

(1) Antidepressiva
(2) Tranquilizer
(3) Barbiturate
(4) Hypnotika

(A) 1 ist richtig.
(B) 2 ist richtig.
(C) 3 ist richtig.
(D) 4 ist richtig.

11

SEXUALSTÖRUNGEN

11.1 Welche der folgenden Aussagen ist zutreffend?

(1) Zu den Sexualstörungen werden sexuelle Funktionsstörungen, Störungen der Geschlechtsrolle sowie sexuelle Abweichungen gezählt.
(2) Synonym für Sexualstörungen sind sexuelle Funktionsstörungen.
(3) Zu den Sexualstörungen werden nur sexuelle Funktionsstörungen und Störungen der Geschlechtsrolle gezählt.
(4) Zu den Sexualstörungen zählt man Störungen der Geschlechtsrolle und sexuelle Abweichungen.

(A) 1 ist richtig.
(B) 2 ist richtig.
(C) 3 ist richtig.
(D) 4 ist richtig.

11.2 Welche der Aussagen ist/sind zutreffend?

(1) Sexualität entwickelt sich in und aus frühen Beziehungserlebnissen, die die spätere Beziehungsfähigkeit prägen.
(2) Konflikte der oralen, analen und phallischen Phase können sich auf die Sexualität auswirken.
(3) Die entscheidende Phase für die Ausformung einer integrierten, individualisierten Sexualität ist die Pubertät.
(4) Sexuelle Störungen werden oft als Machtmittel eingesetzt, als Ausdruck einer Nähe-Distanz-Problematik oder bei sexueller Deviation eines Partners.

(A) Nur 2 ist richtig.
(B) 1, 2 und 3 sind richtig.
(C) 1, 2 und 4 sind richtig.
(D) Alle sind richtig.

11.3 Welche der folgenden Punkte gehören Ihrer Meinung nach bei der Sexualanamnese abgefragt?

(1) sexuelle Entwicklung in der Kindheit, frühe sexuelle Identifizierung
(2) Geschlechtsrolle (Akzeptanz, Ablehnung)
(3) sexuelle Konflikte und Krisen
(4) Initiativen und Abwehr in der Partnerschaft

(A) 1 und 2 sind richtig.
(B) 1, 2 und 3 sind richtig.
(C) 1, 2 und 4 sind richtig.
(D) Alle sind richtig.

11.4 Welche der Aussagen ist zutreffend? Störungen der sexuellen Appetenz …

(1) zeigt sich im Mangel oder Verlust von sexuellem Verlangen
(2) zeigt sich durch eine akute Konfliktkonstellation
(3) zeigt sich durch die starke Motivation nicht sexuell zu sein
(4) definiert sich durch sexuelle Erregbarkeit und der Unmöglichkeit, einen Orgasmus zu erleben

(A) 1 ist richtig.
(B) 2 ist richtig.
(C) 3 ist richtig.
(D) 4 ist richtig.

11.5 Welche Aussage zur Dyspareunie trifft zu?

(1) Der Begriff Dyspareunie bezieht sich auf das Versagen genitaler Reaktionen.
(2) Unter Dyspareunie versteht man die vorzeitige Ejakulation beim Mann.
(3) Als Dyspareunie bezeichnet man die Schmerzen, die während des Geschlechtsverkehrs bei der Frau (oder Mann) im Genitalbereich auftreten.
(4) Als Dyspareunie bezeichnet man die Aversion der eigenen Geschlechtsidentität.

(A) 1 ist richtig.
(B) 2 ist richtig.
(C) 3 ist richtig.
(D) 4 ist richtig.

11.6 Zu den psychogenen Ursachen, die eine sexuelle Funktionsstörung auslösen können, zählt man:

(1) Angst vor Schwangerschaft
(2) sexueller Missbrauch in der Kindheit
(3) Aversion gegen den Partner
(4) Angst vor AIDS

(A) 1 und 4 sind richtig.
(B) 1, 2 und 3 sind richtig.
(C) 1, 2 und 4 sind richtig.
(D) Alle sind richtig.

11.7 Welche der folgenden Faktoren können eine sexuelle Funktionsstörung verursachen?

(1) Diabetes mellitus
(2) chronischer Alkoholismus
(3) Einnahme von Medikamenten (z.B. Neuroleptika)
(4) Mutismus

(A) 1 und 3 sind richtig.
(B) 1, 2 und 3 sind richtig.
(C) 1, 2 und 4 sind richtig.
(D) Alle sind richtig.

11.8 Zu den Formen der sexuellen Funktionsstörungen beim Mann zählt man:

(1) Alibidimie
(2) Erektionsstörungen
(3) Satisfaktionsstörungen
(4) Ejakulationsstörungen

(A) 1 und 4 sind richtig.
(B) 2 und 3 sind richtig.
(C) 1, 2 und 4 sind richtig.
(D) Alle sind richtig.

11.9 Zu den Formen der sexuellen Funktionsstörungen bei der Frau zählt man:

(1) Alibidimie
(2) Dyspareunie
(3) Vaginismus
(4) Orgasmusstörungen

(A) 1, 2 und 4 sind richtig.
(B) 1, 2 und 3 sind richtig.
(C) 2 und 4 sind richtig.
(D) Alle sind richtig.

11.10 Zu den Störungen der Geschlechtsrolle zählt man:

(1) Don-Juanismus
(2) Neigungshomosexualität
(3) Transvestitismus
(4) Nymphomanie

(A) 1, 2 und 4 sind richtig.
(B) 2 und 3 sind richtig.
(C) 1 und 4 sind richtig.
(D) Alle sind richtig.

11.11 Welche Aussage trifft zu?
Im psychiatrischen Sinn ist Homosexualität nur dann als Störung anzusehen, wenn …

(1) der Homosexuelle an seinem sexuellen Erleben (Verhalten) oder an deren Auswirkungen leidet
(2) der Homosexuelle eine akute Konversionsymptomatik aufweist
(3) es sich um eine Entwicklungshomosexualität handelt
(4) Keine der Aussagen ist richtig. Homosexualität ist generell als Störung der Geschlechtsrolle anzusehen und psychotherapeutisch zu behandeln.

(A) 1 ist richtig.
(B) 2 ist richtig.
(C) 3 ist richtig.
(D) 4 ist richtig.

11.12 Welche Aussagen hinsichtlich des Transsexualismus sind zutreffend?

(1) Es handelt sich beim Transsexualismus um eine psychische Identitätsstörung des Geschlechts.
(2) Transsexuelle gelten allgemein als bisexuell.
(3) Transsexuelle sind stark suizidgefährdet.
(4) Aufgrund des Transsexuellen-Gesetzes kann eine operative Geschlechtsumwandlung erfolgen.

(A) 1, 2 und 3 sind richtig.
(B) 2 und 3 sind richtig.
(C) 1, 3 und 4 sind richtig.
(D) Alle sind richtig.

11.13 Welche Aussagen zu sexuellen Abweichungen (Deviationen) treffen zu?

(1) Unter Pädophilie versteht man die sexuelle Beziehung zu Kindern beiderlei Geschlechts.
(2) Geschlechtliche Handlungen mit Tieren nennt man Päderastie.
(3) Geschlechtsverkehr zwischen Vater und Tochter bezeichnet man als Inzest.
(4) Nekrophilie bezieht sich auf sexuelle Handlungen mit Verstorbenen.

(A) 1, 2 und 4 sind richtig.
(B) 2 und 3 sind richtig.
(C) 1, 3 und 4 sind richtig.
(D) Alle sind richtig.

11.14 Welche der Aussagen ist zutreffend?
Unter Frotteurismus versteht man …

(1) die sexuelle Beziehung zu Knaben
(2) das Zuschauen beim Geschlechtsverkehr anderer
(3) die sexuelle Erregung bei genitaler Berührung von Frauen, z.B. in überfüllten U-Bahnen
(4) das Zeigen des männlichen Geschlechtsteiles in der Öffentlichkeit

(A) 1 ist richtig.
(B) 2 ist richtig.
(C) 3 ist richtig.
(D) 4 ist richtig.

11.15 Welche Aussagen über Exhibitionismus sind zutreffend?

(1) Durch die erschreckte Reaktion der Frauen (oder Mädchen) kommt es zum Lustgewinn.
(2) Exhibitionismus findet sich häufig bei ledigen Männern jüngeren Alters.
(3) Eine Bestrafung kann nach § 183 StGB (Erregung öffentlichen Ärgernisses) erfolgen.
(4) Es ist keine strafrechtliche Verfolgung möglich, da Exhibitionismus keine Straftat im Sinne von Gewaltverbrechen ist.

(A) 1, 2 und 4 sind richtig.
(B) 1 und 3 sind richtig.
(C) 2 und 4 sind richtig.
(D) 2 und 3 sind richtig.

11.16 Welche der folgenden sexuellen Abweichungen werden strafrechtlich verfolgt?

(1) Frotteurismus
(2) Exhibitionismus
(3) Inzest
(4) Masochismus

(A) 1 und 2 sind richtig.
(B) 1, 2 und 3 sind richtig.
(C) 2 und 3 sind richtig.
(D) Alle sind richtig.

11.17 Wie nennt man die Form der sexuellen Abweichung, bei der der Lustgewinn durch gestohlene Gegenstände (Unterwäsche, Schuhe etc.) erzielt wird?

(1) Frotteurismus
(2) Sodomie
(3) Fetischismus
(4) Päderastie

(A) 1 ist richtig.
(B) 2 ist richtig.
(C) 3 ist richtig.
(D) 4 ist richtig.

11.18 Welche der Aussagen trifft/treffen für den Transvestismus zu?

(1) Durch das Tragen von Frauenkleidern kommt es zur sexuellen Erregung.
(2) Er betrifft überwiegend Männer im vierten Lebensjahrzehnt.
(3) meist starke Neigung zur Homosexualität
(4) Es besteht der Wunsch nach operativen Maßnahmen, um die Eigenschaften des anderen Geschlechts anzunehmen.

(A) 1, 3 und 4 sind richtig.
(B) Nur 1 ist richtig.
(C) Nur 4 ist richtig.
(D) Alle sind richtig.

11.19 Welche der Aussagen ist zutreffend?

Die homosexuelle Beziehung zu Knaben nennt man …
(1) Pädophilie
(2) Päderastie
(3) Cross-dressing
(4) Neigungshomosexualität

(A) 1 ist richtig.
(B) 2 ist richtig.
(C) 3 ist richtig.
(D) 4 ist richtig.

11.20 Zu den sexuellen Orientierungsstörungen zählt man:

(1) Transsexualismus
(2) Exhibitionismus
(3) Sodomie
(4) Transvestitismus
(5) Pädophilie

(A) Aussagen 1 und 2 sind richtig.
(B) Aussagen 3 und 4 sind richtig.
(C) Aussagen 2, 3, 4 und 5 sind richtig.
(D) Aussagen 1 und 4 sind richtig.
(E) Aussagen 2 und 5 sind richtig.

Ant: D

11.21 Bei welcher Sexualstörung besteht am ehesten der Wunsch nach einer Geschlechtsumwandlung?

(1) Transsexualismus
(2) Transvestitismus
(3) fetischistischer Transvestitismus
(4) Sadomasochismus

(A) Aussage 1 ist richtig.
(B) Aussage 2 ist richtig.
(C) Aussage 3 ist richtig.
(D) Aussage 4 ist richtig.

11.22 Welche der folgenden Patientenaussagen deutet am wahrscheinlichsten auf Fetischismus hin?

(1) „Ich stehle immer wieder Frauenunterwäsche, um mich befriedigen zu können."
(2) „Je stärker der Schmerz um so erregter werde ich."
(3) „Ich liebe es, mich vor anderen Menschen nackt zu zeigen."
(4) „Wenn ich nach Hause komme, wechsle ich den Anzug gegen schöne Kleider."

(A) Aussage 1 ist richtig.
(B) Aussage 2 ist richtig.
(C) Aussage 3 ist richtig.
(D) Aussage 4 ist richtig.

11.23 Welche der folgenden Störungen zählt man zu den nicht-organischen sexuellen Funktionsstörungen?

(1) Fetischismus
(2) Dyspareunie
(3) Vaginismus
(4) Sadomasochismus
(5) Ejakulationsstörung

(A) Aussagen 1, 2 und 3 sind richtig.
(B) Aussagen 2 und 3 sind richtig.
(C) Aussagen 3 und 5 sind richtig.
(D) Aussagen 2, 3 und 5 sind richtig.
(E) Aussagen 3, 4 und 5 sind richtig.

11.24 Hinsichtlich der Therapie sexueller Funktionsstörungen lässt sich folgendes aussagen:

(1) Als Therapie eignen sich hauptsächlich verhaltenstherapeutische und psychodynamische Maßnahmen.
(2) Sexuelle Funktionsstörungen werden ausschließlich medikamentös behandelt.

(3) Progressive Muskelrelaxtion eignet sich in erster Linie für die Behandlung sexueller Funktionsstörungen.
(4) Patienten mit sexuellen Funktionsstörungen reagieren äußerst positiv auf Hypnose.

(A) Aussage 1 ist richtig.
(B) Aussage 2 ist richtig.
(C) Aussagen 3 und 4 sind richtig.
(D) Aussage 4 ist richtig.
(E) Alle Aussagen sind richtig.

11.25 Welche Diagnose ist am wahrscheinlichsten?

 Eine 30-jährige Frau kommt in Ihre Praxis. Sie berichtet, dass sie verheiratet ist und in letzter Zeit keine Lust mehr auf Sexualverkehr mit ihrem Mann hat. Im weiteren Gespräch erzählt sie, dass sie vor einem Monat auf der Beerdigung ihres Onkels eine heftige Wut in sich gespürt hat. Als sie dieser Emotion nachging, erinnerte sie sich wieder, dass sie ihr Onkel im Alter von neun Jahren während des Klavierspielens missbrauchte. Sie musste ihm den Penis im Takt masturbieren.

(1) Konversionsneurose
(2) multiple psychosomatische Störung
(3) histrionische Persönlichkeitsstörung
(4) sexuelle Appetenz als Spätfolge des Missbrauchs

(A) 1 ist richtig.
(B) 2 ist richtig.
(C) 3 ist richtig.
(D) 4 ist richtig.

12.1 Welche Aussage/n zum Heilpraktikergesetz ist/sind zutreffend?

(1) Das Heilpraktikergesetz definiert die Heilkunde als berufsmäßig oder gewerbemäßig ausgeübte Tätigkeit zur Erkennung, Linderung und Heilung von Krankheiten, Leiden oder Körperschäden, auch wenn sie im Auftrag Dritter ausgeführt wird.
(2) Das Heilpraktikergesetz definiert alle heilkundlichen Tätigkeiten die eigenverantwortlich durchgeführt werden.
(3) Das Heilpraktikergesetz gilt nicht für die Ausübung einer psychotherapeutischen Behandlung.

(A) 1 ist richtig.
(B) 2 ist richtig.
(C) 1 und 2 sind richtig.

12.2 Welche der Aussagen sind zutreffend?

(1) Der nichtärztliche Therapeut darf einem Patienten mit Hochdruck den Blutdruck messen, um zu sehen, wie sich die Therapie darauf auswirkt.
(2) Der nichtärztliche Therapeut darf in intervallfreien Zeiten mit einem Asthmapatienten Atemübungen machen und ihn dabei berühren.
(3) Der nichtärztliche Therapeut unterliegt der Schweigepflicht.
(4) Der nichtärztliche Therapeut übt eine freiberufliche Tätigkeit aus.

(A) 1, 2 und 3 sind richtig.
(B) 2, 3 und 4 sind richtig.
(C) 1, 3 und 4 sind richtig.
(D) Alle sind richtig.

12.3 Welche der Aussagen treffen für den nichtärztlichen Therapeuten zu?

(1) Für den nichtärztlichen Therapeuten besteht eine Fortbildungspflicht.
(2) Wenn der nichtärztliche Therapeut der Überzeugung ist, dass das notwendige Vertrauensverhältnis zwischen dem Patienten und ihm nicht besteht, darf er die Behandlung des Patienten ablehnen.
(3) Als nichtärztlicher Therapeut dürfen sie keine körperlichen Untersuchungen vornehmen.
(4) Der nichtärztliche Therapeut unterliegt der Sorgfaltspflicht bei der Behandlung von Patienten.

(A) 1, 2 und 3 sind richtig.
(B) 2 und 3 sind richtig
(C) 1, 3 und 4 sind richtig.
(D) Alle sind richtig.

12.4 Welcher Paragraph bezieht sich auf die Schuldunfähigkeit wegen seelischer Störungen?

(1) § 63 StGB
(2) § 20 StGB
(3) § 21 StGB
(4) § 64 StGB

(A) 1 ist richtig.
(B) 2 ist richtig.
(C) 3 ist richtig.
(D) 4 ist richtig.

12.5 Bei welchen Störungen ist in der Regel die Schuldfähigkeit auszuschließen?

(1) bei einer akuten Psychose
(2) bei einer erheblichen geistigen Behinderung
(3) bei einer tiefgreifenden Bewusstseinsstörung
(4) bei einer schweren anderen seelischen Abartigkeit

(A) 1, 2 und 3 sind richtig.
(B) 2, 3 und 4 sind richtig.
(C) 1, 3 und 4 sind richtig.
(D) Alle sind richtig.

12.6 Für wen ist die Anwendung des § 21 StGB (verminderte Schuldfähigkeit) gerechtfertigt?

(1) wer bei Begehen einer Straftat unter einer weniger stark ausgeprägten psychischen Störung litt
(2) wer nach rechtsmedizinischem Gutachten unter Alkoholeinfluss stand
(3) wer nach rechtsmedizinischem Gutachten unter Drogeneinfluss stand
(4) Keine der Aussagen ist richtig.

(A) 1, 2 und 3 sind richtig.
(B) 1 und 3 sind richtig.
(C) 2 und 3 sind richtig.
(D) 4 ist richtig.

12.7 Ein Asthmatiker hat während einer Sitzung einen starken Asthmaanfall. Er bittet Sie um Hilfe, wie er damit umgehen kann. Wie gehen Sie vor?

(1) Sie führen eine Entspannungsübung mit ihm durch.
(2) Sie reden beruhigend auf ihn ein.
(3) Sie rufen den Notarzt.
(4) Sie geben ihm ein homöopathisches Mittel.

(A) 1 ist richtig.
(B) 2 ist richtig.
(C) 3 ist richtig.
(D) 4 ist richtig.

12.8 Welche Aussage ist zutreffend?

Die Unterbringung in einem psychiatrischen Krankenhaus ist durch
(1) § 63 StGB geregelt
(2) § 64 StGB geregelt
(3) § 66 StGB geregelt
(4) § 126a StGB geregelt

(A) 1 ist richtig.
(B) 2 ist richtig.
(C) 3 ist richtig.
(D) 4 ist richtig.

12.9 Welche/r der folgenden Gründe kann/können eine Einweisung in ein psychiatrisches Krankenhaus rechtfertigen?

(1) wenn jemand psychisch krank ist oder infolge Geistesschwäche oder Sucht psychisch gestört ist und dadurch in erheblichem Maße die öffentliche Sicherheit und Ordnung gefährdet
(2) wenn jemand sein Leben oder in erheblichem Maße seine Gesundheit gefährdet
(3) wenn Familienmitglieder einen Antrag auf Einweisung stellen

(4) wenn jemand keine Krankheitseinsicht bei bestehender Störung besitzt

(A) 1, 3 und 4 sind richtig.
(B) 1 und 2 sind richtig.
(C) Nur 1 ist richtig.
(D) Alle sind richtig.

**12.10 Welche Aussagen sind zutreffend
hinsichtlich des § 63 StGB (Ein-
weisungsgesetz)?**

(1) Die Einlieferung darf nur erfolgen,
wenn Gefährdung durch weniger ein-
schneidende Mittel nicht abgewendet
werden kann.
(2) Innerhalb der ersten 24 Stunden
nach Einweisung muss es zur mündlichen Anhörung durch das Gericht
kommen.
(3) Die Entscheidung über Einweisung oder Fortdauer der Unterbringung ist dem Richter für eine von ihm
festgelegte Zeitdauer vorbehalten.
(4) Die Entscheidung über Einweisung
oder Fortdauer der Unterbringung fällt
in der Regel der anwesende Psychiater.

(A) 1, 2 und 4 ist richtig.
(B) 1 und 3 sind richtig.
(C) 1, 2 und 3 sind richtig.
(D) 1 und 2 sind richtig.

**12.11 Welche Aussage trifft zu?
Die Unterbringung in einer
Entziehungsanstalt ist durch ...**

(1) § 126a StGB geregelt
(2) § 66 StGB geregelt
(3) § 64 StGB geregelt
(4) Keiner der Paragraphen für die
Einweisung in eine Entziehungsanstalt ist richtig.

(A) 1 ist richtig.
(B) 2 ist richtig.
(C) 3 ist richtig.
(D) 4 ist richtig.

**12.12 Welche Aussagen hinsichtlich des
Heilpraktikergesetzes sind für nichtärztliche Therapeuten zutreffend?**

(1) Als nichtärztlicher Therapeut dürfen Sie jede Art von Werbung machen.
(2) Als nichtärztlicher Therapeut unterlassen Sie jede Art von Werbung.
(3) Als nichtärztlicher Therapeut dürfen Sie nach Belieben Inserate wegen
einer Neuniederlassung oder Umzugs
schalten.
(4) Als nichtärztlicher Therapeut dürfen Sie nur dreimal in jeder für den
Niederlassungsort erscheinenden Ta-
geszeitung innerhalb der ersten drei
Monate nach der Niederlassung oder
dem Umzug veröffentlichen.

(A) 1 und 4 sind richtig.
(B) 1 und 3 sind richtig.
(C) 2 und 4 sind richtig.
(D) 2 und 3 sind richtig.

**12.13 Wofür dürfen Ihre Praxisräume ge-
nutzt werden?**

(1) Die Praxisräume dürfen Sie nach
eigenem Ermessen benutzen.
(2) Die Praxisräume dürfen nur für
die Behandlung und für von Ihnen ge-
nehmigte Veranstaltungen genutzt
werden.
(3) Die Praxisräume sind ausschließlich für Praxiszwecke zu verwenden.
Sie dürfen auch außerhalb der
Sprechzeiten nicht zweckentfremdet
werden.
(4) Keine der Aussagen ist richtig.

(A) 1 ist richtig.
(B) 2 ist richtig.
(C) 3 ist richtig.
(D) 4 ist richtig.

12.14 Welche der folgenden Aussagen trifft nicht zu?

(1) Die Größe des Praxisschildes darf 35–50 cm nicht überschreiten.

(2) Als nichtärztlicher Therapeut dürfen Sie Hausbesuche machen.

(3) Der nichtärztliche Therapeut erweist sich bei der Ausübung seines Berufs wie im Privatleben stets der hohen sittlichen Aufgabe seines Berufes entsprechend würdig.

(4) Der nichtärztliche Therapeut kann seine Patienten auch zu verschiedenen Orten zur Behandlung bestellen.

(A) 1 ist nicht richtig.
(B) 2 ist nicht richtig.
(C) 3 ist nicht richtig.
(D) 4 ist nicht richtig.

KINDER- UND
JUGENDPSYCHIATRIE

13.1 Der Begriff „Intelligenzminderung" kennzeichnet:

(1) eine Beeinträchtigung der allgemeinen Intelligenz
(2) ausschließlich eine exogene Verursachung durch postnatale Hirnschädigungen
(3) eine von Geburt oder früher Kindheit an bestehende Entwicklungsbeeinträchtigung des Denkens
(4) eine Störung des Denkens, welche immer auf einen genetischen Defekt hinweist

(A) Nur Aussage 1 ist richtig.
(B) Aussagen 1 und 3 sind richtig.
(C) Aussagen 2 und 4 sind richtig.
(D) Keine der Aussagen trifft zu.

13.2 Welche der folgenden Aussagen zur Intelligenzminderung trifft/treffen zu?

(1) Zu den häufigsten Beeinträchtigungen von Kindern und Jugendlichen zählt man die Intelligenzminderungen.
(2) Untersuchungen haben ergeben, dass eine Intelligenzminderung überwiegend bei sozial benachteiligten Schichten auftritt.
(3) Jungen sind häufiger betroffen als Mädchen.
(4) Der Anteil geistig Behinderter unterschiedlicher Ausprägung in der Gesamtbevölkerung liegt bei 10%.

(A) Aussagen 1 und 2 sind richtig.
(B) Aussagen 3 und 4 sind richtig.
(C) Aussagen 1, 2 und 3 sind richtig.
(D) Alle Aussagen sind richtig.

13.3 Zu den postnatalen Ursachen geistiger Behinderung zählt man:

(1) Frühgeburt
(2) Schädel-Hirn-Traumata
(3) Hirntumoren
(4) Hirnschädigungen durch Intoxikation

(A) Nur Aussage 1 ist richtig.
(B) Aussagen 1, 2 und 3 sind richtig.
(C) Aussagen 2, 3 und 4 sind richtig.
(D) Alle Aussagen sind richtig.

13.4 Welche der folgenden exogenen Ursachen können zur Oligophrenie führen?

(1) Virusinfekte
(2) chronischer Alkoholabusus (der Mutter)
(3) perinatale Hypoxie
(4) Unterernährung

(A) Aussage 1 und 4 sind richtig.
(B) Aussage 1, 2 und 3 sind richtig.
(C) Aussage 2, 3 und 4 sind richtig.
(D) Alle Aussagen sind richtig.

13.5 Welches der folgenden Behandlungskonzepte steht bei Intelligenzminderung im Vordergrund?

(1) Verhaltenstherapie
(2) Psychoanalyse
(3) Bioenergetik
(4) heilpädagogische Behandlung
(5) keines der obengenannten

(A) Aussage 1 ist richtig.
(B) Aussage 2 ist richtig.
(C) Aussage 3 ist richtig.
(D) Aussage 4 ist richtig.
(E) Aussage 5 ist richtig.

13.6 Welche der folgenden Aussagen bezüglich Sprechstörungen im Kindesalter sind zutreffend?

(1) Zu den Sprechstörungen zählt man Stottern, Stammeln und Poltern.
(2) Von Poltern spricht man, wenn eine Störung innerhalb des Redeflusses vorliegt.
(3) Als häufigste Form des Stammelns zeigt sich Sigmatismus (Störung beim „S"-Laut).
(4) Vom Stottern sind mehr Mädchen als Jungen betroffen.

(A) Aussagen 1 und 2 sind richtig.
(B) Aussagen 3 und 4 sind richtig.
(C) Aussagen 1, 2 und 3 sind richtig.
(D) Aussagen 1, 2 und 4 sind richtig.
(E) Alle Aussagen sind richtig.

13.7 Unter einer „expressiven" Sprachstörung versteht man:

(1) eine Verzögerung des Lauterwerbs bei sonst normalen sprachlichen Fähigkeiten
(2) den Verlust der Sprachfähigkeit bei epileptischen Anfallsleiden
(3) eine Einschränkung der sprachlichen Ausdrucksfähigkeit bei normalem Sprachverständnis
(4) den Verlust der Sprachfähigkeit aufgrund eines exogenen Traumas

(A) Aussage 1 ist richtig.
(B) Aussage 2 ist richtig.
(C) Aussage 3 ist richtig.
(D) Aussage 4 ist richtig.

13.8 Welche der folgenden Aussagen ist zutreffend?

Dyslalie...

(1) ist ein weiterer Begriff für Stottern.
(2) bezeichnet eine Sprachstörung aufgrund eines mangelnden Sprachvorbildes.
(3) bezieht sich auf die Beeinträchtigung der Lesefähigkeit im Kindesalter.
(4) gilt als Ausdruck eines frühkindlichen Autismus.
(5) bezeichnet eine Störung der Fähigkeit, Sätze zu bilden.

(A) Aussage 1 ist richtig.
(B) Aussage 2 ist richtig.
(C) Aussage 3 ist richtig.
(D) Aussage 4 ist richtig.
(E) Aussage 5 ist richtig.

13.9 Welche der folgenden Aussage/n hinsichtlich der Sprachstörung „Poltern" ist/sind zutreffend?

(1) Beim Poltern handelt es sich um eine Störung im Redefluss.
(2) Bezeichnend für diese Störung ist das hastig wirkende Sprechen. Dabei kommt es beispielsweise zum Auslassen von Wörtern oder Endsilben. Durch die Dynamik des Sprechen leidet die exakte Lautbildung.

(3) Poltern bezieht sich ausschließlich auf die Lautbildungsstörung für das „S".
(4) Unter „Poltern" versteht man eine funktionelle Artikulationsstörung.
(5) Leitsymptom beim Poltern ist ein in auffallender Weise rhythmisch abgehaktes Sprechen.

(A) Aussage 1 ist richtig.
(B) Aussagen 1 und 2 sind richtig.
(C) Aussage 3 ist richtig.
(D) Aussagen 4 und 5 sind richtig.
(E) Keine der Aussagen ist richtig.

13.10 Welche der folgenden Aussagen ist nicht richtig?

(1) In den aktuellen Klassifikationssystemen wird der Begriff „Legasthenie" weiterhin als Definition für Lese- und Rechtschreibstörungen benutzt.
(2) Bei Jungen treten Lese- und Rechtschreibstörungen häufiger als bei Mädchen auf.
(3) Aufgrund einer Lese- und Rechtschreibstörung können begleitend reaktive emotionale Symptome wie Ängstlichkeit und Depressivität auftreten.
(4) Lese- und Rechtschreibstörungen manifestieren sich meist im 2. Schuljahr.

(A) Aussage 1 ist nicht richtig.
(B) Aussage 2 ist nicht richtig.
(C) Aussage 3 ist nicht richtig.
(D) Aussage 4 ist nicht richtig.

13.11 Welche der folgenden Symptome sind typisch für „hyperkinetische" Störungen?

(1) Überaktivität
(2) Unaufmerksamkeit
(3) Impulsivität

(4) Gewichtsverlust
(5) Stottern

(A) Aussagen 1 und 2 sind richtig.
(B) Aussagen 3 und 4 sind richtig.
(C) Aussagen 1, 2 und 3 sind richtig.
(D) Aussagen 1, 4 und 5 sind richtig.
(E) Alle Aussagen sind richtig.

13.12 Welche Aussage über das hyperkinetische Syndrom trifft nicht zu?

(1) Charakteristisch ist der frühe Beginn der Störung, meist in den ersten fünf Lebensjahren.
(2) Besonders typisch ist ein impulsives Verhalten hyperkinetischer Kinder.
(3) Beeinträchtigungen kognitiver Funktionen kommen häufig vor.
(4) Sekundäre Komplikationen treten beim hyperkinetischen Syndrom nie auf.

(A) Aussage 1 trifft nicht zu.
(B) Aussage 2 trifft nicht zu.
(C) Aussage 3 trifft nicht zu.
(D) Aussage 4 trifft nicht zu.

13.13 Welche der Aussagen hinsichtlich Verhaltens- und emotionalen Störungen mit Beginn in der Kindheit und Jugend sind zutreffend?

(1) Es handelt sich überwiegend um Störungen, die durch psychosoziale Belastungsfaktoren bei Kindern und Jugendlichen ausgelöst werden.
(2) Hyperkinetische Störungen treten häufiger bei Jungen als bei Mädchen auf.
(3) Bei Störungen des Sozialverhaltens findet man typischerweise ein abnorm aggressives oder aufsässiges Verhalten.
(4) In den Therapiemaßnahmen ist

bei allen Störungen die Medikation von primärer Bedeutung.

(A) Aussagen 1 und 2 sind richtig.
(B) Aussagen 3 und 4 sind richtig.
(C) Aussagen 1, 2 und 3 sind richtig.
(D) Aussagen 1, 4 und 5 sind richtig.
(E) Alle Aussagen sind richtig.

13.14 Welche der folgenden Aussagen ist zutreffend?

Unter „Enkopresis" versteht man...

(1) den unwillkürlichen Urinabgang am Tag oder in der Nacht
(2) den wiederholten Verzehr nicht eßbarer Substanzen
(3) das so genannte Einkoten bei Kindern
(4) keine der Aussagen trifft zu

(A) Aussage 1 ist richtig.
(B) Aussage 2 ist richtig.
(C) Aussage 3 ist richtig.
(D) Aussage 4 ist richtig.

13.15 Welche der folgenden Aussagen hinsichtlich der „Enuresis" trifft nicht zu?

(1) Als Enuresis bezeichnet man das unwillkürliche Einnässen am Tag oder in der Nacht.
(2) Etwa 10% der 4-jährigen leiden an einer „Enuresis nocturna" („nächtliches Einnässen").
(3) Differentialdiagnostisch müssen organische Ursachen wie Harnwegsanomalien, Epilepsien oder neurologische Erkrankungen in Betracht gezogen werden.
(4) Von einer primären Enuresis spricht man, wenn das Kind bereits trocken war und später wieder einzunässen beginnt.

(A) Aussage 1 trifft nicht zu.
(B) Aussage 2 trifft nicht zu.
(C) Aussage 3 trifft nicht zu.
(D) Aussage 4 trifft nicht zu.

13.16 Welche der folgenden Aussagen hinsichtlich Ticstörungen im Kindesalter sind zutreffend?

(1) Zur Symptomatik gehören unwillkürliche, schnelle, wiederholte Muskelzuckungen wie beispielsweise Grimassieren oder Blinzeln.
(2) Um von einer vorübergehenden Ticstörung sprechen zu können, dürfen die Symptome nicht länger als 12 Monate vorhanden sein.
(3) Emotionaler Stress verstärkt die Symptome der Ticstörung.
(4) Zu den Ticstörungen zählt man auch das „Gilles de la Tourette-Syndrom".
(5) Mädchen sind häufiger als Jungen betroffen.

(A) Aussagen 1 und 2 sind richtig.
(B) Aussagen 3 und 4 sind richtig.
(C) Aussagen 1, 2, 4 und 5 sind richtig.
(D) Aussagen 1, 2, 3 und 4 sind richtig.
(E) Alle Aussagen sind richtig.

13.17 Unter „Pica im Kindesalter" versteht man …

(1) ein extrem wählerisches Essverhalten bei Kindern
(2) den anhaltenden Verzehr nicht essbarer Substanzen wie beispielsweise Erde oder Papier
(3) den Harnabgang des Kindes während der Nacht
(4) ein stereotypes Bewegungsverhalten wie z.B. Körperschaukeln

(A) Aussage 1 ist richtig.
(B) Aussage 2 ist richtig.
(C) Aussage 3 ist richtig.
(D) Aussage 4 ist richtig.

13.18 Welche der folgenden Merkmale treten typischerweise bei autistischen Störungen auf?

(1) stereotyp wiederholende Verhaltensmuster
(2) extreme Selbstbezogenheit
(3) Störung im Kommunikationsverhalten
(4) verlangsamte Sprachentwicklung

(A) Aussage 1 ist richtig.
(B) Aussagen 1 und 2 sind richtig.
(C) Aussagen 1, 2 und 3 sind richtig.
(D) Aussagen 1, 2 und 4 sind richtig.
(E) Alle Aussagen sind richtig.

13.19 Welche der folgenden Symptome deuten auf einen frühkindlichen Autismus hin?

(1) schwere Kontakt- und Beziehungsstörungen
(2) Sprachstörungen
(3) ausgeprägte Veränderungsängste
(4) motorische Stereotypien
(5) Beginn vor dem 30. Lebensmonat

(A) Aussagen 1 und 2 sind richtig.
(B) Aussagen 2, 3 und 4 sind richtig.
(C) Aussagen 1, 2, 3 und 5 sind richtig.
(D) Aussagen 1, 4 und 5 sind richtig.
(E) Alle Aussagen sind richtig.

13.20 Welche der folgenden Aussagen ist zutreffend?

Unter einem „Asperger-Syndrom" versteht man...

(1) den bei Mädchen im Alter vom 7. bis 24. Lebensmonat auftretenden Verlust der Sprache
(2) die schizoide Störung im Kindesalter
(3) die Symptomtriade Überaktivität, Unaufmerksamkeit und mangelnde Impulskontrolle
(4) den Verlust der Sprache nach einem emotionalen Schockerlebnis (z.B. Tod der Eltern)

(A) Aussage 1 ist richtig.
(B) Aussage 2 ist richtig.
(C) Aussage 3 ist richtig.
(D) Aussage 4 ist richtig.

13.21 Welche der folgenden Aussagen trifft zu?

Ein Verlust der Sprachfertigkeiten im Zusammenhang mit epileptischen Anfallsleiden bezieht sich auf das...

(1) Tourette-Syndrom
(2) Asperger-Syndrom
(3) Rett-Syndrom
(4) Landau-Kleffner-Syndrom

(A) Aussage 1 trifft zu.
(B) Aussage 2 trifft zu.
(C) Aussage 3 trifft zu.
(D) Aussage 4 trifft zu.

13.22 Unter dem „Landau-Kleffner-Syndrom" versteht man in erster Linie eine ...

(1) Entwicklungsstörung des Sprechens
(2) Lese- und Rechtschreibstörung
(3) erworbene Aphasie mit Epilepsie
(4) Störung im Bereich der motorischen Entwicklung

(A) Aussage 1 ist richtig.
(B) Aussage 2 ist richtig.

(C) Aussage 3 ist richtig.
(D) Aussage 4 ist richtig.

Ant: C

13.23 Nach ICD-10 gehört das „Gilles-de-la-Tourette-Syndrom" zur Gruppe der ...

(1) Teilleistungsstörungen
(2) Autistischen Störungen
(3) Ticstörungen
(4) Intelligenzminderung

(A) Aussage 1 ist richtig.
(B) Aussage 2 ist richtig.
(C) Aussage 3 ist richtig.
(D) Aussage 4 ist richtig.

13.24 Welche der folgenden Faktoren können zur Störung der Entwicklung schulischer Fertigkeiten führen?

(1) Angst
(2) Depressivität
(3) Epilepsie
(4) Schizophrenie

(A) Aussagen 1 und 2 sind richtig.
(B) Aussagen 3 und 4 sind richtig.
(C) Aussagen 1, 2 und 3 sind richtig.
(D) Aussagen 1, 3 und 4 sind richtig.
(E) Alle Aussagen sind richtig.

13.25 Welche der folgenden Aussagen bezüglich der Störungen des Sozialverhaltens im Kindes- und Jugendalter trifft nicht zu?

(1) Auffälliges Symptom bei Störungen des Sozialverhaltens ist ein über die Maßen aggressives oder aufsässiges Verhalten.
(2) Auslöser können Belastungen und Konflikte innerhalb der Familie oder der Schule sein.
(3) Als spezifische Medikation sind Antidepressiva wegen ihres stimmungsaufhellenden Effekts angezeigt.
(4) Schulschwänzen und kriminelle Handlungen können bei gestörtem Sozialverhalten die Folge sein.

(A) Aussage 1 trifft nicht zu.
(B) Aussage 2 trifft nicht zu.
(C) Aussage 3 trifft nicht zu.
(D) Aussage 4 trifft nicht zu.

13.26 Welche der folgenden Aussagen ist zutreffend?

Unter einer „Schulphobie" versteht man...

(1) ein primäres Angstgefühl, das sich auf die Lehrer bezieht
(2) das Schwänzen des Unterrichts
(3) die zugrundeliegenden Trennungsängste des Kindes von seiner Bezugsperson
(4) keine der Aussagen ist richtig

(A) Aussage 1 ist richtig.
(B) Aussage 2 ist richtig.
(C) Aussage 3 ist richtig.
(D) Aussage 4 ist richtig.

14

BEHANDLUNGSFORMEN

14.1 Welche der folgenden Aussagen hinsichtlich der Psychotherapie trifft **nicht** zu?

(1) Jede Art der Psychotherapie ist eine eingreifende Behandlungsmethode.
(2) Jedes psychotherapeutische Verfahren eignet sich zur Behandlung aller psychischen Störungen.
(3) Zu den Wirkfaktoren in der Psychotherapie zählt man u.a. Überzeugung, Abreaktion und Entspannung.
(4) Psychotherapie sollte nur von erfahrenen Therapeuten mit genauen Kenntnissen in Theorie und Praxis durchgeführt werden.

(A) Aussage 1 trifft nicht zu.
(B) Aussage 2 trifft nicht zu.
(C) Aussage 3 trifft nicht zu.
(D) Aussage 4 trifft nicht zu.

14.2 Zu den humanistischen Therapiemethoden zählt man:

(1) klientenzentrierte Psychotherapie
(2) Gestalttherapie
(3) Transaktionsanalyse
(4) Psychoanalyse
(5) Hypnose

(A) Aussagen 1 und 2 sind richtig.
(B) Aussagen 3 und 4 sind richtig.
(C) Aussagen 1, 2 und 3 sind richtig.
(D) Aussagen 1, 4 und 5 sind richtig.
(E) Alle Aussagen sind richtig.

14.3 Welche der folgenden Aussagen bezüglich der „Abstinenzregel" in der Psychoanalyse ist zutreffend?

(1) Der Therapeut enthält sich aller wertenden Stellungnahmen gegenüber dem Patienten.
(2) Der Therapeut spricht nur in einem extrem sachlichen Ton mit dem Patienten.
(3) Der Therapeut sucht den körperlichen Kontakt, bevor er mit dem Sprechen beginnt.
(4) Der Therapeut macht den Patienten sofort aufmerksam auf spontan auftretende Konfliktsituationen.

(A) Aussage 1 ist richtig.
(B) Aussage 2 ist richtig.
(C) Aussage 3 ist richtig.
(D) Aussage 4 ist richtig.

14.4 Welche der folgenden Aussagen hinsichtlich der Psychoanalyse sind zutreffend?

(1) Beim Prinzip der freien Assoziation wird der Patient angeregt, alle ihm in den Sinn kommenden Dinge zu äußern.
(2) Während der Behandlung zeigen sich Phänomene wie Widerstand, Übertragung und Gegenübertragung.
(3) Als wichtige Voraussetzung beim Therapeuten wird eine gleichschwebende Aufmerksamkeit dem Klienten gegenüber angesehen.

(4) Psychoanalyse eignet sich bei depressiven Verstimmungen und Persönlichkeitsstörungen.

(A) Aussagen 1 und 2 sind richtig.
(B) Aussagen 3 und 4 sind richtig.
(C) Aussagen 1, 2 und 3 sind richtig.
(D) Aussagen 1, 3 und 4 sind richtig.
(E) Alle Aussagen sind richtig.

14.5 Welche der folgenden Aussagen bezüglich der Gegenübertragung sind zutreffend?

(1) Als Gegenübertragung bezeichnet man die neurotischen Anteile des Analytikers, hervorgerufen durch Reaktionen des Patienten.
(2) Ein Nichtbeachten der Gegenübertragung kann sich negativ auf den Therapieverlauf auswirken.
(3) Um sich der eigenen Anteile bewusst zu werden, fordert die Ausbildung des Analytikers eine so genannte Lehrtherapie.
(4) Der Widerstand des Patienten gegen eine Kooperation während der Sitzungen gilt in der Psychoanalyse als Gegenübertragung.
(5) Keine der Aussagen ist zutreffend.

(A) Aussagen 1 und 2 sind richtig.
(B) Aussagen 3 und 4 sind richtig.
(C) Aussagen 1, 2 und 3 sind richtig.
(D) Aussagen 1 und 4 sind richtig.
(E) Aussage 5 ist richtig.

14.6 Zu den drei wichtigen Elementen in der Gesprächstherapie nach ROGERS zählt man:

(1) Echtheit und Selbstkongruenz
(2) Annehmen und Wertschätzen
(3) Suggestion
(4) Fokussieren
(5) Empathie und Verbalisierung

(A) Aussagen 1 und 2 sind richtig.
(B) Aussagen 3 und 4 sind richtig.
(C) Aussagen 1, 2 und 3 sind richtig.
(D) Aussagen 1, 2 und 5 sind richtig.
(E) Alle Aussagen sind richtig.

14.7 Welche der folgenden Aussagen über die klientenzentrierte Psychotherapie sind zutreffend?

(1) Die klientenzentrierte Psychotherapie gehört zu den tiefenpsychologischen Verfahren.
(2) Aktualisierungstendenz und Inkongruenz des Patienten sind zentrale Begriffe der Gesprächspsychotherapie.
(3) Der Therapeut schafft durch Kongruenz in seinem Verhalten und seiner Kommunikation ein vertrauenerweckendes Arbeitsklima.
(4) Die Gesprächspsychotherapie ist besonders bei schizophrenen Erkrankungen indiziert.

(A) Aussagen 1 und 2 sind richtig.
(B) Aussagen 3 und 4 sind richtig.
(C) Aussagen 2 und 3 sind richtig.
(D) Aussagen 1 und 4 sind richtig.
(E) Alle Aussagen sind richtig.

14.8 Welche der folgenden Aussagen ist zutreffend?

Unter der „Aktualisierungstendenz" versteht man...

(1) die Fähigkeit des Therapeuten, Konflikte aufzuarbeiten und mit dem Klienten eine Lösung schaffen
(2) die Annahme, dass jeder Organismus über eine Kraft verfügt, die ihn automatisch in Richtung Wachstum und Reife bewegt
(3) den Umgang mit plötzlich auftretenden Krisensituationen

(4) die Fortschritte des Klienten während des Therapieverhältnisses

(A) Aussage 1 ist richtig,
(B) Aussage 2 ist richtig,
(C) Aussage 3 ist richtig,
(D) Aussage 4 ist richtig,

14.9 Welche der folgenden Aussagen ist zutreffend?

„Erwachsenen-Ich; Kind-Ich; Eltern-Ich" sind Begriffe aus der...

(1) Psychoanalyse
(2) Gesprächspsychotherapie
(3) Transaktionsanalyse
(4) Verhaltenstherapie
(5) rational-emotiven Therapie nach Ellis

(A) Aussage 1 ist richtig.
(B) Aussage 2 ist richtig.
(C) Aussage 3 ist richtig.
(D) Aussage 4 ist richtig.
(E) Aussage 5 ist richtig.

14.10 Welche der folgenden Aussagen ist zutreffend?

Die „systematische Desensibilisierung" ist eine Technik aus der...

(1) Verhaltenstherapie
(2) Psychoanalyse
(3) Gesprächspsychotherapie
(4) Logotherapie

(A) Aussage 1 ist richtig.
(B) Aussage 2 ist richtig.
(C) Aussage 3 ist richtig.
(D) Aussage 4 ist richtig.

14.11 Welche der Aussagen hinsichtlich der Verhaltenstherapie ist zutreffend?

(1) Zu den erprobten verhaltenstherapeutischen Behandlungstechniken gehört die Reizüberflutung.
(2) Als wichtige Voraussetzung für die therapeutische Beziehung zum Klienten wird die „nicht-direktive" Form angesehen.
(3) Nicht geeignet ist die Verhaltenstherapie bei Angststörungen.
(4) Basis des Therapieverlaufs ist das Aufarbeiten frühkindlicher Störungserlebnisse.

(A) Aussage 1 ist richtig.
(B) Aussage 2 ist richtig.
(C) Aussage 3 ist richtig.
(D) Aussage 4 ist richtig.

14.12 Welche der folgenden Aussagen ist zutreffend?

Unter der „klassischen Konditionierung" versteht man...

(1) eine Form der Konditionierung, bei der sowohl bedingter als auch unbedingter Reiz im Körperinneren liegen
(2) eine Form der Konditionierung, bei der ein neutraler Reiz Auslöser für eine Verhaltensfunktion ist, die vorher nur bei einem unkonditionierten („biologischen") Reiz auftrat
(3) das Ändern des Verhaltens aufgrund eines positiver Verstärkers („Belohnung")
(4) den Einsatz von autoritären Mitteln („Bestrafung") zur Veränderung eines Verhaltensmusters

(A) Aussage 1 ist richtig.
(B) Aussage 2 ist richtig.
(C) Aussage 3 ist richtig.
(D) Aussage 4 ist richtig.

14.13 Welche der folgenden Aussagen ist/sind zutreffend?

Zu den Techniken der Verhaltenstherapie zählt man...

(1) Reizüberflutung
(2) systematische Desensibilisierung
(3) Extinktion
(4) assertives Training

(A) Aussage 1 ist richtig.
(B) Aussage 2 ist richtig.
(C) Aussage 3 ist richtig.
(D) Aussage 4 ist richtig.
(E) Alle Aussagen sind richtig.

14.14 Welche der folgenden Aussagen bezüglich der Extinktion ist zutreffend?

(1) Extinktion bezieht sich auf das Löschen von Verhaltensmustern durch Ausbleiben des positiven Verstärkers („Belohnung") oder durch Bestrafung.
(2) Bei der Extinktion handelt es sich um das von Pawlow entwickelte Modell des „bedingten Reflexes".
(3) Mit Hilfe der Extinktion werden in der therapeutischen Arbeit vorhandene Verhaltensweisen positiv verstärkt.
(4) Extinktion bezieht sich auf den Abbau von Ängsten mittels realer Situationen.

(A) Aussage 1 ist richtig.
(B) Aussage 2 ist richtig.
(C) Aussage 3 ist richtig.
(D) Aussage 4 ist richtig.

14.15 Welche der folgenden Aussagen ist zutreffend?

Das „katathyme Bildererleben" zählt man zu...

(1) den humanistischen Behandlungsformen
(2) den systemischen Therapieformen
(3) den Imaginationsverfahren
(4) keine der Aussagen ist richtig

(A) Aussage 1 ist richtig.
(B) Aussage 2 ist richtig.
(C) Aussage 3 ist richtig.
(D) Aussage 4 ist richtig.

14.16 Welche der folgenden Aussagen ist zutreffend?

Die „paradoxe Intention" ist eine Technik aus der...

(1) Verhaltenstherapie
(2) Logotherapie
(3) Psychoanalyse
(4) Gesprächspsychotherapie
(5) rational-emotiven Therapie

(A) Aussage 1 ist richtig.
(B) Aussage 2 ist richtig.
(C) Aussage 3 ist richtig.
(D) Aussage 4 ist richtig.
(E) Aussage 5 ist richtig.

14.17 Welche Aussage bezüglich der Gestalttherapie ist zutreffend?

(1) Bei der Gestalttherapie wird mittels des „Flooding" (Überfluten) eine Veränderung des Verhaltens erreicht.
(2) Charakteristisch ist die spezifische Arbeit am Verhaltenssystem der Familienstrukturierung.
(3) Typischerweise liegt die zentrale Aufmerksamkeit in der Gestalttherapie auf dem Wiederbewusstmachen vergessener Triebkonflikte.
(4) In der Gestalttherapie wird das schrittweise Einüben von Verhaltensänderungen gefördert.

(A) Aussage 1 ist richtig.
(B) Aussage 2 ist richtig.
(C) Aussage 3 ist richtig.
(D) Aussage 4 ist richtig.
(E) Keine der Aussagen ist richtig.

14.18 Welche der folgenden Aussagen bezüglich des „autogenen Trainings" ist nicht zutreffend?

(1) Es handelt sich hierbei um eine autosuggestive Entspannungsmethode mit verstärkter Wahrnehmung des eigenen Körpers.
(2) Autogenes Training ist indiziert bei Psychosen.
(3) Autogenes Training eignet sich bei psychovegetativen Störungen.
(4) Ziel des autogenen Trainings ist es, selbstständig einen Zustand der Entspannung herzustellen.

(A) Aussage 1 ist nicht richtig.
(B) Aussage 2 ist nicht richtig.
(C) Aussage 3 ist nicht richtig.
(D) Aussage 4 ist nicht richtig.

14.19 Welche der folgenden Störungen eignen sich nicht für eine Behandlung durch Hypnose?

(1) Angst- und Spannungszustände
(2) Oligophrenien
(3) Suchtkrankheiten
(4) chronische Schmerzzustände
(5) Psychosen

(A) Aussagen 1 und 2 sind zutreffend.
(B) Aussagen 3 und 4 sind zutreffend.
(C) Aussagen 1, 2 und 3 sind zutreffend.
(D) Aussagen 2, 3 und 5 sind zutreffend.
(E) Alle Aussagen sind zutreffend.

14.20 Welche der folgenden Aussagen ist zutreffend?

Die „progressive Muskelrelaxation" nach Jacobson zählt man zu den...

(1) Kurzzeittherapien
(2) suggestiven Verfahren
(3) stützenden Psychotherapien
(4) direkt-persuasiven Methoden

(A) Aussage 1 ist richtig.
(B) Aussage 2 ist richtig.
(C) Aussage 3 ist richtig.
(D) Aussage 4 ist richtig.
(E) Keine der Aussagen ist richtig.

14.21 Zu den nichtmedikamentösen Behandlungsverfahren zählt man:

(1) Lichttherapie
(2) Phytopharmaka wie z.B. Johanniskrautextrakt
(3) Schlafentzug
(4) Physiotherapie

(A) Aussage 1 und 3 sind richtig.
(B) Aussagen 2 und 4 sind richtig.
(C) Aussagen 1, 2 und 3 sind richtig.
(D) Aussagen 1, 3 und 4 sind richtig.
(E) Alle Aussagen sind richtig.

14.22 Zu den stützenden, supportiven psychotherapeutischen Verfahren gehört in erster Linie:

(1) die progressive Muskelrelaxation
(2) die Gestalttherapie nach Perls
(3) die Gesprächspsychotherapie nach Rogers
(4) die Feldenkrais-Methode

(A) Aussage 1 ist richtig.
(B) Aussage 2 ist richtig.
(C) Aussage 3 ist richtig.
(D) Aussage 4 ist richtig.

14.23 Welche der folgend aufgeführten Störungen können mit verhaltenstherapeutischen Maßnahmen behandelt werden?

(1) Angst- und Panikstörungen
(2) Essstörungen
(3) posttraumatische Belastungsstörungen
(4) Zwangsstörungen

(A) Aussagen 1 und 2 sind richtig.
(B) Aussagen 1 und 4 sind richtig.
(C) Aussagen 1, 2 und 3 sind richtig.
(D) Aussagen 2, 3 und 4 sind richtig.
(E) Alle Aussagen sind richtig.

14.24 Unter einer Soziotherapie versteht man ...

(1) eine Gruppentherapie mit Patienten gleicher Symptome
(2) in erster Linie die emotionale Entlastungsarbeit des Patienten
(3) dass im Mittelpunkt der Therapie die zwischenmenschlichen Beziehungen des Patienten und sein soziales Umfeld stehen
(4) das Erzeugen eines Verständnisses beim Patienten für seine Behandlungsmöglichkeiten

(A) Aussage 1 ist richtig.
(B) Aussage 2 ist richtig.
(C) Aussage 3 ist richtig.
(D) Aussage 4 ist richtig.

14.25 Bei welchen Störungen ist möglicherweise eine Elektrokrampftherapie am ehesten indiziert?

(1) Katatonie
(2) depressiver Stupor
(3) Autismus
(4) Angststörungen

(A) Aussage 1 ist richtig.
(B) Aussagen 1 und 2 sind richtig.
(C) Aussagen 3 und 4 sind richtig.
(D) Aussage 4 ist richtig.
(E) Alle Aussagen sind richtig.

ANTWORTEN ZU DEN PRÜFUNGSFRAGEN

A 1.1   C

 Zu den quantitativen Bewusstseinsstörungen gehören:
- **Benommenheit:** Auffassungsstörungen und Verlangsamung des Denkens (z.B. beim Aufwachen!)
- **Somnolenz** (krankhafte Schläfrigkeit): apathisch, langsam, fehlende Spontanäußerungen, weckbar, oft weitgehende Amnesie (z.B. nach Schlaganfällen, Hirnblutungen, Schock, Vergiftungen!)
- **Sopor** (tiefer Schlaf): nur starke Reize lösen noch Reaktionen aus, Atmung langsam, kurzzeitig weckbar
- **Präkoma**: wie tiefe Narkose, Pupillen noch eng
- **Koma** (Bewusstlosigkeit): nicht weckbar, Pupillen weit, Atmung langsam mit Pausen (z.B. nach Schädel-Hirn-Trauma, Leber- und Nierenversagen, Schlafmittelvergiftung)

A 1.2   A

A 1.3   B

 Bewusstseinsstörungen sind immer Hinweis auf eine organische Ursache!

A 1.4   B

 Mangelnde Klarheit der Vergegenwärtigung des Erlebens in Bezug auf Ich und Umwelt ist ein Erscheinungsbild der Bewusstseinstrübung, deren Definition Verwirrtheit von Denken und Handeln ist.

A 1.5   D

 Beim **Dämmerzustand** handelt es sich um eine Einengung des Bewusstseinsfeldes mit verminderter Ansprechbarkeit auf Außenreize, der plötzlich auftritt und zeitlich begrenzt ist. Für Außenstehende kann das Verhalten geordnet und besonnen erscheinen (geordneter Dämmerzustand). Folgerichtiges Handeln kann ausgeführt werden. Für den Zustand besteht eine nachfolgende Amnesie.

A 1.6   B

A 1.7   C

 Aufmerksamkeits-/Konzentrationsstörungen kommen vor bei physiologischer Müdigkeit und organischem Psychosyndrom. **Auffassungsstörungen** kommen vor bei Aphasie (= zentrale Sprachstörung) und exogenen Psychosen.

A 1.8   B

 Antwort A ist die Definition für Merkfähigkeitsstörung, Antwort C ist die Definition für Zeitgitterstörung und Antwort D ist die Definition für Aufmerksamkeits-/Konzentrationsstörungen.

A 1.9   C

 Korsakow-Syndrom (charakteristische Form des amnestischen Syndroms): Orientierungsstörung zu Zeit und Raum, schwere Merkfähigkeitsstörung ohne Beeinträchtigung des Ultrakurzzeitgedächtnisses, Konfabulation

A 1.10   D

 Zu den Erscheinungsbildern der Merkfähigkeits- und Gedächtnisstörung gehören:

– **Amnesie** (Erinnerungslosigkeit):
  – retrograd: Erinnerungslosigkeit für die vor einem bestimmten Ereignis mit Bewusstlosigkeit liegende Zeit
  – anterograd: Erinnerungslosigkeit für die nach einem Ereignis mit Bewusstlosigkeit liegende Zeit
– **Hypomnesie:** unterdurchschnittliches Gedächtnis
– **Hypermnesie:** übermäßiges Gedächtnis (z.B. bei Autisten)
– **Zeitgitterstörung:** mangelnde Zuordnung biographischer Ereignisse
– **Konfabulation:** Erinnerungslücken werden mit Einfällen und Phantasien aufgefüllt (der Patient ist von der Realität seiner Erinnerungen überzeugt!).
– **Paramnesien:** Gedächtnistäuschung, Falsch- oder Trugerinnerungen
– **Déjà-vu:** Gefühl des bereits einmal Erlebten, **Jamais-vu:** Gefühl der Fremdheit (oft bei Schizophrenie!)
– **Ekmnesie:** Vergangenheit wird als Gegenwart erlebt.

A 1.11   C

A 1.12   A

A 1.13   D

A 1.14   A

 Die Konfabulationen zeigen sich in der Form, dass ein Patient Erinnerungslücken mit spontan ausgedachten Geschichten füllt und diese für echte Erlebnisse hält. Typischerweise tritt Konfabulation beim Korsakow-Syndrom auf (Alkohol!).

A 1.15   A

 Das **paranoid-halluzinatorische Syndrom** kommt vor bei Schizophrenie, organischen Hirnerkrankungen, symptomatischen und toxischen Psychosen. **Symptome**: Bewusstsein: klar, Gedächtnis: erhalten, Orientierung: erhalten, Wahrnehmung: akustische Halluzinationen, Denken: Beeinträchti-

gungsideen, Stimmung: misstrauisch, ängstlich, Antriebslage: oft Erregung.

A 1.16   1. D, 2. A, 3. C, 4. B

A 1.17   C

 Quantitative Wahrnehmungsstörungen kommen vor bei körperlich bedingten psychischen Störungen und bei zerebrovaskulären Erkrankungen. Zum Erscheinungsbild gehört die Ausweitung und Beschleunigung, Fragmentierung oder Einengung sowie das Fehlen der Wahrnehmung aufgrund von Aufmerksamkeits-, Auffassungs- und Konzentrationsstörungen.

A 1.18   C

 Illusionen (*illusionäre Verkennung*) sind dadurch definiert, dass reale Wahrnehmungsobjekte als etwas anderes wahrgenommen werden, also eine Verkennung des Gegenstandes. Illusionäre Verkennungen sind für den diagnostischen Bereich ohne große Bedeutung, da es auch im nichtpsychotischen Seelenleben ohne stärkere Affektspannungen zu flüchtigen Illusionen kommen kann (z.B. nachts wird ein Strauch am Straßenrand als eine kauernde Person verkannt!)
Differentialdiagnostisch ist der Unterschied zu *Wahnwahrnehmung* zu beachten, hier wird der Gegenstand zwar richtig erkannt, ihm aber eine abnorme Bedeutung verliehen.

A 1.19   E

Halluzinationen werden definiert als Trugwahrnehmungen. Wahrnehmungserlebnisse werden ohne objektiv gegebene Sinnesreize für wirkliche Sinneseindrücke gehalten. Halluzinationen sind auf allen Sinnesebenen möglich.

Formen

– **akustische Halluzinationen:** Stimmenhören (z.B. Rede und Gegenrede, Befehlsstimmen) halluzinierte Geräusche (= **Akoasmen**)! Diese Halluzinationen lassen sich

manchmal aus der Mimik des Patienten vermuten (Blick in Richtung der Stimmen)!
Vorkommen: Schizophrenie, Alkoholhalluzinose

– **optische Halluzinationen:** Wahrnehmung ganzer Bilder und Szenen (z.B. weiße Mäuse)
Vorkommen: Alkoholdelir

– **olfaktorische und gustatorische Halluzinationen:** riechen und schmecken, treten häufig gemeinsam auf
Vorkommen: häufig während epileptischer Aura, Tumoren, Wahn, zeigen häufig den Beginn einer Schizophrenie

– **haptische (taktile) Halluzinationen:** Wahrnehmung im Bereich der Haut, *Vorkommen:* organische Psychosen (Delir, Kokaindelir), Dermatozoenwahn (kleine Tiere auf der Haut), Enterozoenwahn (kleine Tiere im Körperinneren)! Dermatozoen- und Enterozoenwahn treten bei diffusen, zerebralen Erkrankungen auf, z.B. seniler Demenz!

– **Leibhalluzinationen, zönästhetische Halluzinationen:** qualitativ eigenartige Leib-(Körper-)gefühlsstörungen (Zönästhesie = Leibgefühl), Patient hat z.B. das Gefühl übergroße Arme oder Elefantenbeine zu haben!
Vorkommen: Delir, zönästhetische Schizophrenie, wahnhafte Hypochondrie

A 1.20   A

A 1.21   D

A 1.22   E

A 1.23   E

 Dysästhesien (= unangenehme Wahrnehmungserlebnisse auf der Körperoberfläche, etwa bei Berührung) und **Metamorphopsie** (einfache Wahrnehmungsstörungen) zählt man auch zu den Wahrnehmungsstörungen.

A 1.24   D

A 1.25   E

A 1.26   B

 Bei **formalen Denkstörungen** handelt es sich um subjektive und objektive Veränderungen und Abwandlungen des normalen Denkvorgangs.

Formen

– **Hemmung des Denkens**: Der Denkablauf ist in Bezug auf Tempo, Inhalt und Zielsetzung behindert.

– **Verlangsamung**: Gedankengang ist mühsam und schleppend.

– **Perseveration**: kleben an einem Thema

– **Umständlichkeit**: keine Trennung von Wesentlichem und Nebensächlichem

– **Vorbeireden**: an der gestellten Frage nicht beabsichtigtes Vorbeiantworten

– **Sperrung des Denkens/Gedankenabreißen**: plötzlicher Abbruch eines zunächst flüssigen Gedankenganges, „Themawechsel"

– **Begriffsverschiebung**: Konkretismus (= Begriffe werden nur noch wörtlich, nicht im übertragenen Sinne verstanden), Symboldenken (= Begriffe werden nur noch im übertragenen [metaphorischen] Sinne verstanden)

– **Begriffszerfall**: Begriffe verlieren ihre exakte Bedeutung und werden nicht mehr klar abgegrenzt gegenüber anderen Begriffen.

– **Kontamination**: unterschiedliche, logisch unvereinbare Begriffe werden miteinander verbunden, äußert sich sprachlich z.T. in Wortneubildungen (= Neologismen).

– **Zerfahrenheit**: viel zusammenhangsloses Denken, bruchstückhafte Sprache („Wortsalat")

– **Inkohärenz**: zerfahrenes Denken, d.h. die einzelnen Bruchstücke sind ohne Beziehung zueinander

– **ideenflüchtiges Denken**: Es werden ständig neue Einfälle produziert, die Sprache ist nicht zielgerichtet, Patient gerät „vom Hundertsten ins Tausendste".

– **Gedankendrängen**: übermäßiger Druck vieler Einfälle oder auch ständig wiederkehrende Gedanken.

 Keine Diagnose allein von formalen Denkstörungen ableiten!

A 1.27 D

Als **inhaltliche Denkstörungen** bezeichnet man die Störung der Inhalte des Denkens, stets im Zusammenhang mit Störung des Realitätsurteils.

Wahn

Wahn ist eine ganz persönlich gültige, starre Überzeugung von der eigenen Lebenswirklichkeit, Wahn ist für den Kranken evidente Wirklichkeit, der Wahnkranke hat **kein** Krankheitsbewusstsein.

Wahn im zeitlichen Verlauf

– **Wahnstimmung** (z.B. Gefühl von Misstrauen, dass irgend etwas nicht in Ordnung ist)
– **Wahngedanken** (der Kranke beginnt in der Wahnarbeit bestimmte Gedanken zu verknüpfen)
– **Wahnarbeit** (am Schluss ein komplettes System)
– **Wahngewißheit** (System ist getragen von der Gewißheit)
– **Wahnsystem**
– **Residualwahn** (nach Abklingen einer akuten Manifestation weiterbestehender Wahn im Sinne eines Restwahns)

Wahnthemen/-inhalte

– **Beziehungswahn**: wahnhafte Eigenbeziehung, Patient ist überzeugt, dass bestimmte Ereignisse in seiner Umgebung nur seinetwegen geschehen
– **Beeinträchtigungswahn**: Patient sieht Ereignisse nicht nur auf sich bezogen, sondern auch gegen sich gerichtet
– **Verfolgungswahn**: Steigerung des Beeinträchtigungswahns, Patient fühlt sich bedroht und verfolgt

– **Querulantenwahn**: Patient fühlt sich gekränkt und will dieses Unrecht nicht auf sich beruhen lassen, gekennzeichnet durch einen absolut uneinsichtigen, selbstgerechten Kampf ums Recht (jahrelanges Prozessieren!)
– **Eifersuchtswahn**: Wahn, vom Partner hintergangen zu werden, Aggressionen sind auf den Partner fixiert
– **Größenwahn**: wahnhafte Selbstüberschätzung bis zu enormer Selbsterhöhung (hierzu gehört auch der religiöse Wahn: Kommunikation mit Gott!)
– **Schuldwahn**: Wahn gegen Gott, gegen höhere sittliche Instanzen oder Gesetze verstoßen zu haben, auch Verarmungswahn
– **symbiotischer Wahn/Folie-à-deux**: Ein dem Kranken Nahestehender partizipiert an dessen Wahnerleben: Induzent und Induzierter entwickeln gemeinsamen Wahn (häufiges Thema: Verfolgungswahn).

Zwang

Zwang ist gekennzeichnet durch das Auftreten von Vorstellungen und Handlungsimpulsen, die als der Person zugehörig, aber Ichfremd erlebt werden und nicht zu unterdrücken sind, obwohl sie vom Patienten als unsinnig erkannt werden. Der Kranke erkennt, dass der Zwang von ihm selbst ausgeht und nicht, wie bei der Schizophrenie, von außen beeinflusst wird. Keine willentliche Beeinflussung möglich! Der Kranke leidet unter dem Erleben, bei Unterdrückung des Zwangs tritt Angst auf.

Entstehung aus psychoanalytischer Sicht (FREUD)

Beim Patienten besteht ein ausgeprägter Konflikt zwischen Es (Lustprinzip) und Über-Ich (Moralinstanz), Triebsphäre und Gewissen sind gleich stark. Unbewusste Wünsche, die vom Über-Ich verdrängt werden, tauchen als Zwangssymptome auf. Zum Beispiel wird der Waschzwang als Abwehr sexueller Beschmutzung beschrieben.

Formen

- **Zwangsgedanken**: meist Befürchtungen, es könne anderen etwas passieren und die Schuld liegt beim Patienten

- **Zwangshandlungen**: meist aufgrund von Zwangsgedanken stereotyp wiederholte Handlungen: z.B. Kontrollzwang, Waschzwang
- **Zwangsimpulse**: sich zwanghaft aufdrängende innere Impulse, sinnlose oder gefährliche Handlungen durchzuführen (z.B. jemanden umbringen, aus dem Fenster springen!), Zwangsimpulse werden fast nie realisiert!

Phobien

Zwanghafte Befürchtungen, bei denen sich die auftretenden Angstgefühle immer auf bestimmte Objekte oder Situationen beziehen, häufig Vermeidungsverhalten, z.B. Tierphobie, Agoraphobie, Klaustrophobie

A 1.28   D

A 1.29   D

A 1.30   B
 Eine Diagnose darf nicht ausschließlich von formalen Denkstörungen abgeleitet werden! Formale Denkstörungen sind eher als diagnostischer Hinweis zu werten und führen erst mit anderen Symptomen zu einer Diagnose.
Pareidolien sind Sinnestäuschungen, denen der Klient unterliegt, indem er in etwas wirklich Vorhandenem noch etwas Zusätzliches sieht und dieses dann zu etwas Neuem umformt, wie z.B., wenn beim Betrachten der Wolken in diesen Gesichter oder anderes wahrgenommen wird.

A 1.31   D

A 1.32   A

A 1.33   C

A 1.34   B

A 1.35   1 D, 2 A, 3 E

A 1.36   B

A 1.37   D

A 1.38   Beziehungswahn, Verfolgungswahn, Doppelgängerwahn (sog. Capgras-Syndrom), Größenwahn, Eifersuchtswahn, Querulantenwahn, Beeinträchtigungswahn, Schuldwahn

A 1.39   A

A 1.40   D
Betrachten wir den Fall im zeitlichen Verlauf: Der Patient in der Wahnstimmung ist misstrauisch, die Wahngedanken sagen ihm, er würde von Detektiven verfolgt und er erkennt sie an den für ihn typischen Merkmalen. Das Ergebnis der Wahnarbeit ist nun, dass hinter all dem seine frühere Ehefrau steckt (die logische Erklärung – nun ist das System erklärt und komplett!).

A 1.41   D

A 1.42   D
Von einem synthymen Wahninhalt spricht man, wenn die Affektlage mit dem Wahninhalt übereinstimmt. So sind beispielsweise bei depressiven Patienten Verarmungs- oder Schuldwahn, passend zu Stimmungslage, synthym.

A 1.43   C
Beim Capgras-Syndrom oder auch Doppelgängerwahn wird zwar die Person erkannt, jedoch für deren Doppelgänger gehalten. Der Kranke ist absolut davon überzeugt.

A 1.44   C

A 1.45   B

A 1.46   A

A 1.47   D

A 1.48   D

A 1.49   B

A 1.50   D

A 1.51   Agoraphobie, Klaustrophobie, Tierphobie, Akrophobie, Erythrophobie

A 1.52   B

A 1.53   B

A 1.54   B
 Störungen der Affektivität treten sowohl bei der Schizophrenie als auch bei endogenen Depressionen, hirnorganischem Psychosyndrom, psycholabilen Menschen, bei Patienten unter Neuroleptika und Lithium etc., auf. Die Behauptung Affektivitätsstörungen treten **nur** bei Schizophrenien auf ist nicht richtig.

A 1.55   D
Zu den **Formen** der Affektivitätsstörungen gehören:
- **Affektlabilität**: schneller Stimmungswechsel
  Vorkommen: bei organischem Psychosyndrom, psycholabilen Menschen, Kindern und Infantilen, Oligophrenie, manisch-depressiven Mischzuständen
- **Affektinkontinenz**: mangelnde Beherrschung von Affektäußerungen, Affekte springen übermäßig rasch und stark an
  Vorkommen: bei organischem Psychosyndrom, zerebralen Abbauprozessen, psycholabilen Menschen
- **Affektverflachung**: mangelnde Ansprechbarkeit des Gefühls, oft „läppisches" Verhalten
  Vorkommen: Hebephrenie
- **Affektarmut (Gemütsarmut)**: Die Patienten erscheinen gleichgültig, kaltherzig, bru-

tal, gemütsarm, teilnahmslos, können für andere kein Gefühl aufbringen.
  Vorkommen: hirnorganisches Psychosyndrom, konstitutionell auf psychopathisch-neurotischer Grundlage, Restsymptom bei schizophrener Erkrankung, sekundäre Entwicklung bei Süchtigen, Patienten unter Neuroleptika und Lithium
- **Gefühl der Gefühllosigkeit**: Verlust von affektiver Schwingungsfähigkeit, Gefühlsleere (z.B. keine Freude, keine Trauer), wie abgestorben sein
  Vorkommen: endogene Depressionen, neurotische und psychoseaktive Depressionen (z.B. affektives Abschalten bei Inzestopfern)
- **Parathymie**: inadäquater (unangemessener) Affekt, Gefühlsausbruch stimmt nicht mit Erlebnis- bzw. Gedankeninhalt überein (z.B. Patient redet vom Tod eines Angehörigen und lacht dabei)
  Vorkommen: am ehesten bei Schizophrenen
- **Apathie**: Gefühllosigkeit, Teilnahmslosigkeit
  Vorkommen: bei Schizophrenen im späten Stadium
- **Affektstarre**: verharren in Stimmungen und Affekten, unabhängig von der Situation
  Vorkommen: organisches Psychosyndrom, Schizophrenie, chronisch gereizte Manie, Depression
- **Dysphorie**: gereizte Verstimmtheit, Übellaunigkeit
  Vorkommen: häufig bei Manien, Schizophrenie, organischen Störungen, auch persönlichkeitsbedingt
- **Ambivalenz**: Koexistenz gegensätzlicher Gefühle (z.B. Furcht und Verehrung)
  Vorkommen: bei Depressiven, Zwangskranken, manisch-depressiven Mischzuständen, Schizophrenie
- **Euphorie**: gehobene Stimmungslage
  Vorkommen: Leitsymptom manischer Syndrome bei Manie, aber auch bei Schizophrenie, organischen Störungen

– **Angst**: als freiflottierende, unbestimmte Angst und als anfallsartig auftretende Panik
Vorkommen: Leitsymptom der Angststörungen
– **Störung der Vitalgefühle:** fehlende körperliche Frische, Spannkraft, Müdigkeit, Niedergeschlagenheit, oft begleitet von Druck auf der Brust etc.
Vorkommen: Depression
– **Depressivität (Deprimiertheit):** niedergeschlagene Stimmung
Vorkommen: Leitsymptom affektiver Störungen!

A 1.56   E

A 1.57   B

A 1.58   A

A 1.59   D

A 1.60   C

A 1.61   C

A 1.62   C

Als **Antrieb** definiert man die vom Willen weitgehend unabhängige, aktivierende und belebende Kraft, der alle psychischen und physischen Vorgänge hinsichtlich Tempo, Intensität und Ausdauer zugrunde liegen: Lebendigkeit, Initiative, Tatkraft. Dazugehörig ist der **Trieb** (vitale Lebensbedürfnisse wie Nahrungs-, Sexualtrieb etc.) und der **Drang** (unbestimmtes und ungerichtetes Gefühl innerer Unruhe, nach Entladung drängend).

Störungen der Elementarfunktion Antrieb und psychomotorische Störung

Als **Antriebsstörung** bezeichnet man die Steigerung oder Verminderung oder Veränderung der wirkenden Persönlichkeitskraft. Eine Veränderung, die vom Willen nicht zu steuern ist.

Zu den **Formen der Antriebsstörungen** gehören:
– **Antriebsschwäche/-mangel:** Fehlen von Spontanantrieb mit Trägheit, Mangel an Leistung
– **Antriebshemmung:** Verringerung des bevorstehenden Antriebs, besonders bei Depressionen
– **Antriebssteigerung:** erhöhte Aktivität, starker Bewegungsdrang
– **Beschäftigungsdrang:** motorische Unruhe mit scheinbar gerichteten, oft aber sinnlosen Tätigkeiten (z.B. Flocken wegwischen, Geld sammeln)
Vorkommen: schwere Körperkrankheiten, endokrine Störungen, diffuse und lokale Hirnschädigungen, affektive und schizophrene Psychosen, psychoseaktive und neurotische Störungen, pharmakologische Antriebsbeeinflussung

Psychomotorische Störungen

Psychomotorische Störungen definiert man als Störung der durch psychische Vorgänge gesteuerten Bewegungen, die Desintegration von psychischen und motorischen Funktionen.
Zu den **Formen der psychomotorischen Störungen** gehören:
– **Hyperkinese:** Bewegungsunruhe von impulsivem (plötzlichem) Charakter
Vorkommen: z.B. bei hirngeschädigten Kindern, Steigerung der Motorik bei Psychosen
– **Hypokinese, Akinese:** Bewegungslosigkeit/Mangel an Bewegung
– **Katalepsie:** langes und starkes Beibehalten unnatürlicher Haltung
– **Stupor:** relative Bewegungslosigkeit mit Einschränkung der Reizaufnahme und Reaktion (z.B. vor Schreck/Angst erstarrt)
Vorkommen: psychogen, bei Depressionen, bei körperlich bedingten psychischen Störungen
– **Raptus:** ungeordneter Bewegungssturm (plötzlich aus der Reihe heraus schreien,

toben, gegen die Wände/Türen rennen oder Anwesende angreifen)
Vorkommen: z.B. bei katatoner Erregung
– **Stereotypien**: gleichförmig wiederholte Bewegungen verschiedenster Art
– **Tic**: stereotyp wiederholte Bewegung in Mimik oder Gestik, zwangsartig, abhängig von Stimmung, Spannung und Intensität (psychogen)

A 1.63   C

Von einer Störung der Vitalgefühle spricht man, wenn ein Patient sich in seiner Vitalität und Lebendigkeit, d.h. in seiner körperlichen und seelischen Vitalität, eingeschränkt erlebt.

A 1.64   A

A 1.65   C

A 1.66   B

Der Stupor unterscheidet sich von der Akinese („herabgesetzte oder fehlende Bewegung, Bewegungslosigkeit") dadurch, dass der Patient auf äußere Reize nicht mehr oder nur noch mit Einschränkung reagiert.

A 1.67   D

A 1.68   A

A 1.69   D

A 1.70   D

A 1.71   D

Ich-Störungen sind als Störungen des Einheitserlebens des Ichs im aktuellen Augenblick definiert. Zu den **Formen** gehören:
– **Entfremdungserlebnisse:**
 1. Depersonalisation: häufigste Form sich selbst als fern, automatenhaft, unvertraut, unwirklich vorzukommen. Das Einheitserleben des Ichs/Selbst, die Identität im Zeitverlauf ist gestört. Ge-

fühle abnormer Veränderungen des Körpers bzw. einzelner Körperstellen
 2. Derealisation: abnormes Erleben der menschlichen und sachlichen Umwelt
– **Beeinflussungserlebnisse**: Gedankenentzug, Gedankenausbreitung, Gedankeneingebung, Willensbeeinflussung, leibliche Beeinflussung (das Gefühl, dass das Erleben von außen gemacht wird), z.B. bei Hypnose, Bestrahlung, oft Symptom bei Schizophrenie
– **Transitivismus**: Projektion des eigenen Krankseins auf andere
– **Autismus**: Isolierung des Ichs, Abschottung in die eigene Welt
– **doppelte Persönlichkeit**: hintereinander auftretende Zustände unterschiedlichen Bewusstseins ohne Kenntnis der einen Form von der anderen, bei multipler Persönlichkeit (Dr. Jekyll and Mr. Hyde)
Vorkommen: bei Gesunden in besonderen Situationen wie Ermüdung, Erschöpfung, Isolation, Pubertät, Adoleszenz, Klimakterium, bei neurotischer und endogener Depression, Manie, Schizophrenie, toxisch und körperlich begründbaren Psychosen, Wahn, organischem Psychosyndrom, Borderline-Persönlichkeitsstörung

A 1.72   B

Gedankenausbreitung gehört zur Gruppe der Ich-Störungen: Veränderung der Ich-Haftigkeit, wobei die Grenzen zwischen Ich und Außenwelt nicht mehr eindeutig sind.
Zu den Ich-Störungen zählt auch Depersonalisation, Derealisation, Gedankenentzug, Gedankenlesen, Gedankeneingebung und Fremdbeeinflussungserlebnisse (Schizophrenien!).

A 1.73   C

A 1.74   C

A 1.75   A

A 1.76   D

A 1.77   1 A, 2 C, 3 D, 4 B

> *Hinweis:* Wir haben hier eine Sammlung von Fragen zusammengestellt, die das gesamte Gebiet der Elementarfunktionen umfassen. Es soll als Training für Sie dienen. Für die **Prüfung** müssen Sie folgende Elementarfunktionen beherrschen: **Bewusstsein, Orientierung, Wahrnehmung, Denken, Affektivität.**

NEUROTISCHE UND SOMATOFORME STÖRUNGEN ("NEUROSEN")

A 2.1   A

🖉 Die ICD-10 definiert eine neurotische Störung als Störung der Erlebnis- und Konfliktverarbeitung, die sich im wesentlichen aufgrund krankmachender psychosozialer Faktoren entwickelt – *eben ohne nachweisbare organische Grundlage.* Der neurotisch Kranke besitzt eine ungestörte Wahrnehmung der Realität. Somit ist die soziale Einordnung erhalten und der Verlauf nicht so zerstörerisch wie bei den Psychosen. **Entstehung** (aus psycho-dynamischer Sicht): Eine Neurose entsteht aus einer Störung der kindlichen Entwicklung, und zwar aus inadäquaten, kompromisshaften Verarbeitungen von Konflikten.
Konflikte sind hier:
– Nähe-Distanz-Konflikt
– Abhängigkeitskonflikt
– Aggressionskonflikt
– Trennungskonflikt
– sexueller Triebkonflikt
– Selbstwertkonflikt
Die Verdrängung in der Kindheit bringt **zwei Gewinne** für das Kind:
– Die Angst wird verdrängt und damit nicht gespürt.
– Es erhält positive Verstärkung von außen (oft in Form von "braves Kind!").
Ein neurotisches Symptom bricht aus, wenn ein kindlicher Konflikt aktualisiert und weiterhin verdrängt wird.
Für den Erwachsenen liegt der Gewinn durch die neurotische Symptombildung in der
– Angstminderung (primärer Krankheitsgewinn) und
– in der Reaktion der Umwelt, die oft dazu beiträgt, dass Symptom aufrechtzuerhalten (sekundärer Krankheitsgewinn)

A 2.2   A 2, B 4

A 2.3   C

🖉 Die orale Phase dauert bis zum zweiten Lebensjahr.

A 2.4   D

A 2.5   C

A 2.6   C

🖉 Die Selbstwertproblematik wird als mögliche Manifestation infolge Störungen während der oralen Phase gesehen.

A 2.7   B

Verstärktes Erleben des eigenen Selbst tritt in der genitalen Phase (Pubertät) auf.

A 2.8   C

A 2.9   D

A 2.10   D

A 2.11   A

🖉 In der genitalen Phase/Pubertät kommt es zum Autonomiebedürfnis vs. Abhängigkeit von den Eltern!

A 2.12   D

A 2.13   A 1, B 2, C 3

A 2.14   D

🖉 **Instanzenlehre:** FREUD formulierte das Strukturmodell der drei Instanzen, die das Selbst bilden: Es – Ich – Über-Ich.

„**Es**" steht für die Gesamtheit der Triebe (Lust-Unlust-Prinzip), Hauptträger ist die psychische Energie (Libidoenergie), sie richtet sich auf Objekte, die Lustgewinn verschaffen, das „**Ich**" umfasst die koordinierenden Funktionen zur Regelung der Beziehungen des Individuums zu seiner Umgebung nach dem Realitätsprinzip, seine Mechanismen/Strategien sind *Anpassung, Ausgleich* und *Kompromiss*, zum Überleben trägt es bei, durch *logisches Denken, Kausalität, Gedächtnisfunktion* und *Angstgefühl*, man sagt, das „Ich" kämpft an zwei Fronten und versucht Ausgleich zu schaffen (zwischen „Es" und „Über-Ich"), der Kampf erzeugt Angst, die entweder durch Problemlösung oder Verdrängung geklärt wird, das „**Über-Ich**" enthält die moralischen Maßstäbe sowie die Idealbildung (es besteht aus dem *Gewissen* und dem *Ich-Ideal*), mit Hilfe des „Über-Ich" wird die gesellschaftliche Ordnung aufrechterhalten (abgeleitet von den Verboten der Eltern).

A 2.15 D

A 2.16 A

A 2.17 B

A 2.18 Verdrängung, Projektion, Verleugnung, Identifikation, Reaktionsbildung, Regression, Verschiebung, Rationalisierung, Wendung gegen das Selbst, Sublimierung, Isolierung, Ungeschehenmachen

 Die Hauptabwehrstrategien sind:

1. **Verdrängung**: „Was ich nicht weiß, macht mich nicht heiß" – die mit dem Gesamtleben nicht zu vereinbarenden Impulse oder Erlebnisse werden in den Bereich des Unbewussten verdrängt. Wirkt aus dem Unterbewusstsein heraus (bleibt wirksam!).
2. **Verleugnung**: Schmerzhafte bzw. unangenehme Teile der Realität werden verleugnet „Es kann nicht sein, was nicht sein darf!"
3. **Projektion**: Projektion wird oft als Übertragung bezeichnet (z.B. Deutsche – Juden, Fremdenhaß). Eigene Wünsche, Triebe, Konflikte werden nach außen verschoben und dort häufig bekämpft, denn für das „Ich" ist es einfacher, etwas außen zu bekämpfen als im Inneren.
4. **Identifikation**: Ziele, Bestrebungen, Persönlichkeitscharakteristika werden in das eigene Selbst integriert und damit sich zu eigen gemacht. Schützt vor Schmerz, Trauer, Angst.
5. **Reaktionsbildung**: Verkehrung ins Gegenteil (Kind, 8 Jahre, bekommt Geschwisterkind, welches die Einzelposition (König) bedroht. Im Gegenzug entstehen Mordgedanken, die es aber nach außen hin anders zeigt (mit Fürsorge und Liebe).
6. **Regression**: Rückzug in frühere Entwicklungszeiten, die harmonischer waren. Häufig bei Alkoholikern zu sehen (versuchen eine Art Kontrollverlust zu kreieren). Häufige Reaktion auf starke Kränkung und damit verbundenen Frustrationen.
7. **Verschiebung:** Konflikthaft erlebte Impulse gegenüber einer Person werden auf andere Personen oder Sachen verschoben. Phobien – darunter steckt normalerweise eine tiefe Lebensangst (Spinne oder Hundeangst kann leicht vermieden werden, Lebensangst nicht!)
8. **Rationalisierung**: der Versuch, etwas eine moralisch akzeptable Motivation zuzuschreiben. „Damit du ein guter Mensch wirst, muss ich …" oder „Ich meine es ja nur gut mit dir."
9. **Wendung gegen das Selbst**: die Wendung eines Triebimpulses gegen die eigene Person – Autoaggression (psychischer Bereich: Depression)
10. **Sublimierung**: sozial bzw. kulturell akzeptierte und gratifizierte Ersatzbetätigung für das Ausleben von Triebimpulsen (viel bei helfenden Berufen)
11. **Isolierung**: Gedanken werden von anderen Gedankenverknüpfungen isoliert und

damit getrennt gehalten. Oft bei Depressiven („mich liebt ja doch keiner") – Isolierung vor mentalen Abläufen

12. **Ungeschehenmachen (Zwangshandlung):** die Bestätigung vorangegangener Handlungen/Gedanken durch neue Gedanken/Handlungen, die häufig gegenteilige Bedeutung haben

13. **Konversion:** Ein psychischer Konflikt wird in ein Körpersymptom umgesetzt. „Schmerzproblematik."

 Abwehrmechanismen sind bis zu einem gewissen Grad notwendig!

A 2.19   B

 Aussage 4 gehört zum Abwehrmechanismus der Identifikation.

A 2.20   A

A 2.21   C

A 2.22   A 4, B 2, C 1, D 3

A 2.23   C

A 2.24   D

A 2.25   B

A 2.26   D

A 2.27   A

A 2.28   B

A 2.29   C

A 2.30   D

A 2.31   B

A 2.32   C

A 2.33   A

A 2.34   A

A 2.35   D

A 2.36   Agoraphobie, Klaustrophobie, Tierphobie, Akrophobie, Erythrophobie

A 2.37   D

A 2.38   B

A 2.39   E

A 2.40   D

A 2.41   D

A 2.42   D

A 2.43   C

A 2.44   D

In der Therapie geht es um die Bedeutung und die Bearbeitung von Verlusten. Der Klient hat die Verluste von ihm nahestehenden Personen nicht vollständig verarbeitet.

A 2.45   B

A 2.46   B

A 2.47   A

A 2.48   D

A 2.49   D

A 3.1   A

 Von **Persönlichkeitsstörungen** spricht man, wenn bestimmte Merkmale der Persönlichkeitsstruktur in besonderer Weise ausgeprägt, unflexibel und wenig angepasst sind, so dass sich hieraus ernsthafte Lebenszustände oder Konflikte ergeben.

Die Abweichung vom gesunden Seelenleben besteht in der Prägnanz und Dominanz des jeweiligen Merkmals. Unsicherheit z.B. ist in gewissem Maße jedem Menschen gemäß. In extremer Ausprägung jedoch macht sie sich hinderlich und störend bemerkbar. Man spricht dann von selbstunsicherer oder sensitiver Persönlichkeitsstörung.

Im Gegensatz zu Neurotikern sind die Verhaltensweisen oft schon, wie Persönlichkeitszüge, lange da. Einige Persönlichkeitsstörungen sind mit „Charakterneurosen" (= frühe Störung/strukturelle Ich-Störung) identisch, d.h., es sind die gleichen Personen gemeint: Anankastische (= ängstliches und äußerst gewissenhaftes Verhalten), Schizoide, Hysterische, Depressive und Sensitive.

Es besteht keine regelhafte Beziehung zwischen schizoider Persönlichkeitsstörung und Schizophrenie, sondern bei später psychotischen Menschen findet man verschiedene Ausgangspersönlichkeiten und Persönlichkeitsstörungen.

Ätiologie (Entstehungsbedingungen)

Eine **Persönlichkeitsstörung** kann aufgrund **verschiedener Faktoren** entstehen:

- **genetische Faktoren**: Bei der Untersuchung von Zwillingen zeigte sich, dass eineiige Zwillinge gegenüber zweieiigen Zwillingen häufiger in der Persönlichkeitsstörung übereinstimmen. Adoptierte Kinder weniger Persönlichkeitsstörungen zeigten als in der Adoptivfamilie.
- **Erworbene Hirnschäden** sind an der Entstehung von Persönlichkeitsstörungen mitbeteiligt.
- **Entwicklungsbedingungen**: Reaktionen auf Umwelteinflüsse und soziale Bedingungen in der Kindheit sind für die Entstehung von Persönlichkeitsstörungen maßgeblich.

Persönlichkeitsstörungen können zu drei großen Krankheitsgruppen der Psychiatrie in Bezug gesetzt werden:
- neurotischen Störungen
- Psychosen
- hirnorganischen Krankheiten

Verlauf und Prognose

Die Persönlichkeitsmerkmale bleiben im Laufe des Lebens qualitativ weitgehend unverändert, der Ausprägungsgrad ist aber im Laufe der Zeit und in Abhängigkeit von den Lebenssituationen und Umweltgegebenheiten unterschiedlich.

Mit fortschreitendem Alter oft Abschwächung der Merkmalsakzentuierung. In Bezug auf die Lebensbewältigung gilt für Menschen mit Persönlichkeitsstörung in etwa die Drittelregel:
- **bei ca. $1/3$ ungünstiger Verlauf** (Versagen, Konflikte, ständige ärztliche Behandlung)
- **bei ca. $1/3$ kompromisshafte Lebensbewältigung** (Einengung der Umweltbeziehungen zugunsten von Entlastung und Ausgleich)
- **bei ca. $1/3$ günstiger Verlauf mit ausreichender Lebensbewältigung**

Spezifische Persönlichkeitsstörungen

Spezielle **Formen** sind:
- paranoide Persönlichkeitsstörung
- schizoide Persönlichkeitsstörung
- dissoziale Persönlichkeitsstörung
- emotional instabile Persönlichkeitsstörung
- histrionische Persönlichkeitsstörung
- anankastische (zwanghafte) Persönlichkeitsstörung
- sensitive (selbstunsichere) Persönlichkeitsstörung
- asthenische (abhängige) Persönlichkeitsstörung
- hyperthyme Persönlichkeitsstörung („Zyklothymia")
- depressive Persönlichkeitsstörung („Dysthymia")

A 3.2 C

A 3.3 A

A 3.4 B

A 3.5 C

A 3.6
- paranoide Persönlichkeitsstörung
- schizoide Persönlichkeitsstörung
- dissoziale Persönlichkeitsstörung
- emotional instabile Persönlichkeitsstörung
- histrionische Persönlichkeitsstörung
- anankastische Persönlichkeitsstörung
- sensitive Persönlichkeitsstörung
- asthenische Persönlichkeitsstörung
- hyperthyme Persönlichkeitsstörung
- depressive Persönlichkeitsstörung

A 3.7 C

A 3.8 C

A 3.9 A

A 3.10 D

A 3.11 A

A 3.12 B

A 3.13 D

A 3.14 A

A 3.15 D

A 3.16 B

A 3.17 A

A 3.18 D

A 3.19 E

A 3.20 D

A 3.21 B

A 3.22 A

A 3.23 A

A 3.24 D

A 3.25 A

A 3.26 C

A 3.27 B

A 3.28 D

A 3.29 C

A 3.30 A

A 3.31 C

A 3.32 D

A 3.33 B

A 3.34 C

A 3.35 D

A 3.36 D

A 4.1   A

A 4.2 a C

A 4.2 b A

A 4.3   Ulcus duodeni, Colitis ulcerosa, essentielle Hypertonie, rheumatoide Arthritis, Hyperthyreose, Neurodermitis, Asthma bronchiale

A 4.4   1 D, 2 B, 3 C, 4 A

A 4.5   B

A 4.6   C

A 4.7   A

A 4.8   A

A 4.9   A

A 4.10   A

A 4.11   C

A 4.12   B

A 4.13   C

A 4.14   A

A 4.15   B

A 4.16   D

A 4.17   B

A 4.18   B

A 4.19   B

A 4.20   D

A 4.21   C

A 4.22   A

A 4.23   D

A 4.24   C

A 4.25   D

A 4.26   A

A 4.27   D

A 4.28   D

A 4.29   B

A 4.30   A

A 4.31   C

A 4.32   B

A 4.33   C

A 4.34   D

A 4.35   D

A 4.36   C

Gerade das gegenteilige Symptom ist bei der Anorexia nervosa typisch. Die Patienten sind hyperaktiv.

A 4.37   A

A 4.38   D

A 4.39   B

A 4.40   C

A 4.41   B

Psychodynamisch handelt es sich bei der Bulimia nervosa um eine orale Grundstörung. Das Bewusstsein über die Krankheit und dessen Akzeptanz gilt als Abgrenzung zur Anorexia nervosa.

A 4.42   A

A 4.43   B

A 4.44   A

A 4.45   D

A 4.46   C

A 4.47   C

SUIZIDALITÄT

A 5.1	A	A 5.8	D
A 5.2	B	A 5.9	D

Bei Suizidalität sind wir verpflich-tet zu handeln (Polizei – Notarzt)!

		A 5.10	D
		A 5.11	A
A 5.3	C	A 5.12	C
A 5.4	D	A 5.13	E
A 5.5	A	A 5.14	D
A 5.6	A	A 5.15	B
A 5.7	D	A 5.16	C

SUCHT UND ABHÄNGIGKEIT

A 6.1   **B**
✎ Als Extrem kann die anfängliche Abhängigkeit in die Sucht führen.

A 6.2   **C**

A 6.3   **D**

A 6.4   **C**

A 6.5   **E**

A 6.6   **C**

A 6.7   **D**

A 6.8   **A**

A 6.9   **C**

A 6.10   **D**

A 6.11   **B**
✎ Die alkoholische Demenz ist gegen das Delirium tremens abzugrenzen!

A 6.12   **B**

A 6.13   **D**

A 6.14   **A**

A 6.15   **D**

A 6.16   **C**

A 6.17   **D**

A 6.18   **D**

A 6.19   **A**

A 6.20   **D**

A 6.21   **C**

A 6.22   **D**

A 6.23   **C**

A 6.24   **A**

A 6.25   **C**

A 6.26   **D**

A 6.27   **2. A**
✎ § 20 StGB betrifft die Schuldunfähigkeit mit dem Kriterium des Vollrausches, § 21 StGB betrifft die geringe Schuldfähigkeit.

A 6.28   **A**

A 6.29   **D**

A 6.30   **D**

A 6.31   **D**

A 6.32   **B**

A 6.33   **C**

A 6.34   **D**

A 6.35	**A**		**A 6.38**	**D**
A 6.36	**B**		**A 6.39**	**C**
A 6.37	**C**		**A 6.40**	**D**

A 7.1　B

A 7.2　A

A 7.3　D

A 7.4　B

Es ist genau umgekehrt: depressive Phasen sind häufiger als manische. Das Verhältnis ist 3:1. Polyphasisch-monopolare Depressionen treten am häufigsten auf.

A 7.5　C

A 7.6　A

A 7.7　C

A 7.8　D

A 7.9　D

A 7.10　B

A 7.11　B

A 7.12　C

A 7.13　A

A 7.14　C

A 7.15　B

A 7.16　A

A 7.17　D

Gerade die Behandlung mit Pharmaka gehört zum wichtigsten Therapiemittel: Antidepressiva bei depressiver Phase evtl. in Kombination mit Neuroleptika bei depressiver Wahnbildung. MAO-Hemmer bei therapieresistenter Depression.

A 7.18　B

A 7.19　A

A 7.20　B

A 7.21　B

A 7.22　C

A 7.23　A

A 7.24　D

A 7.25　D

A 7.26　D

A 7.27　A

A 7.28　B

A 7.29　D

A 7.30　A

A 7.231　B

A 7.32　D

A 7.33   A 3, B 1, C 2, D 4

A 7.34   C

A 7.35   A

A 7.36   D

A 7.37   B

A 7.38   D

✎ Die Mischung aus starken affektiven Anteilen mit sowohl depressiven Verstimmungen (Schuldgefühlen) und manischen (gehobene euphorische Stimmung, Gereiztheit) und den psychotischen Symptomen wie Halluzination (Gedankeneingebung), Wahn (Größenwahn) deuten auf eine schizoaffektive Psychose hin.

A 7.39   A

✎ Die Symptomatik deutet auf eine endogene Depression hin: vegetative Symptome und Vitalstörungen (Schlafstörung, Druck auf Brustraum, Appetitverlust), Antriebshemmung (Arbeitsunfähigkeit), Affektivität (Morgentief, depressive Verstimmung, Verzweiflung)

A 7.40   D

✎ Die Symptomatik deutet auf eine Manie hin: Affektivität (euphorisch, distanzlos), Vitalsymptome (Schlafstörung), Antrieb (Antriebssteigerung [Bewegungsdrang]), formale Denkstörung (Ideenflucht)

A 7.41   B

✎ Zu der Symptomatik einer endogenen Depression kommt ein depressiver Wahn mit Verarmungsinhalt hinzu.

SCHIZOPHRENIEN

A 8.1	D		**A 8.20**	E
A 8.2	C		**A 8.21**	A
A 8.3	A		**A 8.22**	D
A 8.4	D		**A 8.23**	B
A 8.5	B		**A 8.24**	D
A 8.6	D		**A 8.25**	B
A 8.7	D		**A 8.26**	A
A 8.8	D		**A 8.27**	B
A 8.9	A		**A 8.28**	E
A 8.10	A		**A 8.29**	B
A 8.11	B		**A 8.30**	A
A 8.12	A		**A 8.31**	A
A 8.13	D		**A 8.32**	B
A 8.14	A		**A 8.33**	A
A 8.15	C		**A 8.34**	D
A 8.16	A		**A 8.35**	B
A 8.17	Trema, Apophänie, Apokalyptik, terminales Stadium, Konsolidierung		**A 8.36**	A
			A 8.37	B
A 8.18	C		**A 8.38**	D
A 8.19	D			

A 8.39	A	A 8.43	D
A 8.40	D	A 8.44	A
A 8.41	A	A 8.45	B
A 8.42	D	A 8.46	B

A 9.1	B		A 9.21	C
A 9.2	C		A 9.22	C
A 9.3	A		A 9.23	B
A 9.4	D		A 9.24	D
A 9.5	B		A 9.25	A
A 9.6	D		A 9.26	A
A 9.7	1 A, 2 B		A 9.27	A
A 9.8	D		A 9.28	B
A 9.9	D		A 9.29	D
A 9.10	A		A 9.30	B
A 9.11	D		A 9.31	A
A 9.12	C		A 9.32	D
A 9.13	B		A 9.33	D
A 9.14	B		A 9.34	A
A 9.15	D		A 9.35	D
A 9.16	D		A 9.36	D
A 9.17	D		A 9.37	B
A 9.18	B		A 9.38	A
A 9.19	C		A 9.39	D
A 9.20	D		A 9.40	E

A 10.1	A		A 10.12	B
A 10.2	B		A 10.13	C
A 10.3	C		A 10.14	A

Achtung Suizidpotential! Bei Tranquilizern kommt es zur Potenzierung des Alkohols.

A 10.15   B

A 10.16   C

A 10.17   D

A 10.4   C

Wegen der Entzugssymptome ist eine ambulante Dosisreduktion über mehrere Wochen ratsam.

A 10.18   1 A, 2 B, 3 A, 4 C

A 10.19   D

A 10.5	A		A 10.20	E
A 10.6	A		A 10.21	B
A 10.7	1 A, 2 A, 3 A, 4 B		A 10.22	C
A 10.8	D		A 10.23	A
A 10.9	B		A 10.24	A
A 10.10	D		A 10.25	B
A 10.11	C		A 10.26	C

A 11.1	A		A 11.14	C
A 11.2	C		A 11.15	B
A 11.3	D		A 11.16	C
A 11.4	A		A 11.17	C
A 11.5	C		A 11.18	B
A 11.6	D		A 11.19	B
A 11.7	B		A 11.20	D
A 11.8	D		A 11.21	A
A 11.9	D		A 11.22	A
A 11.10	A		A 11.23	D
A 11.11	A		A 11.24	A
A 11.12	C		A 11.25	D
A 11.13	C			

A12

GESETZE

A 12.1	**A**		**A 12.8**	**A**
A 12.2	**B**		**A 12.9**	**B**
A 12.3	**D**		**A 12.10**	**C**
A 12.4	**B**		**A 12.11**	**C**
A 12.5	**D**		**A 12.12**	**C**
A 12.6	**A**		**A 12.13**	**C**
A 12.7	**C**		**A 12.14**	**D**

A 13.1	B		A 13.14	C
A 13.2	C		A 13.15	D
A 13.3	C		A 13.16	D
A 13.4	D		A 13.17	B
A 13.5	D		A 13.18	E
A 13.6	C		A 13.19	E
A 13.7	C		A 13.20	B
A 13.8	A		A 13.21	D
A 13.9	B		A 13.22	C
A 13.10	A		A 13.23	C
A 13.11	C		A 13.24	E
A 13.12	D		A 13.25	C
A 13.13	C		A 13.26	C

BEHANDLUNGSFORMEN

A 14.1	B		A 14.14	A
A 14.2	C		A 14.15	C
A 14.3	A		A 14.16	B
A 14.4	E		A 14.17	E
A 14.5	C		A 14.18	B
A 14.6	D		A 14.19	D
A 14.7	C		A 14.20	E
A 14.8	B		A 14.21	D
A 14.9	C		A 14.22	C
A 14.10	A		A 14.23	E
A 14.11	A		A 14.24	C
A 14.12	B		A 14.25	B
A 14.13	E			

AMTSARZTFRAGEN
aus den Jahren
1994–2002

1 **Bitte kreuzen Sie die richtige Antwort an!**
Ist Psychotherapie Ausübung der Heilkunde?

(A) Ja, wenn sich die Behandlung auf Patienten mit seelischen Störungen erstreckt.
(B) Ja, wenn sie eigenverantwortlich-selbständig durchgeführt wird.
(C) Nein, wenn nur eine verhaltenstherapeutische Behandlung, z.B. bei Phobien oder Zwangssymptomen, durchgeführt wird.
(D) Nein, da der Beruf des Psychotherapeuten kein Beruf mit Bezeichnungsschutz ist und sich daher prinzipiell jedermann als Psychotherapeut bezeichnen darf.

2 **Bitte kreuzen Sie die richtigen Antworten an!**
Welche Voraussetzungen müssen Sie rechtlich und fachlich erfüllen, um zur Krankenbehandlung Psychotherapie ausüben zu können?

(A) Keine, da die Bezeichnung Psychotherapeut keine geschützte Berufsbezeichnung ist.
(B) Keine, sofern Sie bei einem Patienten mit einer seelischen Erkrankung, z.B. Neurose, lediglich eine wissenschaftlich anerkannte Methode anwenden.
(C) Sie benötigen eine Erlaubnis nach dem Heilpraktikergesetz.
(D) Sie benötigen ein breites medizinisches Grundwissen über organische und psychosomatische Erkrankungen und über den Verlauf von psychischen und Suchtkrankheiten.
(E) Breite medizinische Grundkenntnisse sind nicht notwendig, da Sie ohnehin nicht ärztlich tätig sind und daher auch für Schäden aufgrund einer psychotherapeutischen Behandlung nicht haftbar gemacht werden können.

3 **Bitte kreuzen Sie die richtigen Antworten an!**
Welche der nachstehend aufgeführten Therapieformen sind im Rahmen der Psychotherapie anwendbar?

(A) Hypnose
(B) Gestalttherapie
(C) Elektrokrampftherapie
(D) autogenes Training
(E) Lithiumtherapie

4 **Bitte ordnen Sie den in Liste 1 genannten Neuroseformen die in Liste 2 genannten typischen Grundformen der Angst zu!**

Liste 1
(A) depressive „Neurose"
(B) schizoide „Neurose"
(C) zwanghafte „Neurose"
(D) hysterische „Neurose"

Liste 2
(1) Angst vor Nähe, vor Abhängigkeit
(2) Angst vor Stagnation, vor dem Endgültigen
(3) Angst vor Verlust, vor Einsamkeit
(4) Angst vor Wandlung, vor Veränderung

5 **Bitte kreuzen Sie die richtige Antwort an!**
Endogene Psychosen sind:

(A) Erkrankungen, die sich auf psychische Konflikte zurückführen lassen
(B) entzündliche Erkrankungen des Gehirns
(C) abnorme Reaktionen auf traumatische Erlebnisse
(D) Folgezustände von Intoxikationen

(E) konstitutionell-genetisch bedingte oder mitbedingte Krankheiten mit Störungen der Realitätsbezüge, der Wahrnehmung, des Denkens und der Affektivität

6   **Kreuzen Sie bitte die richtige Antwort an!**
Wodurch unterscheiden sich körperlich begründbare Psychosen von endogenen Psychosen?

(A) durch das Vorliegen körperlicher Befunde bei ersteren
(B) durch die Bewusstseinstrübung bei den körperlich begründbaren Psychosen
(C) durch das Fehlen von Halluzinationen bei den körperlich begründbaren Psychosen
(D) durch das Fehlen somatischer Befunde bei den körperlich begründbaren Psychosen
(E) durch eine erbliche Verursachung der körperlich begründbaren Psychosen

7   **Beurteilen Sie den ersten und zweiten Halbsatz der nachfolgenden Aussage unabhängig voneinander sowie im Hinblick auf die kausale Verknüpfung!**
Psychische Beschwerden gehören immer auch somatisch abgeklärt, weil organische Erkrankungen die Ursache psychogen wirkender Symptome sein können.

(A) Erster Halbsatz stimmt.
(B) Erster Halbsatz stimmt nicht.
(C) Zweiter Halbsatz stimmt.
(D) Zweiter Halbsatz stimmt nicht.
(E) Die kausale Verknüpfung ist zutreffend.

8   **Beurteilen Sie den ersten und zweiten Halbsatz der folgenden Aussage unabhängig voneinander sowie im Hinblick auf die kausale Verknüpfung!**
Antidepressiva mindern früh die Suizidgefahr, weil ihr stimmungsaufhellender Effekt in der Regel dem antriebssteigernden vorausgeht.

(A) Erster Halbsatz stimmt.
(B) Erster Halbsatz stimmt nicht.
(C) Zweiter Halbsatz stimmt.
(D) Zweiter Halbsatz stimmt nicht.
(E) Die kausale Verknüpfung ist zutreffend.

9   **Bitte kreuzen Sie die zutreffenden Antworten an!**
Ein junger Mann klagt über Müdigkeit, Konzentrationsstörungen und Kopfschmerzen. Was tun Sie?

(A) autogenes Training
(B) Vorschlag einer längerfristigen Psychotherapie
(C) Befragung der Sexualität
(D) neurologische Abklärung
(E) internistische Abklärung

10   **Welche Aussage ist zutreffend?**

(A) Jede psychotische Episode kann ausschließlich durch personale Intervention ausreichend beeinflusst werden.
(B) Neuroleptika sind so zu dosieren, dass keinesfalls eine Bewegungsstörung als Nebenwirkung auftritt.
(C) Neuroleptika sind so zu dosieren, dass keinerlei produktive Restsymptomatik bestehen bleibt.
(D) Die stützende psychotherapeutische Behandlung einer psychotischen Episode spart Medikation und steigert die Befindensqualität.

(E) Auch im Intervall nach einer psychotischen Episode kann nie auf eine Dauermedikation verzichtet werden.

11 Welche Aussagen sind zutreffend? Wenn ein psychotischer Patient in begleitender Psychotherapie eine akute psychotische Episode (Rückfall) erleidet, …

(A) ist der sofortige Therapieabbruch und die Rücküberweisung zum Nervenarzt dringend erforderlich
(B) ist in der Regel eine stationäre Aufnahme erforderlich
(C) ist die Abstimmung mit dem Arzt über die Art der Krisenintervention erforderlich
(D) muss ein Compliance-Problem mit der Medikamenteneinnahme als mitauslösender Faktor bedacht werden

12 Beurteilen Sie den ersten und zweiten Halbsatz der nachfolgenden Aussage unabhängig voneinander und im Hinblick auf die kausale Verknüpfung!
Da depressive Patienten ausgeprägte Defizite im Antrieb und in ihren Handlungsinitiativen erleben, muss man sie häufig ermuntern, alle Kräfte zusammenzunehmen und einzusetzen.

(A) Erster Halbsatz stimmt.
(B) Erster Halbsatz stimmt nicht.
(C) Zweiter Halbsatz stimmt.
(D) Zweiter Halbsatz stimmt nicht.
(E) Die kausale Verknüpfung ist zutreffend.

13 Kreuzen Sie bitte die zutreffenden Antworten an!
Voraussetzung für die Unterbringung nach dem Bayerischen Unterbringungsgesetz in einem psychiatrischen Krankenhaus können sein:

(A) eine gut sichtbare Verletzung
(B) eine Gefährdung der öffentlichen Sicherheit
(C) die Krankheitseinschätzung durch nächste Angehörige
(D) eine psychische Krankheit oder psychische Störung infolge Geistesschwäche oder Sucht
(E) die Abstinenz von Suchtmitteln

14 Beurteilen Sie den ersten und zweiten Halbsatz der folgenden Aussage unabhängig voneinander sowie im Hinblick auf die kausale Verknüpfung!
Neurotische Störungen und Psychosen können die Schuld- und Geschäftsfähigkeit einschränken, weil beide die freie Willensbildung und Einsichtsfähigkeit mindern oder aufheben können.

(A) Erster Halbsatz stimmt.
(B) Erster Halbsatz stimmt nicht.
(C) Zweiter Halbsatz stimmt.
(D) Zweiter Halbsatz stimmt nicht.
(E) Die kausale Verknüpfung ist zutreffend.

15 **Welche Aussagen sind zutreffend? Jeder Patient, der eine suizidale Handlung angekündigt hat, ...**

(A) muss sofort auf eine überwachte psychiatrische Station aufgenommen werden
(B) darf ambulant weiterbehandelt werden, wenn durch einen länger bestehenden therapeutischen Kontakt eine Risikoabschätzung möglich ist
(C) kann in der Regel ambulant weiterbehandelt werden, da die meisten Ankündigungen nicht ernst gemeint sind
(D) erfordert eine eingehende Krisenintervention unter Einbeziehung von Kontaktpersonen, evtl. von anderen Therapeuten einschließlich der Abwägung einer stationären Aufnahme
(E) muss sofort zum Facharzt überwiesen werden

16 **Bitte kreuzen Sie die zutreffenden Antworten an!**

Ein 25-jähriger Mann wird durch Überaktivität, sorglose Heiterkeit, Distanzlosigkeit und Unkonzentriertheit auffällig. Krankheitsgefühl besteht nicht.

Differentialdiagnostisch sind zu bedenken oder durch weitere Befunde auszuschließen:

(A) eine Manie oder psychotische Erkrankung
(B) Frühstadium einer frontalen Hirntumorerkrankung
(C) neurologische System- oder Stoffwechselerkrankung
(D) Stimulanzienmissbrauch

17 **Bitte kreuzen Sie die zutreffenden Antworten an! Typisch für eine lange bestehende Alkoholkrankheit sind ...**

(A) Persönlichkeitsveränderung, sozialer Abstieg
(B) Libidoverlust und Eifersuchtswahn
(C) epileptische „Gelegenheits-Anfälle"
(D) Durchschlafstörungen

18 **Welche Aussage ist nicht zutreffend? Schwindel, Übelkeit und Erbrechen sind typisch bei ...**

(A) Hirntumoren mit gesteigertem Hirndruck
(B) Kreislauf-Regulationsstörungen
(C) Intoxikationen mit psychotropen Substanzen
(D) Psychosen

19 **Welche körperlichen Veränderungen kann/können auch durch eine Alkoholkrankheit bedingt sein?**

(1) vorgealtertes Erscheinungsbild
(2) Übergewicht bei wenig Essen
(3) Zittern der Hände
(4) undeutliche Aussprache
(5) schlechter allgemeiner Körperpflegezustand

(A) Keine Aussage ist richtig.
(B) Nur 3 ist richtig.
(C) Nur 3 und 4 sind richtig.
(D) Nur 1, 2, 3 und 4 sind richtig.
(E) Alle sind richtig.

20 **Bei welchen Veränderungen können Gangunsicherheiten vorkommen?**

(1) Innenohrerkrankungen
(2) Konversionsstörung
(3) Polyneuropathien
(4) orthopädische Veränderungen
(5) nach Schädel-Hirn-Verletzungen

(A) Nur 2 ist richtig.
(B) Nur 2 und 3 sind richtig.
(C) Nur 2, 3 und 4 sind richtig.
(D) Nur 1, 3, 4 und 5 sind richtig.
(E) Alle sind richtig.

21 **Zu den Zeichen, die unter Umständen auf Drogenmissbrauch hinweisen können, zählen:**

(1) trockener Mund
(2) Initiativlosigkeit
(3) innere Unruhe
(4) auffällig weite oder enge Pupillen
(5) gerötete Augen

(A) Nur 3 ist richtig.
(B) Nur 2 und 3 sind richtig.
(C) Nur 2, 3 und 4 sind richtig.
(D) Nur 1, 3 und 4 sind richtig.
(E) Alle sind richtig.

22 **Psychotherapie ist eine erlaubnispflichtige Ausübung der Heilkunst, …**

✗ (1) wenn sie der Erkennung von seelischen Krankheiten oder Leiden dient
(2) nur wenn sie eigenverantwortlich und selbständig durchgeführt wird
✗ (3) wenn eine verhaltenstherapeutische Behandlung, z.B. bei Phobien oder Zwangssymptomen, durchgeführt wird
(4) obwohl der Beruf des Psychotherapeuten keinen Bezeichnungsschutz genießt und sich daher jeder als Psychotherapeut bezeichnen darf

(A) Aussage 1 ist richtig.
(B) Aussagen 1 und 2 sind richtig.
(C) Aussagen 1, 2 und 3 sind richtig.
(D) Aussagen 1 und 3 sind richtig.
(E) Alle Aussagen sind richtig.

23 **Welche der folgenden Aussagen trifft/treffen zu?**

Eine psychotischer Patient, bei dem Sie eine begleitende Psychotherapie durchführen, erleidet plötzlich eine akute psychotische Episode. Was tun Sie?
(1) Ich intensiviere meine therapeutischen Bemühungen.
(2) Ich breche die Psychotherapie sofort ab und schicke den Patienten zum Nervenarzt (Psychiater).
(3) Ich sorge dafür, dass der Patient unmittelbar stationär eingewiesen wird.
(4) Ich stimme mich mit dem behandelnden Arzt über die Art der Krisenintervention ab.
(5) Ich wechsle das therapeutische Verfahren.

(A) Aussage 1 ist richtig.
(B) Aussage 2 ist richtig.
(C) Aussage 3 ist richtig.
(D) Aussagen 1 und 4 sind richtig.
(E) Aussagen 1 und 5 sind richtig.

24 **Bei welchen Symptomen denken Sie nicht in erster Linie an eine Psychose, sondern an eine körperliche Erkrankung?**

(A) kommentierende und dialogische Stimmen
(B) Ideenflucht
(C) Desorientiertheit
(D) Gedankenentzug
(E) Gedankeneingebung

25   Wie beurteilen Sie die folgenden Aussagen zur Selbsttötung zwangs- kranker Menschen?

(1) Ein Zwangskranker ist nie selbst- tötungsgefährdet.
(2) Zwangsgedanken und Zwangs- rituale blockieren die Ausführung einer Selbsttötungshandlung vollständig.
(3) Die Zwangsgedanken und Zwangs- rituale sind ein bedingter Schutz gegen die Vollendung einer Selbsttötung.
(4) Bei einer Abnahme der Zwangsge- danken und -rituale kann die Selbstge- fährdung zunehmen.

(A) Nur Aussage 1 trifft zu.
(B) Nur Aussage 2 trifft zu.
(C) Nur Aussagen 1 und 2 treffen zu.
(D) Nur Aussagen 3 und 4 treffen zu.
(E) Alle Aussagen sind zutreffend.

26   Welche Symptome sind verdächtig auf ein Entzugsdelir bei einer Alkoholkrankheit?

(1) optische Halluzinationen (Trug- wahrnehmungen)
! (2) Bewusstlosigkeit   *falsch*
(3) grobschlägiger Tremor
(4) Schwitzen
! (5) Alkoholgeruch   *falsch*

(A) Nur Aussage 1 trifft zu.
(B) Nur Aussage 5 trifft zu.
(C) Nur Aussagen 1 und 2 treffen zu.
✗ (D) Nur Aussagen 1, 3 und 4 treffen zu.
(E) Alle Aussagen sind zutreffend.

✗ **27   Welche Erkrankungen zählen zu den psychosomatischen Krankheiten im engeren Sinn?**

(1) Bronchialasthma
(2) Magengeschwür
(3) Colitis ulcerosa
(4) Herzasthma
(5) Zuckerkrankheit

(A) Nur Aussage 1 trifft zu.
(B) Nur Aussagen 1 und 2 treffen zu.
(C) Nur Aussagen 1, 2 und 3 treffen zu.
(D) Nur Aussagen 1, 2, 3 und 4 treffen zu.
(E) Alle Aussagen sind zutreffend.

28   Welche der folgenden Aussagen zu depressiven Episoden im Rahmen ei- ner manisch-depressiven Erkrankung des hohen Lebensalters trifft zu?

(A) Schwere Depressionen werden im hohen Lebensalter so gut wie nie beobachtet.
(B) Es handelt sich um eine normale Alterserscheinung.
(C) Es wird häufig zu Unrecht eine Demenz angenommen.
(D) Psychotherapie ist nicht hilfreich.
(C) Wegen des abzusehenden schwieri- gen Verlaufs ist besonders energisch mit Medikamenten zu behandeln.

29 ✗ **Differentialdiagnostisch kommen in Frage:**

 *Eine 45-jährige Frau leidet seit mehreren Jahren unter anhal- tenden, aber stark wechselnden Beschwerden wie Hautbrennen und Hautjucken, schmerzhaften Magen- und Darmbeschwerden, Übelkeit, Er- brechen, verbunden mit Unpässlich- keit, Gereiztheit und dem Auftreten interfamiliärer Spannungen. Eine körperliche Ursache war immer aus- zuschließen.*

(A) eine multiple psychosomatische Störung (eine vielgestaltige leibseeli- sche Somatisierungsstörung)
(B) ein hypochondrischer Wahn (die Wahngewissheit über die Existenz ei- ner nichtvorhandenen körperlichen Erkrankung)

(C) eine somatisierte, d.h. mit körperlichen Beschwerden verbundene Depression
(D) Symptome der Zuckerkrankheit
(E) typische Beschwerden der Wechseljahre

30 Bitte kreuzen Sie die zutreffende/n Antwort/en an!
Bei einer hartnäckigen und anhaltenden Schlafstörung …

(A) liegt fast immer eine psychische Ursache zugrunde
(B) können Schlafmittel unbedenklich eingesetzt werden
(C) sind unbedingt somatische Ursachen abzuklären
(D) handelt es sich gelegentlich um eine psychotische Episode

31 Beurteilen Sie den ersten und zweiten Halbsatz der nachfolgenden Aussage, unabhängig voneinander und im Hinblick auf die kausale Verknüpfung!
Die Entwöhnungsbehandlung eines Suchtkranken beginnt als stützende Therapie, da dem Patienten dadurch der Ausstieg erleichtert wird.

(A) Erster Halbsatz stimmt.
(B) Erster Halbsatz stimmt nicht.
(C) Zweiter Halbsatz stimmt.
(D) Zweiter Halbsatz stimmt nicht.
(E) Die kausale Verknüpfung ist zutreffend.

32 Welche der folgenden Aussagen ist zutreffend?
Bei einer Anorexia nervosa (Magersucht) eines jungen Mädchens …

(A) spricht eine sekundäre Amenorrhö für eine Ursache aus dem Bereich der Gynäkologie oder der Sexualentwicklung
(B) spricht eine Verschiebung verschiedener Hormon-Blut-Spiegel für eine Verursachung durch die Hirnanhangdrüse
(C) ist ein Gewichtsverlust von 40% gegenüber dem Idealgewicht lebensbedrohlich
(D) kommt differentialdiagnostisch eine Zwangskrankheit oder eine schwere Depression in Betracht

33 Welche der folgenden Aussagen ist/ sind zutreffend?
Eine leichte kognitive Störung äußert sich in verminderter intellektueller Leistungsfähigkeit oder in frühzeitiger Erschöpfung und Beeinträchtigung bei sonst angenehmen Tätigkeiten. Ursächlich kommen in Frage:

(A) HIV-Infektion (vor Aids-Manifestation)
(B) vorübergehend nach einer leichten Allgemeinerkrankung (z.B. Grippe)
(C) psychoreaktive Ursachen in Belastungssituationen
(D) eine Commotio cerebri („Gehirnerschütterung")

34 Welche der folgenden Aussagen ist/ sind nicht zutreffend?
Nicht organisch bedingte Insomnie (Schlaflosigkeit) …

(A) besteht am häufigsten in Einschlafstörungen, gefolgt von Durchschlafstörungen und morgendlichem Früherwachen
(B) entwickelt sich in zeitlichem Zusammenhang zu Belastungssituationen gehäuft bei Frauen, älteren und sozioökonomisch benachteiligten Menschen

(C) die Schlafstörung und ihre Konsequenzen sind auch während des Tages ein häufig quälender Gedankeninhalt
(D) bewirkt keinen Leidensdruck: „Jeder schläft mal schlecht."
(E) ist häufig Teil einer psychotischen Episode

35   Welche der folgenden Aussagen in Bezug auf Zwangskrankheiten trifft nicht zu?

(A) Zwangskrankheiten ohne deutlich depressive Komponente verlaufen meist chronisch.
(B) Der Zwang muss für den Patienten als eigener Gedanke oder Impuls erkennbar sein.
(C) Die Ausführung der Zwangshandlung wird als nachhaltige Erleichterung oder Belohnung erlebt.
(D) Die meisten Zwangsrituale beziehen sich auf das Bedürfnis übertriebener Reinlichkeit, Ordnung und Kontrolle.
(E) Zwänge im Rahmen psychotischer Episoden sind diagnostisch und im Therapieansatz in erster Linie der Psychose zuzuordnen.

36   Welche der nachstehend aufgeführten Therapieformen werden zur Therapie endogener Depressionen angewandt?

(A) Antidepressiva
(B) Neuroleptika
(C) Lichttherapie
(D) Schlafentzug
(E) schlaffördernde Maßnahmen

37   Bezüglich des Entzugs bei Abhängigkeit von Alkohol und Drogen gilt:

(1) Eine reine Entzugsbehandlung ist in der Regel nicht sinnvoll, weil
(2) ein Rückfall meist vorprogrammiert ist, wenn der Patient nicht in einem therapeutischen Rahmen an sich arbeitet.
(A) Aussage 1 stimmt.
(B) Aussage 1 stimmt nicht.
(C) Aussage 2 stimmt.
(D) Aussage 2 stimmt nicht.
(E) Die Verknüpfung von 1 und 2 stimmt.

38   Das präsuizidale Syndrom nach RINGEL ist charakterisiert durch:

(A) Aggressionsumkehr
(B) einen imperativen Todestrieb
(C) Isolation
(D) innere Bilanzierung
(E) Suizidphantasien

39   Welche der folgenden Aussagen zu den Zyklothymien trifft nicht zu?

(A) Zyklothymien haben einen Häufigkeitsgipfel im Sommer und Winter.
(B) Zyklothymien können wahnhaft getönt sein.
(C) Zyklothymien treten familiär gehäuft auf.
(D) Zyklothymien sind oft mit sozialem Abstieg verbunden.
(E) Zyklothymien können eine Zwangsunterbringung rechtfertigen.

40   Zu den Symptomen 2. Ranges für das Vorhandensein einer Schizophrenie zählt man:

(A) Gedankenentzug
(B) erlebte Gefühlsverarmung

(C) Wahneinfall
(D) Wahnwahrnehmung
(E) Gedankenausbreitung

41 Psychodynamisch liegt folgender Abwehrmechanismus vor:

 Ein 44-jähriger Patient entwickelt funktionelle Oberbauchbeschwerden, Appetitstörungen und Gewichtsverlust, kurz nachdem seine Mutter mit ganz ähnlichen Beschwerden in die Klinik eingewiesen wurde und dort an einem inoperablen Gallengangskarzinom verstarb.

(A) Projektion
(B) Identifikation
(C) Reaktionsbildung
(D) Ungeschehenmachen
(E) Verleugnung

42 Beurteilen Sie den ersten und zweiten Halbsatz der folgenden Aussage!

(1) Akustische Halluzinationen bei erhaltener zeitlicher und örtlicher Orientierung sprechen gegen das Bestehen einer metalkoholischen Psychose, weil (2) das Bild einer metalkoholischen Psychose immer durch optische Halluzinationen und Verwirrtheit bestimmt wird.

(A) Aussage 1 stimmt.
(B) Aussage 1 stimmt nicht.
(C) Aussage 2 stimmt.
(D) Aussage 2 stimmt nicht.
(E) Die Verknüpfung von 1 und 2 stimmt.

43 Welche der folgenden Aussagen treffen zu?

(A) Depressive Patienten können verwahrlosen, weil ihr Antrieb stark herabgesetzt ist.

(B) Zyklothymien haben einen Häufigkeitsgipfel im Sommer und Winter.
(C) Zyklothymien treten familiär gehäuft auf.
(D) Zyklothymien können wahnhaft getönt sein.
(E) Zyklothymien können eine Zwangsunterbringung rechtfertigen.

44 Symptome, die zur Fehldiagnose Schizophrenie verleiten, können auftreten bei:

(A) akutem Rauschmittelmissbrauch
(B) chronischem Rauschmittelmissbrauch
(C) Missbrauch von Psychoanalyse
(D) chronischem Alkoholismus

45 Wie lassen sich „Demenz" und „Debilität" unterscheiden? Kreuzen Sie die richtigen Antworten an!

(A) Die Debilität ist im Vergleich zur Demenz durch eine stärkere Minderung des Intelligenzquotienten gekennzeichnet.
(B) Die Debilität ist im Gegensatz zur Demenz durch einen prozesshaften Verlauf gekennzeichnet.
(C) Demenz tritt im höheren Alter auf als Debilität.

46 Das Korsakow-Syndrom kann auftreten:

(A) bei chronischem Alkoholismus
(B) nach schweren gedeckten Schädel-Hirn-Traumen
(C) als akutes, rasch remittierendes Krankheitsbild
(D) bei einer Kohlenmonoxidvergiftung

47 Bei welcher Form des Alkoholismus (nach JELLINEK) fehlt die Fähigkeit zur Abstinenz, obwohl kein Kontrollverlust vorliegt?

(A) beim Alpha-Typ
(B) beim Beta-Typ
(C) beim Gamma-Typ
(D) beim Delta-Typ
(E) beim Epsilon-Typ

48 Die höchste Suizidrate findet sich:

(A) bei 15–20jährigen
(B) bei 20–30jährigen
(C) bei 30–40jährigen
(D) bei 40–50jährigen
(E) bei Menschen über 60

49 Zu den Symptomen 1. Ranges bei Schizophrenie zählen:

(A) Gedankenlautwerden
(B) dialogische und kommentierende Stimmen
(C) optische Halluzinationen
(D) Geruchshalluzinationen
(E) Gedankeneingebung

50 Der Anteil der Suizidrate bei Männern und Frauen ist:

(A) gleich hoch
(B) bei Männern höher als bei Frauen
(C) Gegenüber Männern überwiegt die Suizidrate bei Frauen geringfügig.
(D) Die Suizidrate ist bei Frauen wesentlich höher als bei Männern.
(E) Das Geschlechterverhältnis kehrt sich mit zunehmendem Alter um.

51 Zu einem psychosebedingten Wahn gehört/gehören das/die folgende/n Merkmal/e:

(1) subjektive Gewissheit
(2) Unkorrigierbarkeit
(3) Extreme Ich-Bezogenheit
(4) Unfähigkeit, das Bezugssystem zu wechseln
(5) Wahrnehmungen, die häufig im Gegensatz zur Wahrnehmung der übrigen Menschen oder im Gegensatz zu den Naturgesetzen stehen

(A) Nur die Aussage 5 ist richtig.
(B) Nur die Aussagen 1 und 2 sind richtig.
(C) Nur die Aussagen 2, 3 und 4 sind richtig.
(D) Nur die Aussagen 3, 4 und 5 sind richtig.
(E) Alle Aussagen sind richtig.

✗52 Welche der folgenden Aussagen zu Wahrnehmungsstörungen sind richtig?

(A) Bei Wahrnehmungsstörungen wird eine reale Wahrnehmungsgegebenheit umgestaltet.
(B) Akustische Halluzinationen in Form von Rede und Gegenrede und solche, die die Handlungen des Patienten mit Bemerkungen begleiten, können auch bei organischen Psychosen vorkommen.
(C) Zu den Wahrnehmungsstörungen zählt die Metamorphopsie.

53 Welches der folgenden Krankheitsbilder liegt hier am wahrscheinlichsten vor?

 Ein 34-jähriger Bauarbeiter wird nach einem Sturz vom Baugerüst mit Rippen- und Wirbelsäulenfrakturen ins Kranken-

haus eingeliefert. Am zweiten Tag nach der stationären Aufnahme wird er unruhig und nestelt am Bettzeug. Er ist kaum noch im Bett zu halten, da er seine Situation offensichtlich verkennt.

(A) beginnende Katatonie
(B) Morbus Alzheimer
(C) beginnendes Alkoholdelir
(D) Wernicke-Encephalopathie
(E) psychisch-reaktiv ausgelöste Psychose

54 Grundpfeiler der Gesprächstherapie nach ROGERS sind:

(A) Selbstkongruenz
(B) Akzeptanz
(C) Empathie
(D) Deutungs- und Lösungsvorschläge
(E) Verbalisieren emotionaler Erlebnisinhalte

55 Die systematische Desensibilisierung ist ein Verfahren …

(A) der Hypnosetherapie
(B) der Transaktionsanalyse
(C) der Bioenergetik
(D) des Verhaltenstrainings
(E) des autogenen Trainings

56 Welche therapeutischen Verfahren zählt man zu den „aufdeckenden" Verfahren?

(A) Verhaltenstherapie
(B) analytische Psychotherapie
(C) Flooding
(D) Psychoanalyse

57 Kreuzen Sie die richtige/n Antwort/en an:
Die chronische Phase beim süchtigen Trinker ist gekennzeichnet durch:

(A) Entwicklung einer Alkoholtoleranz
(B) kurze Perioden vollständiger Abstinenz
(C) morgendliche Abstinenzerscheinungen
(D) Passivität
(E) Steigerung von Depression und Angst trotz der euphorisierenden Alkoholeinwirkung

58 Welche der folgenden Aussagen über das Bild der typischen Alkoholhalluzinose treffen zu:

(A) Eine ausgeprägte Bewusstseinstrübung fehlt.
(B) Charakteristisch sind akustische Halluzinationen bei paranoid-ängstlicher Gestimmtheit.
(C) Charakteristisch ist eine sinn- und zwecklose stereotype Leerlaufmotorik wie Nesteln, Fädenziehen etc.
(D) Eine Alkoholhalluzinose dauert in der Regel nicht länger als Stunden.

59 Zu den Ich-Störungen gehören Phänomene wie:

(A) Derealisation
(B) Depersonalisation
(C) Gedankenausbreitung
(D) Gedankeneingebung
(E) Gedankenentzug

60 **Beurteilen Sie die Richtigkeit und die Verknüpfung der beiden Halbsätze!**

(1) Bei einer akuten Panikattacke sind Tranquilizer absolut kontraindiziert, weil
(2) der Patient auf das Medikament fixiert werden kann.
(A) Aussagen 1 und 2 sind richtig, die Verknüpfung ist richtig.
(B) Aussagen 1 und 2 sind richtig, die Verknüpfung ist falsch.
(C) Aussage 1 ist richtig, Aussage 2 ist falsch.
(D) Aussage 1 ist falsch, Aussage 2 ist richtig.
(E) Aussagen 1 und 2 sind falsch.

X 61 **Bewerten Sie die Aussagen der beiden Halbsätze!**

(1) Anfälle mit Bewusstseinsveränderungen müssen nicht unbedingt neurologisch abgeklärt werden,
(2) da sie wegen ihrer psychologischen Genese unter Umständen einer Kurzzeittherapie zugänglich sind.

(A) Aussagen 1 und 2 sind richtig, die Verknüpfung ist richtig.
(B) Aussagen 1 und 2 sind richtig, die Verknüpfung ist falsch.
(C) Aussage 1 ist richtig, Aussage 2 ist falsch.
(D) Aussage 1 ist falsch, Aussage 2 ist richtig.
(E) Aussagen 1 und 2 sind falsch.

62 **Welche der folgenden Aussagen trifft/ treffen zu?**

(A) Affektlabilität und Affektinkontinenz sind bei organischen Persönlichkeitsveränderungen sehr selten.
(B) Parathymie wird häufig beobachtet in manischen Phasen der Zyklothymie.

(C) Im Durchgangssyndrom beobachtet man zum Teil subdepressive und subdepressiv-ängstliche Verstimmungen.

63 **Parathymie beobachtet man häufig bei:**

(A) endogenen Depressionen
(B) Schizophrenien
(C) der Manie

64 **Welche der folgenden Aussagen ist nicht richtig?**

Zu den typischen Merkmalen einer Persönlichkeitsstörung des Borderline-Typs gehören:
(A) mangelnde Impulskontrolle und Affektschwankungen
(B) ausgeprägte Identitätsstörungen
(C) starke Aggressivität gegen sich oder andere als Folge extremer innerer Spannungszustände
(D) phasenhafter Wechsel zwischen euphorischen und depressiven Stimmungen
(E) gestörte zwischenmenschliche Beziehungen, begleitet von dem Gefühl der Einsamkeit
(F) erhöhte Suizidgefahr

65 **Welche der folgenden Aussagen zur Entwöhnungsbehandlung Suchtkranker ist zutreffend?**

(A) Oberstes Prinzip ist die Abschreckung („Aversionsbehandlung").
(B) Der Patient ist mit dem Abklingen der körperlichen Entzugssymptome praktisch entwöhnt.
(C) Eine stationäre Entwöhnungsbehandlung dauert nach wie vor neun bis zwölf Monate.

(D) Die Entwöhnungsbehandlung muss auf die individuellen Ursachen und die Entstehungsbedingungen der Suchtkrankheit eingehen.

(E) Die Entwöhnungsbehandlung beschränkt sich realistischerweise auf die Vorsatzbildung zur Abstinenz.

66 Welche der folgenden Aussagen zur Ausübung der Psychotherapie treffen zu?

(1) Um Psychotherapie ausüben zu dürfen, benötigen Sie eine Erlaubnis nach dem Heilpraktikergesetz.

(2) Sie benötigen keine medizinischen Grundkenntnisse, da Sie nicht berechtigt sind, einen Patienten medikamentös zu behandeln.

(3) Sie benötigen umfassende medizinische und psychologische Grundkenntnisse, um Ihre Tätigkeit von der eines Arztes oder Heilpraktikers abzugrenzen.

(4) Sie dürfen auch ohne rechtliche Voraussetzungen Psychotherapie ausüben, wenn sich ihre Tätigkeit auf psychische Krankheiten beschränkt.

(A) Nur Aussage 1 ist richtig.
(B) Nur Aussagen 1 und 3 sind richtig.
(C) Nur Aussagen 1 und 4 sind richtig.
(D) Nur Aussagen 1, 2 und 4 sind richtig.

67 Welche der folgenden Aussagen sind richtig?
Die Erlaubnis zur Ausübung der Heilkunde durch nicht-ärztliche Psychotherapie …

(1) berechtigt, homöopathische Medikamente zu verordnen

(2) berechtigt nicht dazu, die Berufsbezeichnung Heilpraktiker zu führen

(3) berechtigt dazu, allopathische Mittel zu verordnen

(4) stellt es dem Antragsteller frei, sich Psychotherapeut zu nennen

(A) Nur Aussage 1 ist richtig.
(B) Nur Aussage 4 ist richtig.
(C) Nur Aussagen 1, 2 und 4 sind richtig.
(D) Nur Aussage 2 ist richtig.
(E) Alle Aussagen stimmen.

68 Welche der folgenden Aussagen ist richtig?
Die öffentlich-rechtliche Unterbringung nach dem Bayerischen Unterbringungsgesetz ist möglich:

(A) auf Antrag von Familienmitgliedern oder Verwandten

(B) durch den Notarzt

(C) wenn jemand infolge einer psychischen Erkrankung oder einer Sucht die öffentliche Sicherheit und Ordnung gefährdet

(D) wenn jemand von Suchtmitteln oder Medikamenten abhängig ist

69 Kennzeichen für eine lange Alkoholabhängigkeit sind:

(1) Persönlichkeitsveränderung und sozialer Abstieg

(2) Libidoverlust und Eifersuchtswahn

(3) Palmarerythem und Petechien (gerötete Handflächen und punktförmige Hautblutungen)

(4) polyneuropathologische Ataxien

(A) Nur Aussagen 1 und 2 sind richtig.
(B) Nur Aussagen 3 und 4 sind richtig.
(C) Nur Aussagen 1 und 4 sind richtig.
(D) Nur Aussagen 1, 2 und 4 sind richtig.
(E) Alle Aussagen sind zutreffend.

X 70 **Was tun Sie?**

 Ein Patient kommt in ihre Praxis und besteht trotz ihrer therapeutischen Bemühungen unbeirrt darauf, seinen Nebenbuhler mit einem Messer umzubringen. Er deutet auch seinen Plan an und zeigt ein langes Küchenmesser vor.

(A) Ich lasse ihn gehen, weil derartige Drohungen ohnehin nie in die Tat umgesetzt werden.
(B) Ich setze die Familienangehörigen in Kenntnis und warne seinen Nebenbuhler.
(C) Ich benachrichtige den behandelnden Arzt, damit er ihm beruhigende Medikamente verschreibt.
(D) Ich benachrichtige die Polizei.
(E) Ich rufe den Notarzt bzw. den ambulanten Notdienst.

71 **Hinsichtlich der Zyklothymie (manisch-depressive Erkrankung) ist folgende Aussage richtig:**

(A) Der Krankheitsgipfel liegt bei schwülem Sommerwetter.
(B) Die Depression ist gekennzeichnet durch Antriebslosigkeit, Niedergeschlagenheit, Apathie und Interesselosigkeit.
(C) Eine familiäre Häufung von Zyklothymien konnte bisher nicht nachgewiesen werden.
(D) Eine manisch-depressive Erkrankung tritt meist einmalig auf und verschwindet anschließend vollkommen.

72 **Welche Aussagen bezüglich der Behandlung schizophrener Psychosen sind richtig?**

(1) Eine Behandlung durch Neuroleptika mindert den psychotischen Leidensdruck des Patienten.

(2) Nach einer Behandlung durch Neuroleptika ist der Kranke besser ansprechbar für eine begleitende Psychotherapie.
(3) Neuroleptika können so dosiert werden, dass keine Nebenwirkungen auftreten.
(4) Eine begleitende Psychotherapie ermöglicht eine Dosissenkung und verbessert die Befindlichkeit des Kranken.

(A) Nur Aussage 1 ist richtig.
(B) Nur Aussagen 2 und 4 sind richtig.
(C) Nur Aussagen 1, 2 und 4 sind richtig.
(D) Nur Aussagen 1, 2 und 3 sind richtig.
(E) Alle Aussagen stimmen.

73 **Welche der folgenden Aussagen zur Morphin-Abhängigkeit in der Nicht-Entzugs-Phase sind richtig? Typische Symptome sind:**

X (1) Pupillenverengung
X (2) Appetitlosigkeit
(3) Durchfall
X (4) Nachlassen der Libido
X (5) Abmagerung

(A) Nur Aussagen 1 und 4 sind richtig.
(B) Nur Aussagen 1, 2 und 4 sind richtig.
(C) Nur Aussagen 1, 2, 4 und 5 sind richtig.
(D) Nur Aussagen 2, 3, 4 und 5 sind richtig.
(E) Alle Aussagen sind richtig.

74 **Welche Gedanken zur Diagnose kommen in Frage?**

 Ein 50-jähriger Mann kommt blass und atemlos in Ihre Praxis im ersten Stock. Er sagt, man müsse wohl für alles seinen Preis bezahlen, alte Häuser haben eben noch

keinen Lift. Er gibt an, dass er immer wieder in letzter Zeit stechende Magenschmerzen habe. Vor mehreren Jahren sei er schon einmal auf Kur gewesen. Dort habe man ihm geraten, einen Psychotherapeuten aufzu-suchen. Er habe nun lange gezögert, aber jetzt müsse er wohl was tun, weil die Schmerzen wieder so stark geworden seien, dass er es bald nicht mehr aushalte. Alles sei in Aufruhr innerlich, sogar sein Darm, so dass er seit einiger Zeit pechschwarzen Stuhl ausscheide. Öfter sei ihm schwinde-lig. Er habe auf der Kur gelernt, sich selbst zu beobachten und er wisse auch, was mit ihm los sei. Er habe eben viel Ärger und Stress. Ein junger Kollege ist ihm bei der Beförderung vorgezogen worden, und das erlebe er als eine grobe Benachteiligung. Im Gespräch spüren Sie den Neid und Ärger des Patienten, und es wird rasch deutlich, dass der Patient sein Leben lang um Anerkennung hat kämpfen müssen und sich vollständig benachteiligt fühlte. So habe auch in seiner Kindheit der ältere Bruder „beim Vater immer einen Stein im Brett gehabt. Ich aber habe seinen Magen geerbt. Der hatte auch immer Probleme damit." Der Patient er-wähnt seine Enttäuschung über die Ärzte, die „ihm immer nur Tabletten geben", er sei deshalb schon lange nicht mehr beim Arzt gewesen.

(1) Es handelt sich aller Wahrschein-lichkeit nach um eine Erkrankung des Magen-Darm-Trakts (Magengeschwür, Ulcus duodeni etc.) mit psychosomati-scher Ursache.
(2) Zugrunde liegt eine typische Kon-fliktkonstellation (Neid, Ärger) bei ge-netisch bedingter Prädisposition.
(3) Als erstes gilt es, die Erkrankung internistisch abzuklären.

(4) Eine bösartige Erkrankung muss ausgeschlossen werden.
(5) Empfehlenswert wäre eine Psycho-therapie (tiefenpsychologisch orien-tiert), evtl. stationär in einer psycho-somatischen Klinik.

(A) Nur Aussagen 1 und 4 sind richtig.
(B) Nur Aussagen 1, 2 und 4 sind rich-tig.
(C) Nur Aussagen 1, 2, 4 und 5 sind richtig.
(D) Nur Aussagen 2, 3, 4 und 5 sind richtig.
(E) Alle Aussagen sind richtig.

75   Bei welchen körperlichen Verände-rungen können Gangunsicherheiten (Ataxien) auftreten?

(1) Innenohrerkrankungen
(2) Konversionsstörung
(3) Muskel- und Gelenkkrankheiten
(4) nach Schädel-Hirn-Verletzungen
(5) bei neuropathologischer Schädi-gung des peripheren Nervensystems

(A) Nur Aussagen 1 und 4 sind richtig.
(B) Nur Aussagen 1, 2 und 4 sind rich-tig.
(C) Nur Aussagen 1, 3, 4 und 5 sind richtig.
(D) Nur Aussagen 2, 3, 4 und 5 sind richtig.
(E) Alle Aussagen sind richtig.

76   Jemand hat Orientierungsstörungen und optische Halluzinationen. Was kommt differentialdiagnostisch in Frage?

(1) Alkoholdelir
(2) Delir nach Medikamentenmiss-brauch
(3) eine endokrine Störung
(4) ein Hirntumor

(A) Nur Aussagen 1 und 2 sind richtig.
(B) Nur Aussagen 1, 2 und 4 sind richtig.
(C) Nur Aussagen 1, 3 und 4 sind richtig.
(D) Nur Aussagen 1, 2 und 3 sind richtig.
(E) Alle Aussagen sind richtig.

77 Ein 25-jähriger Mann wird durch Überaktivität, sorglose Heiterkeit, Distanzlosigkeit und Unkonzentriertheit auffällig. Krankheitsgefühl besteht nicht. Differentialdiagnostisch sind zu bedenken oder durch weitere Befunde auszuschließen:

(1) eine Manie
(2) Frühstadium einer Hirntumorerkrankung (Vorderhirn)
(3) eine neurologische System- oder Stoffwechselerkrankung
(4) Stimulanzienmissbrauch
(5) eine endokrine Störung

(A) Nur Aussage 1 ist richtig.
(B) Nur Aussage 2 ist richtig.
(C) Nur Aussagen 1, 2, 4 und 5 sind richtig.
(D) Nur Aussagen 1, 3 und 4 sind richtig.
(E) Alle Aussagen sind richtig.

78 Wie schätzen Sie den Fall diagnostisch ein?

 Eine 65-jährige Patientin wird von ihrer Tochter in die Praxis gebracht. Die Tochter sagt, sie sei beunruhigt über ihre Mutter: „Vielleicht können Sie helfen." Die Mutter habe sich in letzter Zeit doch sehr verändert. Sie sei so schnell müde, könne sich gar nicht mehr konzentrieren und vergesse alles. Dazu komme, dass sie gereizt sei, manchmal lache sie an den falschen

Stellen und würde sich auch in der Körperpflege vernachlässigen. Kürzlich sei ihr beim Einkaufen nicht mehr eingefallen, was sie besorgen wollte und habe dann auch beim Heimgehen die Straße verwechselt. Das alles sei so ungewöhnlich für ihre Mutter, die doch immer ein so genauer und kontrollierter Mensch gewesen sei, so viel Wert auf Sauberkeit und Etikette gelegt habe. Die Mutter sitzt in sich versunken dabei und sagt, dass sie schon immer, wenn sie Hilfe brauchte, zum Heilpraktiker gegangen sei.

(1) Es handelt sich um eine dementielle Erkrankung mit typischem Abbau von Intelligenz und Veränderung der Persönlichkeit.
(2) Es handelt sich um eine neurotische Mutter-Tochter-Beziehung mit Ablöseproblematik.
(3) Ich schlage eine Therapie für Mutter und Tochter vor.
(4) Ich biete der Mutter eine begleitende Verhaltenstherapie (kognitive Therapie) an und versuche, die Verwandten therapeutisch einzubeziehen.

(A) Nur Aussage 1 trifft zu.
(B) Nur Aussagen 1 und 4 treffen zu.
(C) Nur Aussagen 2 und 3 treffen zu.
(D) Alle Aussagen sind richtig.

79 Was ist differentialdiagnostisch in Betracht zu ziehen?

 Ein junger Mann kommt in Ihre Praxis, plötzlich wird ihm schwindelig und er klagt über Übelkeit.

1. eine Magen-Darm-Erkrankung
2. ein Hirntumor (mit gesteigertem Hirndruck)
3. eine psychosomatische (somatisierte psychische) Erkrankung

4. eine Kreislaufregulationsstörung
5. eine Intoxikation

(A) Nur Aussagen 1, 4 und 5 sind richtig.
(B) Nur Aussagen 1, 3 und 4 sind richtig.
(C) Nur Aussagen 1, 2, 3 und 5 sind richtig.
(D) Alle Aussagen sind richtig.

80 Welche Behandlungsmaßnahme ist vorrangig?

 Ein junger Mann kommt in Ihre Praxis und klagt über Kopfschmerzen.

(A) Ich bestelle ihn zum autogenen Training.
(B) Ich mache den Vorschlag einer längerfristigen Psychotherapie.
(C) Ich motiviere ihn zu einer baldigen internistisch-neurologischen Abklärung.
(D) Ich befrage ihn über sein Sexualverhalten.

81 Beurteilen Sie die Richtigkeit der beiden Halbsätze und ihre Verknüpfung!

(1) Neurotische Störungen und Psychosen können die Schuld- und Geschäftsfähigkeit einschränken, weil
(2) sie die freie Willensbildung und Einsichtsfähigkeit mindern oder aufheben können.

(A) Erster Halbsatz stimmt.
(B) Erster Halbsatz stimmt nicht.
(C) Zweiter Halbsatz stimmt.
(D) Zweiter Halbsatz stimmt nicht.
(E) Erster und zweiter Halbsatz stimmen, auch die kausale Verknüpfung ist richtig.

82 Welche der folgenden Aussagen über Hebephrenie ist richtig?

(A) Typisch für die Hebephrenie sind bizarre Ideen und Verhaltensweisen.
(B) Die Hebephrenie beginnt schleichend.
(C) Eine psychotherapeutische Behandlung ist sinnlos wegen der schlechten Prognose.
(D) Hebephrenie ist einfach zu erkennen.

83 Welche der folgenden Aussagen bezüglich der Entzugs- und Entwöhnungsphase von Drogenabhängigen des Morphin-Typs trifft zu?

(A) Bei einem abrupten Entzug ist immer auch eine medikamentöse Behandlung notwendig.
(B) Vor der Entwöhnung muss immer zuerst ein Entzug stattfinden.
(C) Der Entzug sollte möglichst langsam erfolgen.
(D) Aufgrund der ausgeprägten Entzugserscheinungen ist ein ambulanter Entzug sehr problematisch.

84 Welche der folgenden Aussagen zur Suizidalität (Selbsttötungsgefährdung) trifft zu?

(A) Bei depressiven Erkrankungen ist die Gefahr eines Suizids relativ selten.
(B) Frauen mit kleinen Kindern sind wegen der großen Belastungssituationen besonders Suizid-gefährdet
(C) Auch in schwierigen Lebenssituationen ist häufig eine Suizidgefährdung in Betracht zu ziehen.
(D) Durch Neuroleptika kann die Gefahr eines Suizids vollkommen vermieden werden.

85 ✗ **Welche Aussage/n bezüglich einer Tranquilizerabhängigkeit ist/sind zutreffend?**

✗ (1) Bei einer kurzdauernden, situativen Schlafstörung können Tranquilizer eingesetzt werden.
✗ (2) Ein fester Zeitpunkt zur Beendigung der Tranquilizertherapie muss eingeplant und eingehalten werden.
✗ (3) Die Entzugssymptome (quälende Schlaflosigkeit, Nervosität, Reizbarkeit, Unkonzentriertheit, Leistungsunfähigkeit) bei Tranquilizerabhängigkeit dauern nach Absetzen in der Regel mindestens vier Wochen an und sind ambulant schwer beherrschbar.
(4) Entzug und Entwöhnung bei Schlafmittelabhängigkeit sind in der Regel einfach.
(5) Methode der Wahl zur Unterbrechung einer Schlafmittelabhängigkeit ist eine so genannte „paradoxe Schlafkur".

(A) Nur Aussage 1 ist richtig.
(B) Nur Aussagen 1 und 2 sind richtig.
(C) Nur Aussagen 1, 2 und 3 sind richtig.
(D) Nur Aussagen 1, 2 und 4 sind richtig.
(E) Alle Aussagen sind richtig.

86 **Beurteilen Sie die beiden Aussagen unabhängig voneinander sowie im Hinblick auf die kausale Verknüpfung!**

(1) Die Schizophrenia simplex ist die am leichtesten zu diagnostizierende Form der Schizophrenie, weil
(2) die Patienten initial extrem auffällig sind.

(A) Aussagen 1 und 2 sind richtig, die Verknüpfung ist richtig.
(B) Aussagen 1 und 2 sind richtig, die Verknüpfung ist falsch.

(C) Aussage 1 ist richtig, Aussage 2 ist falsch.
(D) Aussage 1 ist falsch, Aussage 2 ist richtig.
(E) Aussagen 1 und 2 sind falsch.

87 **Beurteilen Sie die Richtigkeit der beiden Halbsätze und ihre Verknüpfung!**

(1) Demente Patienten sind für psychoanalytische Therapieverfahren besonders gut geeignet, weil
(2) die Introspektion lange erhalten bleibt.

(A) Aussagen 1 und 2 sind richtig, die Verknüpfung ist richtig.
(B) Aussagen 1 und 2 sind richtig, die Verknüpfung ist falsch.
(C) Aussage 1 ist richtig, Aussage 2 ist falsch.
(D) Aussage 1 ist falsch, Aussage 2 ist richtig.
(E) Aussagen 1 und 2 sind falsch.

88 **Beurteilen Sie die beiden Aussagen unabhängig voneinander sowie im Hinblick auf die kausale Verknüpfung!**

(1) Auch bei einem jungen Menschen mit anfallsartigem Herzklopfen muss eine EKG-Diagnostik erfolgen, weil
(2) sich dahinter eine internistische Erkrankung verbergen kann.

(A) Aussagen 1 und 2 sind richtig, die Verknüpfung ist richtig.
(B) Aussagen 1 und 2 sind richtig, die Verknüpfung ist falsch.
(C) Aussage 1 ist richtig, Aussage 2 ist falsch.
(D) Aussage 1 ist falsch, Aussage 2 ist richtig.
(E) Aussagen 1 und 2 sind falsch.

89 **Beurteilen Sie die beiden Aussagen unabhängig voneinander sowie im Hinblick auf die kausale Verknüpfung!**

(1) Bei einer kurzdauernden situativen Schlafstörung können bedenkenlos Tranquilizer gegeben werden, wenn (2) ein fester Zeitpunkt des Absetzens eingeplant und eingehalten wurde.

(A) Aussagen 1 und 2 sind richtig, die Verknüpfung ist richtig.
(B) Aussagen 1 und 2 sind richtig, die Verknüpfung ist falsch.
(C) Aussage 1 ist richtig, Aussage 2 ist falsch.
(D) Aussage 1 ist falsch, Aussage 2 ist richtig.
(E) Aussagen 1 und 2 sind falsch.

90 **Beurteilen Sie die beiden Aussagen unabhängig voneinander sowie im Hinblick auf die kausale Verknüpfung!**

(1) Die psychotherapeutische Behandlung der Schlafmittelabhängigkeit ist besonders einfach, weil (2) das dominierende Entzugssymptom (Schlafstörung) mit der Grundstörung identisch ist.

(A) Aussagen 1 und 2 sind richtig, die Verknüpfung ist richtig.
(B) Aussagen 1 und 2 sind richtig, die Verknüpfung ist falsch.
(C) Aussage 1 ist richtig, Aussage 2 ist falsch.
(D) Aussage 1 ist falsch, Aussage 2 ist richtig.
(E) Aussagen 1 und 2 sind falsch.

91 **Welche der folgenden Aussagen sind richtig?**

 Ein 22-jähriger Mann kommt zu Ihnen in die Praxis und erzählt Ihnen, er leide unter starken

inneren Spannungsgefühlen oder Gefühlen der inneren Leere, begleitet von aggressiven Impulsen, die häufig gegen andere, oft auch gegen ihn selbst gerichtet seien. „Manchmal genügt ein kleiner Anlass und ich werde so wütend, dass ich mich nicht mehr kontrollieren kann." Bei Streitigkeiten mit seiner Freundin sei es schon mal vorgekommen, dass Möbel oder ein Spiegel zu Bruch gegangen seien. „Einmal habe ich mich anschließend mit dem Messer verletzt; ein andermal habe ich mit der Faust so massiv gegen die Wand geschlagen, dass ich tagelang die Hand nicht mehr richtig rühren konnte."
Seit dem 15. Lebensjahr habe er sexuellen Kontakt mit Mädchen. Die Beziehungen waren für ihn immer – so erzählt er – befriedigend und tiefgehend. „Leider kam es aber meist schon nach wenigen Monaten zu massiven Streitigkeiten, so dass die Beziehung dann schnell zu Ende ging."
Er berichtet, er habe sich eigentlich schon immer einsam, leer und unverstanden gefühlt, vor allem in der Schule. Wegen schulischer Schwierigkeiten und Streitigkeiten mit den Eltern habe er übrigens schon mit 14 Jahren einen Selbsttötungsversuch unternommen. Zur selben Zeit habe er begonnen, Haschisch zu rauchen. „Damit habe ich aufgehört. Allerdings trinke ich ganz gerne einen über den Durst", meint er. „Das hilft mir etwas, wenn ich mich einsam fühle oder die Menschen um mich herum mir eigenartig fremd erscheinen. Manchmal geht das so weit, dass ich in den Spiegel schaue und das Gefühl habe, ein Fremder schaut mich an."

(1) Es handelt sich am wahrscheinlichsten um eine depressive Störung mit hypomanischen Nachschwankungen.

(2) Es handelt sich am wahrscheinlichsten um eine emotional instabile Persönlichkeitsstörung des „Borderline"-Typs.

(3) Ich schlage eine psychotherapeutische Behandlung vor, um den zugrundeliegenden Konflikt aufzudecken.

(4) Ich kläre in einem Gespräch, inwieweit die Gefahr einer akuten Suizidalität vorliegt.

(5) Ich schlage eine psychotherapeutische oder verhaltenstherapeutische Behandlung vor, rate dem Patienten aber, sich begleitend durch einen qualifizierten Psychiater behandeln zu lassen.

(A) Aussagen 1 und 2 sind richtig.
(B) Aussagen 1, 2 und 3 sind richtig.
(C) Aussagen 2 und 4 sind richtig.
(D) Aussagen 3 und 4 sind richtig.
(E) Alle Aussagen sind richtig.

92 Beurteilen Sie die beiden Aussagen unabhängig voneinander sowie im Hinblick auf die kausale Verknüpfung!

(1) Endogene Depressionen werden häufig nicht als solche erkannt, weil
(2) viele endogen Depressive vornehmlich über leibliche Mißempfindungen klagen, die den Beschwerden einer organischen Krankheit sehr ähneln.

(A) Aussagen 1 und 2 sind richtig, die Verknüpfung ist richtig.
(B) Aussagen 1 und 2 sind richtig, die Verknüpfung ist falsch.
(C) Aussage 1 ist richtig, Aussage 2 ist falsch.
(D) Aussage 1 ist falsch, Aussage 2 ist richtig.
(E) Aussagen 1 und 2 sind falsch.

93 Folgen frühkindlicher Hirnschädigung können sein:

(1) Lese- und Rechtschreibschwäche
(2) schwere Intelligenzschwäche
(3) herabgesetzte emotionale Belastungsfähigkeit
(4) Aufmerksamkeitsschwäche
(5) Verhaltens- und Kontaktstörungen

(A) Alle Aussagen sind richtig.
(B) Nur Aussagen 1, 2 und 3 sind richtig.
(C) Nur Aussagen 2, 4 und 5 sind richtig.
(D) Nur Aussagen 1, 2, 3 und 5 sind richtig.
(E) Nur Aussage 4 ist richtig.

94 Beurteilen Sie die beiden folgenden Aussagen unabhängig voneinander sowie im Hinblick auf die kausale Verknüpfung!

(1) Bei depressiven Patienten wächst im allgemeinen das Suizidrisiko, wenn der Therapeut von sich aus Suizidgedanken anspricht, weil
(2) für depressive Patienten das Ansprechen von Suizidgedanken den Suizid typischerweise erst recht in den Bereich des Möglichen rückt.

(A) Aussagen 1 und 2 sind richtig, die Verknüpfung ist richtig.
(B) Aussagen 1 und 2 sind richtig, die Verknüpfung ist falsch.
(C) Aussage 1 ist richtig, Aussage 2 ist falsch.
(D) Aussage 1 ist falsch, Aussage 2 ist richtig.
(E) Aussagen 1 und 2 sind falsch.

95 Welche der folgenden Aussagen ist richtig?
Stottern (als pathologisches Phänomen) ...

(A) beruht in der Regel auf einer familiären Sprachschwäche mit dominantem Erbgang
(B) ist ausschließlich Ausdruck intrapsychischer Konflikte
(C) tritt ausschließlich infolge frühkindlicher Hirnschädigung auf
(D) manifestiert sich meistens nach dem achten Lebensjahr
(E) kommt bei Knaben häufiger vor als bei Mädchen

96 Unter einer frühkindlichen Hirnschädigung versteht man:

(1) eine Missbildung von Groß- und Kleinhirn
(2) unspezifische Störung des Gehirns durch unterschiedliche Noxen, die zwischen dem sechsten Schwangerschaftsmonat und dem Ende des ersten Lebensjahres auf das Gehirn eingewirkt haben
(3) entzündliche Schädigungen des Gehirns nach dem zweiten Lebensjahr
(4) Schädigungen des Gehirns, die mit physischen und psychischen Störungen einhergehen können

(A) Alle Aussagen sind richtig.
(B) Nur Aussagen 1, 2 und 3 sind richtig.
(C) Nur Aussagen 2, 3 und 4 sind richtig.
(D) Nur Aussagen 2 und 4 sind richtig.
(E) Nur Aussagen 1 und 3 sind richtig.

97 Welche der folgenden Diagnosen ist am wahrscheinlichsten?

 Ein 19-jähriger Mann hat sich in den letzten Monaten vorwiegend mit philosophischen und esoterischen Fragen beschäftigt. Er hat sich in sein Zimmer zurückgezogen und seit einiger Zeit seine Familie nicht mehr hineingelassen. Seit einigen Tagen hat er sich nicht mehr gewaschen und seine Wäsche nicht mehr gewechselt. Er steht kurz vor dem Abitur, besucht aber seit einem Monat die Schule nicht mehr. Bei der Vorstellung in der Klinik, die gegen seinen Willen erfolgt, wirkt er situativ inadäquat (unangepasst) und gibt alberne, nichtssagende Antworten. Seine Sprache wirkt floskelhaft und gesetzt.

(A) Es handelt sich um eine Entwicklungsphase, die in der Pubertät normal ist und später wieder verschwindet.
(B) Der junge Mann leidet wahrscheinlich an Hebephrenie.
(C) Die Symptome weisen auf eine – evtl. entwicklungsbedingte – depressive Störung hin.
(D) Der junge Mann leidet an Enzephalitis.

98 Welche der folgenden Aussagen zur Psychotherapie sind richtig?

(A) Psychotherapie fällt unter das Gesetz zur Ausübung der Heilkunde, wenn sich die Behandlung auf seelische Krankheiten, wie z.B. neurotische Störungen, erstreckt.
(B) Psychotherapie fällt unter das Gesetz zur Ausübung der Heilkunde, wenn sie eigenverantwortlich durchgeführt wird.
(C) Eine Erlaubnis nach dem Heilpraktikergesetz ist nicht notwendig,

wenn jemand die Psychotherapie nicht selbständig ausübt.

(D) Psychotherapie fällt nur dann unter das Gesetz zur Ausübung der Heilkunde, wenn sie analytisch oder verhaltenstherapeutisch – beispielsweise bei Phobien und Zwangssymptomen – eingesetzt wird.

(E) Psychotherapie fällt nicht unter das Gesetz zur Ausübung der Heilkunde, da das Behandlungsverfahren „Psychotherapie" nicht genau definiert werden kann.

(F) Psychotherapeut darf sich jeder nennen, auch wenn er nicht im Besitz einer Erlaubnis zur Behandlung von Krankheiten nach dem Heilpraktikergesetz ist.

99 Beurteilen Sie beide Aussagen und die Verknüpfung!

(1) Die Behandlung von Schizophrenie mit Neuroleptika ist adäquat, weil
(2) Neuroleptika viele Nebenwirkungen haben.

(A) Aussagen 1 und 2 sind richtig, die Verknüpfung ist richtig.
(B) Aussagen 1 und 2 sind richtig, die Verknüpfung ist falsch.
(C) Aussage 1 ist richtig, Aussage 2 ist falsch.
(D) Aussage 1 ist falsch, Aussage 2 ist richtig.
(E) Aussagen 1 und 2 sind falsch.

100 Welche Aussage ist richtig?
Ein Patient hat eine unbestimmte Angst. Es handelt sich …

(A) um eine Phobie
(B) um eine Angstneurose
(C) um einen Wahn
(D) um eine Psychose

101 Beurteilen Sie beide Aussagen und die Verknüpfung!

(1) Ein Suizidaler darf nicht ohne seine Einwilligung stationär untergebracht werden, weil
(2) eine Einweisung gegen den eigenen Willen gegen das Recht zur Entfaltung der Persönlichkeit verstößt.

(A) Aussagen 1 und 2 sind richtig, die Verknüpfung ist richtig.
(B) Aussagen 1 und 2 sind richtig, die Verknüpfung ist falsch.
(C) Aussage 1 ist richtig, Aussage 2 ist falsch.
X (D) Aussage 1 ist falsch, Aussage 2 ist richtig.
(E) Aussagen 1 und 2 sind falsch.

102 Welche der folgenden Aussagen sind richtig?
Bei einer hartnäckigen und anhaltenden Schlafstörung …

(A) liegt immer eine psychische Ursache zugrunde
(B) können Schlafmittel unbedenklich eingesetzt werden
(C) sind unbedingt somatische Ursachen abzuklären
(D) kann es sich auch um eine psychotische Episode handeln
(E) kann es sich um eine Medikamentennebenwirkung handeln

103 Eine über Tage andauernde Bewusstseinstrübung kann vorkommen bei:

(A) eitriger Meningitis
(B) Contusio cerebri (Hirnprellung)
(C) Commotio cerebri (Gehirnerschütterung)
(D) Alkoholdelir
(E) Intoxikationen

104 Bei einem Patienten mit Bewusstseinstrübung treten optische Halluzinationen auf. Dieses psychopathologische Bild kann vorkommen bei:

X (A) eitriger Meningitis
x (B) Hirnkontusion
x (C) Medikamentendelir
X (D) Alkoholdelir

105 Beurteilen Sie die beiden Aussagen und ihre Verknüpfung!

z.B. Verfolgungswahn !

(1) Paranoide Patienten stehen unter einem großen Leidensdruck
(2) und sind deshalb sehr kooperativ.

(A) Aussagen 1 und 2 sind richtig, die Verknüpfung ist richtig.
(B) Aussagen 1 und 2 sind richtig, die Verknüpfung ist falsch.
X (C) Aussage 1 ist richtig, Aussage 2 ist falsch.
(D) Aussage 1 ist falsch, Aussage 2 ist richtig.
(E) Aussagen 1 und 2 sind falsch.

106 Welche der folgenden Gedanken zur Diagnose und Therapie sind richtig?

 Ein 29-jähriger Mann kommt in Begleitung seiner Frau zu Ihnen und ist nur mit Mühe zu einem Explorationsgespräch zu überreden, da er sich nicht krank fühlt. Die Frau berichtet von einem starken Bewegungsdrang und Schlafstörungen seit etwa 14 Tagen. Auch in der Exploration bleibt der Mann nicht mehr als ein paar Minuten auf seinem Stuhl sitzen, sondern rennt im Zimmer umher. Dabei redet er pausenlos, beschwert sich über Sie, seine Eltern, seinen Arzt. Er kann in seinen Ausführungen nicht beim Thema bleiben, sprüht vor Ideenreichtum und berich-

tet von seinen Plänen, Formel-I-Fahrer zu werden. Das Bewusstsein ist klar, das Gedächtnis ungestört.

X (A) Es könnte sich um eine Manie handeln.
(B) Im vorliegenden Fall ist die Diagnose eines hyperkinetischen Syndroms am wahrscheinlichsten.
X (C) Differentialdiagnostisch sollte eine Gehirnerkrankung ausgeschlossen werden.
(D) Zur Dämpfung der Überaktivität schlage ich ein systematisches Entspannungstraining vor.
X (E) Neben einer neurologischen Abklärung hat eine psychiatrische Behandlung Vorrang vor psychotherapeutischen Verfahren.
X (F) Bei einer länger andauernden begleitenden Psychotherapie ist besonders auf Anzeichen von Suizidalität zu achten.

107 Typische Merkmale eines Delirium tremens sind:

(1) zeitliche Desorientiertheit
(2) Nesteln
(3) akustische Halluzinationen
(4) Bewusstseinstrübung
(5) örtliche Desorientiertheit
(6) Tachykardie

(A) Alle Aussagen sind richtig.
(B) Nur Aussagen 1, 2 und 3 sind richtig.
(C) Nur Aussagen 1, 2, 3 und 4 sind richtig.
(D) Nur Aussagen 1, 2, 4, 5 und 6 sind richtig.
(E) Nur Aussagen 2, 4, 5 und 6 sind richtig.

108 Beim Delir ist nicht charakteristisch:

(1) Schwitzen
(2) Gedankeneingebung
(3) Tremor
(4) optische Halluzinationen
(5) motorische Unruhe

(A) 1 ist nicht charakteristisch.
(B) 2 ist nicht charakteristisch.
(C) 3 ist nicht charakteristisch.
(D) 4 ist nicht charakteristisch.
(E) 5 ist nicht charakteristisch.

109 Bezüglich der Anwendung von Neuroleptika gilt:

✗(1) Neuroleptika wirken sedierend (dämpfend).
✗(2) Ihre antipsychotische Wirkung tritt erst nach zwei bis drei Wochen ein.
(3) Ein fester Zeitplan zur Beendigung der Neuroleptikatherapie muss festgelegt und eingehalten werden.
(4) Die Entzugssymptome bei Neuroleptikaabhängigkeit dauern nach Absetzen in der Regel mindestens vier Wochen an und sind ambulant schwer beherrschbar.
(5) Methode der Wahl zur Unterbrechung einer Neuroleptikatherapie ist eine so genannte „paradoxe Schlafkur".

(A) Nur Aussagen 1 und 2 sind richtig.
(B) Nur Aussagen 1, 2 und 3 sind richtig.
(C) Nur Aussagen 2, 3 und 4 sind richtig.
(D) Nur Aussagen 2 und 4 sind richtig.
(E) Nur Aussagen 1 und 3 sind richtig.

110 Welche Aussage ist zutreffend? Der symbiontische Wahn (Folie-à-deux) …

(1) tritt in der Regel als Folge von Alkoholabusus auf
(2) benennt das gleichzeitige Auftreten von zwei voneinander unabhängigen Wahnsystemen bei demselben Patienten
(3) tritt möglicherweise in Form eines Verfolgungswahns auf

(A) 1 ist richtig.
(B) 2 ist richtig.
(C) 3 ist richtig.
(D) 1 und 2 sind richtig.
(E) 2 und 3 sind richtig.

111 Akoasmen können vorkommen bei:

(1) Schizophrenie
(2) Alkoholdelir
(3) epileptischer Aura

(A) 1 ist richtig.
(B) 2 ist richtig.
(C) 3 ist richtig.
(D) 1 und 2 sind richtig.
(E) Alle sind richtig.

112 Typisch für eine Kokainabhängigkeit sind:

(1) Antriebssteigerung und Euphorie
(2) Gewichtszunahme
(3) Psychosen mit Halluzinationen
(4) starke psychische Abhängigkeit
(5) Fieber

(A) Aussagen 1, 2 und 5 sind richtig.
(B) Aussagen 1, 3 und 4 sind richtig.
(C) Aussagen 2, 3 und 4 sind richtig.
(D) Aussagen 3, 4 und 5 sind richtig.
(E) Alle Aussagen sind richtig.

113 Welche Art von Suizidversuchen steht in Europa statistisch an erster Stelle?

(1) Einnahme von Schlaftabletten
(2) Erschießen
(3) Erhängen

(4) Ertrinken
(5) Kohlenmonoxid-Vergiftung

(A) 1 ist richtig.
(B) 2 ist richtig.
(C) 3 ist richtig.
(D) 4 ist richtig.
(E) 5 ist richtig.

**114 Welche Möglichkeiten der Krisen-
intervention bei Suizidalität gibt es?**

✗(1) Kontaktaufnahme
✗(2) Behandlung der Grundkrankheit
✗(3) bei Bedarf Psychopharmaka
✗(4) Zwangseinweisung
(5) Man spricht die Suizidgedanken
bewusst an und fordert den Suizidanten auf, den Suizid durchzuführen,
weil durch den so ausgelösten Schock
das Gegenteil bewirkt wird.

(A) Aussagen 1, 2, 3 und 4 sind richtig.
(B) Aussagen 1, 2, 4 und 5 sind richtig.
(C) Aussagen 1, 3, 4 und 5 sind richtig.
(D) Aussagen 2, 3 und 4 sind richtig.
(E) Alle Aussagen sind richtig.

**115 Welche Diagnose ist am wahrschein-
lichsten?**

 *Ein älterer Patient, der wegen
eines Infektes bettlägerig wurde, wird nach vier bis fünf
Tagen auffällig zitterig und unruhig,
berichtet über schwer nachvollzieh-
bare Vorgänge, so dass Sie Halluzinationen vermuten, und äußert bizarre
Ängste und Befürchtungen.*

(A) beginnende Demenz
✗(B) Alkoholentzugsdelir
(C) paranoide Psychose
(D) Angstkrankheit
(E) Begleitsymptome eines Grippe-
infektes

**116 Was kennzeichnet psychoseähnliche
Zustände, die durch körperliche
Ursachen bedingt sind (organisch
begründbare, exogene Psychosen)?**

(A) krankhafte körperliche Befunde im
Zusammenhang mit den psychischen
Auffälligkeiten
(B) Es ist immer eine Bewusstseinstrü-
bung vorhanden.
(C) Halluzinationen fehlen immer.
(D) Der Zustand tritt gehäuft familiär
auf.
(E) Der Zustand dauert mindestens
sechs Monate an.

**117 Sie behandeln einen Patienten, der
plötzlich im Laufe der Therapie
unbeirrt droht, sich selbst zu töten.
Einer stationären Aufnahme stimmt
er unter keinen Umständen zu.
Was machen Sie?**

(A) Sie behandeln weiter, da sie glauben,
dass er sich schon nichts antun wird.
(B) Sie versuchen, seine Angehörigen
zu warnen.
(C) Sie informieren den Hausarzt des
Patienten, damit er etwas unternimmt.
(D) Sie bringen den Patienten selbst
nach Hause.
(E) Sie informieren die Polizei.

**118 Welche Aussage/n ist/sind richtig?
Zu den typischen Störungen beim
Korsakow-Syndrom gehört/gehören:**

(1) Desorientiertheit
(2) Konfabulation
(3) Merkschwäche

(A) Nur Aussage 1 ist richtig.
(B) Nur Aussage 2 ist richtig.
(C) Nur Aussage 3 ist richtig.
(D) Aussagen 1 und 2 sind richtig.
(E) Aussagen 1, 2 und 3 sind richtig.

119 **(1) Um welches Krankheitsbild handelt es sich bei der Patientin?**
(2) Was empfehlen Sie der Patientin (bzw. der Mutter)?

 Eine etwa 40-jährige Frau kommt in Begleitung ihrer Mutter zu Ihnen. Die Mutter übernimmt von Anfang an die Führung des Gesprächs. Sie sagt, dass sich ihre Tochter seit zwei Monaten sehr verändert habe. Sie sei ganz apathisch geworden, habe zu nichts mehr Lust und sitze nur mehr antriebslos in der Wohnung. Besonders schlimm sei das am Morgen, gegen Abend zu „taue sie etwas auf". Die Tochter erwähnt nun, dass sie gar nicht mehr schlafen könne; sie sei schon ab 4.00 Uhr morgens wach und dann gingen ihr viele Gedanken durch den Kopf, und der Tag liege wie ein unüberwindlicher Berg vor ihr. Sie fühle sich innerlich wie leer, könne sich über nichts mehr freuen. Die Patientin erwähnt auch, dass sie keinen Appetit mehr habe und oft das Essen vergesse, Kopfschmerzen und einen Druck auf der Brust empfinde. Die Mutter sagt, dass wohl die Trennung vom langjährigen Freund Schuld sein könnte. Sie erinnert sich daran, dass ihre Tochter schon einmal vor zehn Jahren so etwas Ähnliches gehabt habe. Das sei jedoch dann irgendwann wieder verschwunden. Abschließend sagt sie: „Ja, ja, das muss wohl in der Familie liegen. Auch die Großmutter hatte solche Zustände, und sie war sogar in der Psychiatrie."

120 **(1) Wie schätzen Sie diesen Fall diagnostisch ein?**
(2) Welche Konsequenzen ergeben sich für Sie daraus?

 Eine 40-jährige Patientin kommt zu Ihnen, weil sie glaubt Magersucht zu haben. Sie habe darüber kürzlich gelesen und erfahren, dass dafür Psychotherapie hilfreich sei. Seit sechs Monaten werde sie „immer weniger", und bald sei sie nur noch „Haut und Knochen", sie habe keinen Appetit mehr. Auch mit der Verdauung stimme es nicht, und sie habe in der Magengegend so ein ungutes Gefühl. Aber das sei ja kein Wunder, sie habe viel Stress zu Hause und dauernd Streit mit dem Ehemann. Das habe ihr wohl auf den Magen geschlagen. Heute morgen habe sie sich auf die Waage gestellt und mit Erschrecken festgestellt müssen, dass sie schon 20 kg abgenommen hat. Sie habe lange mit sich gerungen, ob sie zum Arzt gehen solle und war dann aber ganz erleichtert, als sie in dem Buch gelesen habe, dass das psychisch bedingt sei, wenn man eine Magersucht habe.

121 **Typische(s) Merkmal(e) des Alkohol-Delirs („Delirium tremens") ist/sind:**

(1) zeitliche Desorientiertheit
(2) akustische Halluzinationen
(3) nesteln
(4) örtliche Desorientiertheit
(5) erhöhte Körpertemperatur

(A) Nur Aussage 1 ist richtig.
(B) Nur Aussagen 1, 2 und 4 sind richtig.
(C) Nur Aussagen 1, 2 und 5 sind richtig.

(D) Nur Aussagen 1, 3, 4 und 5 sind richtig.
(E) Alle Aussagen sind richtig.

122 Welche der folgenden Aussagen zur Anwendung von Neuroleptika trifft/treffen zu?

✗ (1) Neuroleptika wirken rasch sedierend.
✗ (2) Ihre neuroleptische, antipsychotische Wirkung tritt oft erst nach 2–3 Wochen ein.
(3) Ein fester Zeitpunkt zur Therapiebeendigung muss eingeplant und eingehalten werden.
(4) Entzugssymptome dauern in der Regel 6 Wochen und sind ambulant schwer zu beherrschen.
(5) Bei der Behandlung ist die Methode der Wahl ein so genannter progressiver Schlafentzug nachD. Stockert.

(A) Nur Aussagen 2 und 4 sind richtig.
(B) Nur Aussagen 2, 3 und 5 sind richtig.
(C) Nur Aussagen 1, 2, 3 und 4 sind richtig.
(D) Nur Aussagen 1 und 2 sind richtig.
(E) Alle Aussagen sind richtig.

123 Was sind Ihre Gedanken zu diesem Fall?

 Ein Mann kommt in die Praxis, weil er seit einigen Wochen mehrere Leute, die er nicht kenne, über sich sprechen hört. Die Stimmen beschuldigen ihn, dass er ein schlechter Mensch sei und obendrein gefährlich. Der Mann ist von der Realität der Stimmen felsenfest überzeugt und wundert sich nur, dass er sie überall hört. Der Mann macht einen ungepflegten Eindruck; seine

Hände zittern, sein Hemd ist durchgeschwitzt, die Haut stark gerötet. Auf Ihre Fragen hin ergibt sich, dass er bewusstseinsklar und voll orientiert ist.

(1) Differentialdiagnostisch ist eine Schizophrenie in Betracht zu ziehen.
(2) Eine Zuführung zu einer klinischen Behandlung ist sinnvoll.
(3) In einem solchen Fall wirkt Psychotherapie Wunder.
(4) Die Anzeichen deuten auf eine Alkoholhalluzinose hin.

(A) Nur Aussage 1 ist richtig.
(B) Nur Aussage 4 ist richtig.
(C) Nur Aussagen 1, 2 und 4 sind richtig.
(D) Nur Aussagen 1 und 2 sind richtig.
(E) Alle Aussagen sind richtig.

124 Welche Art von Suizid steht in Europa statistisch an erster Stelle?

(A) Einnahme von Tabletten
(B) Erschießen
(C) Erhängen
(D) Gang ins Wasser
(E) Kohlenmonoxyd-Vergiftung

125 Welche Aussage(n) trifft/treffen am ehesten zu?

 Ein 45-jähriger Mann kommt in Begleitung seiner Frau in die psychotherapeutische Praxis. Ihr Mann – so sagt sie – sei Beamter und kürzlich befördert worden. Seitdem sei er wohl überfordert: er schaffe die Arbeit nicht mehr, werde zunehmend unruhiger und schlaflos. „Am Morgen fühlt er sich immer erschöpfter", sagt sie. Das bleibe auch den ganzen Tag über so. Überdies

habe ihr Mann seitdem Herzschmerzen. Deswegen ist er auch in ärztlicher Behandlung. Eine somatische Ursache konnte ausgeschlossen werden. Inzwischen wurde der Mann auf eigenen Wunsch zurückgestuft, doch die Probleme sind geblieben: der Mann fühlt sich nach wie vor erschöpft und überfordert. Er gebe sich deshalb auch die Schuld daran, dass seine Firma in letzter Zeit Verluste mache.

Während die Frau spricht, geht der Mann unruhig hin und her. Seiner Ansicht nach ist die Beförderung schuld an seinem Zustand. Auch die Frau glaubt an die Überforderung durch seine Beförderung, da er doch früher immer sehr gewissenhaft und noch niemals ernsthaft krank gewesen sei.

(1) Es handelt sich um ein depressives Syndrom.
(2) Bei einer laufenden Behandlung ist die Gefahr eines Suizids nicht zu vernachlässigen.
(3) Aufgrund der körperlichen Symptome liegt eine larvierte Depression vor.
(4) Es handelt sich eindeutig um eine reaktive Depression.
(5) Wegen der Vorgeschichte handelt sich wohl um eine depressive Phase einer bipolaren, affektiven Störung (manisch-depressive Psychose).

(A) Nur Aussage 4 ist richtig.
(B) Nur Aussagen 1 und 2 sind richtig.
(C) Nur Aussagen 1 und 3 sind richtig.
(D) Nur Aussagen 1, 3 und 4 sind richtig.
(E) Alle Aussagen sind richtig.

126 **Bezüglich der Psychodynamik von Asthma bronchiale gilt:**

(1) Der Hauptkonflikt kreist um innere Impulse, die die Zuneigung der Mutter oder des Mutterersatzes bedrohen.
(2) Ein typischer Zug des Asthma bronchiale ist ein Konflikt um eine kindlich präverbale Ausdrucksform des Weinens: Das Weinen als primäre Möglichkeit, die Mutter zu rufen, wird unterdrückt, weil das Kind Angst vor Zurückweisung und Vorwürfen hat.
(3) Die Patienten können im Konflikt stehen zwischen dem Wunsch, sich anzuvertrauen und der Angst vor übergroßer Nähe.
(4) Asthma bronchiale kann als unterdrücktes Weinen interpretiert werden.
(5) Asthma bronchiale kann als unterdrückter Wut- oder Angstschrei gegen die Mutter interpretiert werden.

(A) Nur Aussage 1 ist richtig.
(B) Nur Aussagen 2 und 3 sind richtig.
(C) Nur Aussagen 1, 2, 3 und 4 sind richtig.
(D) Nur Aussagen 1, 2, 3 und 5 sind richtig.
(E) Alle Aussagen sind richtig.

127 **Aufgrund des Symptoms der Depersonalisation kann eindeutig/ausschließlich folgende Diagnose gestellt werden:**

 Ein Kranker kommt in die Praxis und erzählt, sein Leben habe sich verändert: Es sei fremdartig geworden, als ob es nicht mehr zu ihm selbst gehöre.

(A) schizophrene Erkrankung
(B) manische Phase
(C) depressive Phase

(D) asthenische Psychopathie

✗(E) eine eindeutige diagnostische Zuordnung ist nicht möglich

**128 Das präsuizidale Syndrom nach
Ringel ist gekennzeichnet durch:**

(1) Einengung der Gedanken
(2) Aggressionshemmung gegenüber
der Umwelt und Wende der Aggression
gegen die eigene Person
(3) Selbsttötungsphantasien
(4) Es kommt stets zu vorübergehender
Euphorie.
(5) Der Patient spricht die Probleme
immer bei Freunden an.

(A) Nur Aussagen 1, 3 und 5 sind rich-
tig.
(B) Nur Aussagen 1, 2, 3 und 5 richtig.
(C) Nur Aussagen 2, 3, 4 und 5 sind
richtig.
(D) Nur Aussagen 1, 2 und 3 sind rich-
tig.
(E) Alle Aussagen sind richtig.

**129 Was zählt zur Krisenintervention bei
akuter Suizid-Gefahr?**

(1) Klärung der Krisensituation
(2) Behandlung einer eventuell vorhandenen Grunderkrankung
(3) Aufbau eines tragfähigen emotionalen Kontakts mit Akzeptanz des Betroffenen sowieunterstützende Maßnahmen durch Einbeziehen des sozialen Umfelds
(4) bei Bedarf Behandlung durch Psychopharmaka
(5) im Bedarfsfall Zwangseinweisung
in eine psychiatrische Klinik
(6) Ansprechen der Suizidabsicht und
Aufforderung zur Suizidhandlung, da
durch diese Schock-behandlung wirksam vom Suizid abgeschreckt wird

(A) Nur Aussagen 1, 2, 4 und 6 sind
richtig.
(B) Nur Aussagen 1, 2 und 3 sind richtig.
(C) Nur Aussagen 1, 2, 3 und 6 sind
richtig.
(D) Nur Aussagen 1, 2, 3, 4 und 5 sind
richtig.
(E) Alle Aussagen sind richtig.

**130 Welche der folgenden Aussagen zur
Bulimie ist/sind richtig?**

✗(1) Bulimie tritt hauptsächlich bei jungen Frauen auf.
✗(2) Der Besuch von Selbsthilfegruppen
ist sinnvoll.
✗(3) Hinsichtlich des Auftretens gilt: das
Lebensalter entspricht dem der Anorexia nervosa.
✗(4) Bei Frauen, die unter Bulimie leiden, ist häufig ein Missbrauch von Abführmitteln zu beobachten.
(5) Eine gezielte Ernährungsberatung
ist kontraindiziert, weil hierdurch die
Symptome noch verstärkt werden.
(6) Im Gegensatz zur Anorexia nervosa
ist bei der Bulimie das Körperbefinden
nicht eingeschränkt.

(A) Nur Aussagen 1, 2 und 3 treffen
zu.
(B) Nur Aussagen 2, 3 und 4 treffen zu.
(C) Nur Aussagen 1, 3, 4 und 6 treffen
zu.
(D) Nur Aussagen 1, 2, 3 und 4 treffen
zu.
(E) Alle Aussagen sind richtig.

**131 Obstipation (Verstopfung) kann auf-
treten:**

✗(1) als Folge von Drogen oder Medikamenten
✗(2) bei Rissen, Fissuren oder Hämorr-
hoiden im Analbereich

X(3) bei chronischer Fehlernährung

X(4) als Begleitsymptom einer psychosomatischen Erkrankung

X(5) bei Tumoren oder entzündlichen Erkrankungen

(A) Nur Aussagen 1, 4 und 5 treffen zu.

(B) Nur Aussagen 1, 3, 4 und 5 treffen zu.

(C) Nur Aussagen 2, 4 und 5 treffen zu.

(D) Nur Aussagen 1, 2, 4 und 5 treffen zu.

(E) Alle Aussagen sind richtig.

132 Bezüglich der Anorexia nervosa gilt:

(1) Bei starkem Gewichtsverlust kann vorübergehend eine Ernährung mit der Magensonde indiziert sein.

(2) Da die Patienten stark an Gewicht verlieren, ist eine deutlich verminderte körperliche Aktivität typisch.

(3) Beginnt die Krankheit vor der Pubertät, kann es zu einem Wachstumsstop kommen.

(4) Bei den Patienten liegt aus psychologischer Sicht oft eine fehlende Akzeptanz der weiblichen Geschlechtsrolle vor.

(5) Eine Körper-Schema-Störung ist typisch.

(A) Nur Aussage 1 ist richtig.

(B) Nur Aussagen 2, 4 und 5 sind richtig.

(C) Nur Aussagen 4 und 5 sind richtig.

(D) Nur Aussagen 1, 3, 4 und 5 sind richtig.

(E) Alle Aussagen sind richtig.

133 Welche(s) der folgenden Merkmale ist/sind nicht typisch für das Delirium tremens?

(1) psychomotorische Unruhe

(2) Gedankeneingebung

(3) illusionäre Verkennung

(4) Tachykardie

(5) Bewusstseinstrübung

(A) Aussage 2 ist zutreffend.

(B) Aussage 4 ist zutreffend.

(C) Aussagen 1 und 5 sind zutreffend.

(D) Aussagen 1, 2 und 5 sind zutreffend.

(E) Aussagen 3, 4 und 5 sind zutreffend.

134 Welche der folgenden Aussagen zur „Colitis ulcerosa" ist/sind richtig?

X (1) Es handelt sich um eine akut beginnende, häufig rezidivierende und chronifizierende unspezifisch entzündliche Erkrankung des Dickdarms, die mit blutig-schleimigen Durchfällen einhergeht.

X (2) Zwei ursächliche Hypothesen werden ernsthaft diskutiert:
a) Ursache ist eine allergische, autoimmunologisch bedingte Erkrankung.
b) Es handelt sich um eine psychosomatische Krankheit.

X (3) Untersuchungen haben ergeben, dass in den Familien von Patienten häufig ein emotional einengender Umgangsstil herrscht, der durch wenig Interaktion, durch die Vermeidung von Gefühlen und Affekten wie auch durch ein Fehlen von äußerem Sozialkontakt charakterisiert ist.

(A) Aussage 1 trifft zu.

(B) Aussage 2 trifft zu.

(C) Aussage 3 trifft zu.

(D) Aussagen 1 und 2 treffen zu.

(E) Alle Aussagen treffen zu.

135 Akoasmen können vorkommen bei:

(1) Schizophrenie
(2) Alkoholdelir
(3) epileptischer Aura

(A) Aussage 1 trifft zu.
(B) Aussage 2 trifft zu.
(C) Aussagen 2 und 3 treffen zu.
(D) Aussagen 1 und 2 treffen zu.
(E) Alle Aussagen treffen zu.

136 Welche der folgenden Aussagen zu Ulcus-Erkrankungen in den Abschnitten des Verdauungstraktes, welche mit Magensaft in Berührung kommen, treffen zu?

✗ (1) Der/die wichtigste(n) Faktor(en) in der Pathogenese (Entstehung) des Ulkus ist/sind die überschießende gastrale Säuresekretion (Säureabsonderung im Magen) und/oder eine bakterielle Infektion.
✗ (2) Als Auslösesituationen für Ulcus-Erkrankungen kommen häufig Situationen vor, die einen Geborgenheitsverlust beinhalten.
✗ (3) Als Auslösesituationen für Ulcus-Erkrankungen kommen häufig Situationen vor, die einen Zuwachs an Verantwortung, an Reifeanforderungen bedeuten.
✗ (4) Als Grundkonflikt in der Persönlichkeitsstruktur des Patienten gilt unter anderem die Ambivalenz im Ernährungs-Besitz-Genussstreben: Jedes Habenwollen wird dabei mit Schuldgefühlen abgewertet.
(5) Beim Patienten treten die neurotischen Ich-Ideale der Anspruchslosigkeit, Bescheidenheit und Genügsamkeit bis hin zur Askese immer mehr in den Hintergrund.

(A) Aussagen 1 und 2 treffen zu.
(B) Aussagen 1 und 3 treffen zu.
(C) Aussagen 1, 2 und 3 treffen zu.
(D) Aussagen 1, 2, 3 und 4 treffen zu.
(E) Alle Aussagen treffen zu.

137 Beurteilen Sie den ersten und zweiten Halbsatz der folgenden Aussage unabhängig voneinander sowie im Hinblick auf die kausale Verknüpfung:

(1) Antidepressiva mindern früh die Suizidgefahr,
weil
(2) ihr stimmungsaufhellender Effekt in der Regel dem antriebssteigernden vorausgeht.

(A) Aussagen 1 und 2 sind richtig, die Verknüpfung ist richtig.
(B) Aussagen 1 und 2 sind richtig, die Verknüpfung ist falsch.
(C) Aussage 1 ist richtig, Aussage 2 ist falsch.
(D) Aussage 1 ist falsch, Aussage 2 ist richtig.
(E) Aussagen 1 und 2 sind falsch.

138 Charakteristisch für Kokainabhängigkeit ist/sind:

(1) Entwicklung starker psychischer Abhängigkeit
(2) Gewichtszunahme
(3) ein apathisch-antriebsarmes Syndrom
(4) Psychosen mit Halluzinationen
(5) Gefühl von Leistungsfähigkeit, Euphorie, maniforme Verhaltensweisen

(A) Aussagen 1, 4 und 5 treffen zu.
(B) Aussagen 2 und 3 treffen zu.
(C) Aussagen 1, 2, 4 und 5 treffen zu.
(D) Aussagen 1 und 5 treffen zu.
(E) Alle Aussagen treffen zu.

139 Wie beurteilen Sie die folgenden Aussagen zur Selbsttötungstendenz zwangskranker Menschen?

(1) Ein Zwangskranker ist nie selbstmordgefährdet.
(2) Zwangsgedanken und Zwangsrituale blockieren die Ausführung einer Selbsttötungshandlung vollständig.
(3) Die Zwangsgedanken und Zwangsrituale sind ein bedingter Schutz gegen die Vollendung einer Selbsttötungshandlung.
(4) Bei einer Abnahme der Zwangsgedanken und -rituale kann die aktuelle Selbstgefährdung zunehmen.

(A) Aussage 1 trifft zu.
(B) Aussage 2 trifft zu.
(C) Aussagen 1 und 2 treffen zu.
(D) Aussagen 3 und 4 treffen zu.
(E) Alle Aussagen treffen zu.

140 Bezüglich der Anwendung von Tranquilizern gilt:

(1) Bei einer kurzdauernden, situativ bedingten Schlafstörung können bedenkenlos Tranquilizer eingesetzt werden.
(2) Ein fester Zeitpunkt zur Beendigung der Tranquilizertherapie muss eingeplant und eingehalten werden.
(3) Die Entzugssymptome (quälende Schlaflosigkeit, Nervosität, Reizbarkeit, Unkonzentriertheit, Leistungsunfähigkeit) bei Tranquilizerabhängigkeit dauern nach Absetzen in der Regel mindestens 4 Wochen an und sind ambulant schwer beherrschbar.
(4) Entzug und Entwöhnung bei Schlafmittelabhängigkeit sind in der Regel einfach.
(5) Methode der Wahl zur Unterbrechung einer Schlafmittelabhängigkeit ist eine so genannte „paradoxe Schlafkur".

(A) Nur Aussage 1 ist richtig.
(B) Nur Aussagen 1 und 2 sind richtig.
(C) Nur Aussagen 1, 2 und 3 sind richtig.
(D) Nur Aussagen 1, 2 und 4 treffen zu.
(E) Alle Aussagen treffen zu.

141 Welche der folgenden Aussagen ist/sind richtig?

Die Erlaubnis zur Ausübung der Heilkunde durch nicht-ärztliche Psychotherapie bedeutet:

(1) Sie dürfen mit homöopathischen Mitteln behandeln.
(2) Sie dürfen sich nicht „Heilpraktiker" nennen.
(3) Sie dürfen jemand mit allopathischen Mitteln behandeln.
(4) Es ist Ihnen nicht freigestellt, sich Psychotherapeut zu nennen.

(A) Aussage 4 ist zutreffend.
(B) Aussagen 1, 2 und 4 sind zutreffend.
(C) Aussagen 2 und 4 sind zutreffend.
(D) Aussagen 1, 3 und 4 sind zutreffend.
(E) Alle Aussagen sind zutreffend.

142 Welche Gedanken zur Diagnose kommen in Frage?

 Ein 50-jähriger Mann kommt blass und atemlos in Ihre Praxis im ersten Stock. Er sagt, man müsse wohl für alles seinen Preis bezahlen, alte Häuser haben eben noch keinen Lift. Er gibt an, dass er immer wieder in letzter Zeit stechende Magenschmerzen habe. Vor mehreren Jahren sei er schon einmal auf Kur gewesen. Dort habe man ihm

geraten, einen Psychotherapeuten aufzusuchen. Er habe nun lange gezögert, aber jetzt müsse er wohl was tun, weil die Schmerzen wieder so stark geworden seien, dass er es bald nicht mehr aushalte. Alles sei in Aufruhr innerlich, sogar sein Darm, so dass er seit einiger Zeit pechschwarzen Stuhl ausscheide. Öfter sei ihm schwindelig. Er habe auf der Kur gelernt, sich selbst zu beobachten und er wisse auch, was mit ihm los sei. Er habe eben viel Ärger und Stress. Ein junger Kollege ist ihm bei der Beförderung vorgezogen worden, und das erlebe er als eine grobe Benachteiligung. Im Gespräch spüren Sie den Neid und Ärger des Patienten und es wird rasch deutlich, dass der Patient sein Leben lang um Anerkennung hat kämpfen müssen und sich vollständig benachteiligt fühlte. So habe auch in seiner Kindheit der ältere Bruder beim Vater immer einen Stein im Brett gehabt. „Ich aber habe seinen Magen geerbt. Der hatte auch immer Probleme damit." Der Patient erwähnt seine Enttäuschung über die Ärzte, die ihm immer nur Tabletten geben, er sei deshalb schon lange nicht mehr beim Arzt gewesen.

(1) Es handelt sich aller Wahrscheinlichkeit nach um eine Erkrankung des Magen-Darm-Trakts (Magengeschwür, Ulcus duodeni etc.) mit psychosomatischer Ursache.
(2) Zugrunde liegt eine typische Konfliktkonstellation (Neid; Ärger) bei genetisch bedingter Prädisposition.
(3) Als erstes gilt es, die Erkrankung internistisch abzuklären.
(4) Eine bösartige Erkrankung muss ausgeschlossen werden.

(5) Empfehlenswert wäre eine Psychotherapie (tiefenpsychologisch orientiert), eventuell stationär in einer psychosomatischen Klinik.

(A) Nur Aussagen 1 und 4 sind richtig.
(B) Nur Aussagen 1, 2 und 4 sind richtig.
(C) Nur Aussagen 1, 2, 4 und 5 sind richtig.
(D) Nur Aussagen 2, 3, 4 und 5 sind richtig.
(E) Alle Aussagen sind richtig.

143 Welche Aussagen zum Suizidrisiko sind zutreffend?

(1) Männer begehen etwa doppelt so häufig Selbstmord wie Frauen.
(2) In der Mittelschicht sind Selbstmorde häufiger als in der Ober- und Unterschicht.
(3) Alkoholiker sind besonders suizidgefährdet.
(4) Männer in fortgeschrittenem Lebensalter sind besonders gefährdet.
(5) Es gibt keinen geschlechtsspezifischen Unterschied.

(A) Nur Aussagen 1 und 2 treffen zu.
(B) Nur Aussagen 2, 3 und 4 treffen zu.
(C) Nur Aussagen 3 und 4 treffen zu.
(D) Nur Aussagen 1, 3 und 4 treffen zu.
(E) Alle Aussagen sind richtig.

144 Bezüglich des Missbrauchs von Cannabis gilt:

(1) Bei längerem Missbrauch stellt sich körperliche Abhängigkeit ein, es kommt zur Dosissteigerung.
✗ (2) Bei längerem Missbrauch können Halluzinationen auftreten.

✗ (3) Auch körperliche Symptome wie Tachykardie, Schwitzen und Abfall des Blutdrucks sind möglich.
(4) Ein Nachrausch ist nicht möglich.

(A) Nur Aussagen 1, 2 und 3 treffen zu.
(B) Nur Aussagen 2, 3 und 4 treffen zu.
(C) Nur Aussagen 2 und 3 treffen zu.
(D) Nur Aussagen 1, 2 und 4 treffen zu.
(E) Alle Aussagen sind richtig.

145 Bezüglich der Indikation von Barbituraten gilt:

(1) Barbiturate kann man bei situativ bedingten Schlafstörungen kurzzeitig als Schlafmittel einsetzen.
(2) Der Entzug ist unproblematisch und kann abrupt erfolgen.
(3) Barbiturate machen körperlich und psychisch abhängig.
(4) Der Entzug kann problemlos ambulant durchgeführt werden.

(A) Nur Aussagen 1, 2 und 3 treffen zu.
(B) Nur Aussagen 1, 3 und 4 treffen zu.
(C) Nur Aussagen 2, 3 und 4 treffen zu.
(D) Nur Aussagen 1 und 3 treffen zu.
(E) Alle Aussagen sind richtig.

146 Welche der folgenden Aussagen zur Motivation von Suizid ist/sind zutreffend?

✗ (1) Hinter einem Suizid-Versuch kann sich der Wunsch verbergen, es den anderen, heimzuzahlen".
✗ (2) Mit einem Suizid-Versuch setzen die Betroffenen häufig ein nochmaliges Signal. Es ist ein Appell an die Umwelt.

✗ (3) Dahinter kann der Wunsch stehen, eigene Ideen durchzusetzen.
(4) Die Art der Durchführung laßt Rückschlüsse zu, wie ernst es dem Betroffenen mit seinem Selbstmordversuch war.
(5) Ein Suizidversuch muss nicht ernstgenommen werden, weil er ohnehin meist nicht zur Ausführung kommt.

(A) Nur Aussagen 1 und 2 treffen zu.
✗ (B) Nur Aussagen 1, 2 und 3 treffen zu.
(C) Nur Aussagen 2 und 3 treffen zu.
(D) Nur Aussagen 1, 2, 3 und 4 treffen zu.
(E) Alle Aussagen sind richtig.

147 Wann sind die Voraussetzungen für eine Einweisung nach dem bayerischen Unterbringungsgesetz gegeben? Welche der folgenden Aussagen ist/sind zutreffend?

Jemand kann gegen seinen Willen in einem psychiatrischen Krankenhaus untergebracht werden...

(1) aufgrund einer psychischen Krankheit bei gleichzeitiger Selbst- oder Fremdgefährdung
(2) wenn jemand täglich einen Vollrausch hat
(3) bei krankhafter Verschwendungssucht
(4) wenn jemand mehrmals (z.B. das 10. Mal) schwer seelisch an derselben Erkrankung erkrankt
(5) bei krankhafter Spielsucht

(A) Nur Aussage 1 trifft zu.
(B) Nur Aussagen 1 und 2 treffen zu.
(C) Nur Aussagen 1, 2 und 3 treffen zu.
(D) Nur Aussagen 1, 2, 3 und 4 treffen zu.
(E) Alle Aussagen sind richtig.

148 Welche Antwort(en) ist/sind richtig?

Der symbiontische Wahn (Folie à deux)...

(1) bezeichnet das gleichzeitige Auftreten von zwei voneinander unabhängigen Wahnsystemen bei demselben Patienten
(2) kann in Form eines Verfolgungswahns auftreten
(3) ist in der Regel eine Folge von Alkoholabusus

(A) Nur Aussage 1 ist richtig.
(B) Nur Aussage 2 ist richtig.
(C) Nur Aussage 3 ist richtig.
(D) Nur Aussagen 1 und 2 sind richtig.
(E) Nur Aussagen 2 und 3 sind richtig.

149 Psychotherapie ist eine erlaubnispflichtige Ausübung der Heilkunst:

(1) wenn sie der Erkennung von seelischen Krankheiten oder Leiden dient
(2) wenn sie bei vorhandenem Befund so durchgeführt wird, dass der Patient durch die konkrete Behandlung keinen gesundheitlichen Schaden erleidet
(3) wenn eine verhaltenstherapeutische Behandlung, z.B. bei Phobien oder Zwangssymptomen, durchgeführt wird
(4) wenn homöopathische Mittel verschrieben werden

(A) Nur die Aussagen 1 und 2 treffen zu.
(B) Nur die Aussagen 1, 2 und 3 treffen zu.
(C) Nur die Aussagen 1 und 3 treffen zu.
(D) Nur die Aussagen 2, 3 und 4 treffen zu.
(E) Alle Aussagen sind zutreffend.

150 Sie behandeln einen Mann, der trotz Ihrer therapeutischen Bemühungen unbeirrt droht, „seinen Nebenbuhler abzustechen". Überlegungen zur Planausführung deutet er Ihnen an. Schließlich zeigt er Ihnen ein mitgeführtes Küchenmesser, bevor er sich verabschiedet.

Was machen Sie?

(A) Ich lasse ihn gehen, da derartige Drohungen ohnehin nicht in die Tat umgesetzt werden.
(B) Ich benachrichtige die Angehörigen und warne seinen Nebenbuhler.
(C) Ich benachrichtige den behandelnden Arzt, damit er beruhigende Medikamente verschreibt.
(D) Ich rufe die Polizei.
(E) Ich rufe vorsichtshalber den Notarzt bzw. den ambulanten Notdienst.

151 Wie beurteilen Sie die folgenden Aussagen zur Selbsttötungstendenz zwangskranker Menschen?

(1) Ein Zwangskranker ist nie selbstgefährdet.
(2) Zwangsgedanken und Zwangsrituale blockieren die Ausführung einer Selbsttötungshandlung vollständig.
(3) Zwangsgedanken und Zwangsrituale sind ein bedingter Schutz gegen die Vollendung einer Selbsttötungshandlung.
(4) Bei einer Abnahme der Zwangsgedanken und Zwangsrituale kann die aktuelle Selbstgefährdung zunehmen.

(A) Nur die Aussage 1 trifft zu.
(B) Nur die Aussage 2 trifft zu.
(C) Nur die Aussagen 1 und 2 treffen zu.
(D) Nur die Aussagen 3 und 4 treffen zu.
(E) Alle Aussagen sind unzutreffend.

152   Bei welchen Symptomen denken Sie nicht in erster Linie an eine Psychose, sondern an eine körperliche Erkrankung?

(1) Anfälle kurzdauernder Bewusstlosigkeit
(2) Störungen in der Orientiertheit
(3) Gedankenentzug
(4) kommentierende Stimmen
(5) anhaltende Wortfindungsstörungen

(A) Nur die Aussagen 1 und 2 treffen zu.
(B) Nur die Aussagen 3 und 4 treffen zu.
(C) Nur die Aussagen 2, 4 und 5 treffen zu.
(D) Nur die Aussagen 1, 2 und 5 treffen zu.
(E) Alle Aussagen sind unzutreffend.

153   Für die medikamentöse Behandlung von endogenen Depressionen gilt:

(1) Die Gabe von Benzodiazepinen allein ist ausreichend, wenn die Schlafstörung das belastendste Symptom ist.
✗ (2) In schweren Fällen sind trizyklische Antidepressiva Mittel der ersten Wahl.
✗ (3) Während der Therapie mit trizyklischen Antidepressiva können Manien entstehen.
✗ (4) Zur Phasenprophylaxe werden Lithiumsalze meist jahrelang gegeben.

(A) Nur die Aussagen 1, 2 und 3 treffen zu.
(B) Nur die Aussagen 1, 2 und 4 treffen zu.
(C) Nur die Aussagen 2 und 4 treffen zu.
(D) Nur die Aussagen 2, 3 und 4 treffen zu.
(E) Alle Aussagen sind zutreffend.

154   Was gehört zur typischen Symptomatik einer schweren depressiven Störung?

(1) Initiativeverlust und Handlungsunfähigkeit
(2) Suizidgedanken
(3) morgendliches Früherwachen
(4) abendliches Stimmungstief wegen der unbewältigten Last des Tages
(5) körperliche Begleitsymptome wie Appetitlosigkeit und Stuhlverstopfung

(A) Nur die Aussagen 1, 2 und 4 sind richtig.
(B) Nur die Aussagen 1, 2 und 3 sind richtig.
(C) Nur die Aussagen 1, 2, 3 und 4 sind richtig.
(D) Nur die Aussagen 1, 2, 3 und 5 sind richtig.
(E) Alle Aussagen sind richtig.

155   Welche der folgenden Aussagen zur Entwöhnungsbehandlung Suchtkranker ist zutreffend?

(A) Oberstes Prinzip ist die Abschreckung („Aversionsbehandlung").
(B) Der Patient ist mit dem Abklingen der körperlichen Entzugssymptome praktisch entwöhnt.
(C) Eine stationäre Entwöhnungsbehandlung dauert nach wie vor 9–12 Monate.
(D) Die Entwöhnungsbehandlung muss auf die individuellen Ursachen und die Entstehungsbedingungen der Suchtkrankheit eingehen.
(E) Die Entwöhnungsbehandlung beschränkt sich realistischerweise auf die Vorsatzbildung zur Abstinenz.

156 **Für die Alkoholkrankheit in der Bundesrepublik Deutschland trifft zu:**

(1) Der Prozentsatz liegt bei Männern höher als bei Frauen.
(2) Die Prävalenz alkoholismusgefährdeter Erwachsener liegt bei mehreren Prozent (3–5%).
(3) Die höchste Rate findet sich bei ungelernten bzw. angelernten Arbeitern und in der Gruppe der Selbständigen und Freiberuflichen.

(A) Nur die Aussage 1 ist zutreffend.
(B) Nur die Aussagen 2 und 3 treffen zu.
(C) Nur die Aussagen 1 und 2 treffen zu.
(D) Nur die Aussagen 1 und 3 treffen zu.
(E) Alle Aussagen sind zutreffend.

157 **Bei welchen Veränderungen können Gangunsicherheiten vorkommen?**

(1) Innenohrerkrankungen
(2) hysterischen Neurosen
(3) Polyneuropathien
(4) orthopädischen Veränderungen
(5) nach Schädel-Hirn-Verletzungen

(A) Nur die Aussage 2 ist richtig.
(B) Nur die Aussagen 2 und 3 sind richtig.
(C) Nur die Aussagen 2, 3 und 4 sind richtig.
(D) Nur die Aussagen 1, 3, 4 und 5 sind richtig.
(E) Alle Aussagen sind richtig.

158 **Eine leichte kognitive Störung (Störung der Denkprozesse) äußert sich in verminderter geistiger Spannkraft und vorzeitiger Ermüdbarkeit bei sonst leicht bewältigten Tätigkeiten bzw. Aufgaben.**

Ursache kann sein:

(1) Schlafdefizit, übermäßige Müdigkeit
(2) HIV-Infektion im Vorstadium der AIDS-Erkrankung
(3) vorübergehende Störung nach leichter Allgemeinerkrankung (z.B. grippaler Infekt)
(4) psychoreaktive Ursache in Belastungssituationen
(5) Zustand nach Gehirnerschütterung

(A) Nur die Aussage 1 trifft zu.
(B) Nur die Aussagen 2 und 3 treffen zu.
(C) Nur die Aussagen 1, 2 und 3 treffen zu.
(D) Nur die Aussagen 1, 2, 3 und 5 treffen zu.
(E) Alle Aussagen sind zutreffend.

159 **Für länger dauernde, hartnäckige Schlafstörungen gilt:**

(1) Typisch sind oft Störungen des Schlaf-Wach-Rhythmus.
(2) Sie treten vorwiegend im Zusammenhang mit psychotischen Episoden auf.
(3) Insbesondere bei zusätzlichen Körpersymptomen ist eine somatische Verursachung ärztlich abzuklären.
(4) Schlafmittel können unbedenklich eingesetzt werden.
(5) Es kann sich dabei um Reaktionen auf psychische Belastungssituationen handeln.

(A) Nur die Aussagen 1, 2 und 4 sind richtig.
(B) Nur die Aussagen 2, 3, 4 und 5 sind richtig.
(C) Nur die Aussagen 1, 3 und 5 sind richtig.
(D) Nur die Aussagen 1, 3, 4 und 5 sind richtig.
(E) Alle Aussagen sind richtig.

160   Beurteilen Sie den ersten und zweiten Halbsatz der nachfolgenden Aussage unabhängig voneinander und im Hinblick auf die kausale Verknüpfung:

(1) Einen pathologischen Rausch haben in erster Linie junge, gesunde Menschen, die noch nicht in Berührung mit Alkohol gekommen sind,
weil
(2) Menschen, die wenig oder kaum Alkohol trinken, ihn weniger vertragen als Personen, die durch häufigen Genuss daran gewöhnt sind.

(A) Aussagen 1 und 2 sind richtig, die Verknüpfung ist richtig.
(B) Aussagen 1 und 2 sind richtig, die Verknüpfung ist falsch.
(C) Aussage 1 ist richtig, Aussage 2 ist falsch.
(D) Aussage 1 ist falsch, Aussage 2 ist richtig.
(E) Aussagen 1 und 2 sind falsch.

161   Wie lautet die zutreffendste Bezeichnung für dieses Beschwerdebild?

 Eine 30-jährige Patientin leidet zum wiederholten Male unter bedrückter Stimmung, ist wehleidig, klagsam, entschlusslos, psychomotorisch und im Denkablauf gehemmt. Die gleichzeitig geschilderten Befürchtungen um das körperliche Wohl – bei fehlendem Organbefund – drehen sich in der Hauptsache um den Stuhlgang.

(A) Zwangssyndrom
(B) depressiv-hypochondrisches Syndrom
(C) Konversionsneurose
(D) somatisierte Depression
(E) Phobie

162   Welches der folgenden Merkmale tritt bei Morphin-Entzug nicht auf?

(A) Pupillenerweiterung
(B) Tränenfluss
(C) Obstipation
(D) Übelkeit und Erbrechen
(E) Tachypnoe (gesteigerte Atmung)

163   Beurteilen Sie die beiden Aussagen unabhängig voneinander und die Art ihrer Verknüpfung:

(1) Das Lösungsmittel Azeton ist für Jugendliche als Schnüffeldroge nicht geeignet,
weil
(2) es aufgrund seiner akuten Toxizität keine euphorische Wirkung erzeugt.

(A) Aussagen 1 und 2 sind richtig, die Verknüpfung ist richtig.

(B) Aussagen 1 und 2 sind richtig, die Verknüpfung ist falsch.
(C) Aussage 1 ist richtig, Aussage 2 ist falsch, keine Verknüpfung möglich.
(D) Aussage 1 ist falsch, Aussage 2 ist richtig, keine Verknüpfung möglich.
(E) Aussagen 1 und 2 sind falsch, keine Verknüpfung möglich.

164 Welche Aussage trifft nicht zu?

Im Delirium tremens finden sich typischerweise...

(A) vermehrte Suggestibilität
(B) systematisierter Wahn
(C) optische Halluzinationen
(D) vegetative Störungen
(D) Bewusstseinsstörungen

165 Chronische Morphin-Abhängigkeit ist gekennzeichnet durch:

(1) Pupillenerweiterung
(2) Appetitlosigkeit
(3) Durchfall
(4) Nachlassen der Libido
(5) Abmagerung

(A) Nur die Aussagen 1, 4 und 5 treffen zu.
(B) Nur die Aussagen 1, 3, 4 und 5 treffen zu.
(C) Nur die Aussagen 2, 4 und 5 treffen zu.
(D) Nur die Aussagen 1, 2, 4 und 5 treffen zu.
(E) Alle Aussagen sind zutreffend.

166 Autogenes Training...

(A) ist die Methode der Wahl zum Abbau von Zwangshandlungen
(B) hat sich bei der Behandlung des Korsakow-Syndroms als hilfreich erwiesen

(C) beeinflusst in der Regel die Gespanntheit eines akut psychotischen Patienten günstig
(D) ist zumeist indiziert in der melancholischen Phase bei Zyklothymien
(E) keine der Aussagen A-D trifft zu

167 Man unterscheidet in der Psychoanalyse üblicherweise zwischen Übertragung und Gegenübertragung. Mit dem Begriff Übertragung werden in der Psychoanalyse in dieser Hinsicht üblicherweise bezeichnet:

(1) persönlichkeitseigene Tendenz eines Therapeuten, den Patienten in bestimmter Weise zu sehen
(2) Reaktion eines Therapeuten auf ihm entgegengebrachte Gefühle des Patienten
(3) die Gesamtheit aller Gefühle, Wahrnehmungen und Erwartungen, die ein Arzt einem Patienten entgegenbringt

(A) Nur die Aussage 1 ist richtig.
(B) Nur die Aussage 2 ist richtig.
(C) Nur die Aussagen 1 und 2 sind richtig.
(D) Nur die Aussagen 2 und 3 sind richtig.
(E) Alle Aussagen sind falsch.

168 Welches der folgenden Therapieverfahren legt besonderen Wert auf Akzeptanz, Empathie und spiegelnde Gespräche über die gegenwärtige Situation?

(A) Verhaltenstherapie
(B) Psychoanalyse
(C) Gesprächstherapie
(D) Gesprächspsychotherapie nach Rogers
(E) Hypnoseverfahren

169 Typisch für eine lange bestehende Alkoholkrankheit sind:

(1) Persönlichkeitsveränderung, sozialer Abstieg
(2) Libidoverlust und Eifersuchtswahn
(3) epileptische „Gelegenheits"-Anfälle
(4) Durchschlafstörungen

(A) Nur die Aussagen 1, 2 und 4 treffen zu.
(B) Nur die Aussagen 1, 2 und 3 treffen zu.
(C) Nur die Aussagen 1, 3 und 4 treffen zu.
(D) Nur die Aussagen 1 und 3 treffen zu.
(E) Alle Aussagen sind zutreffend.

170 Welche(s) Symptom(e) ist/sind nicht typisch für ein (Entzugs-)Delir bei einer Alkoholkrankheit?

(1) psychomotorische Unruhe
(2) Bewusstseinstrübung
(3) illusionäre Verkennung
(4) Suggestibilität
(5) Gedankeneingebung

(A) Aussage 2 ist zutreffend.
(B) Aussage 4 ist zutreffend.
(C) Aussage 5 ist zutreffend.
(D) Aussagen 1, 3 und 4 sind zutreffend.
(E) Keine der Aussagen ist zutreffend.

171 Hinsichtlich der Zyklothymie (manisch-depressive Erkrankung) treffen folgende Aussagen zu:

(1) Der Krankheitsgipfel liegt bei schwülem Sommerwetter.
(2) Die Depression ist gekennzeichnet durch Antriebslosigkeit, Niedergeschlagenheit, Apathie und Interesselosigkeit.

(3) Zyklothymien treten familiär gehäuft auf.
(4) Im Intervall nach einer Episode heilt die Erkrankung meist vollkommen aus.

(A) Nur die Aussagen 1, 2 und 3 treffen zu.
(B) Nur die Aussagen 1, 2 und 4 treffen zu.
(C) Nur die Aussagen 2 und 3 treffen zu.
(D) Nur die Aussagen 2, 3 und 4 treffen zu.
(E) Alle Aussagen sind zutreffend.

172 Welche der folgenden Beobachtungen sprechen für einen Alkoholiker?

(1) interessante Aktivitäten
(2) Beobachten beim heimlichen Trinken
(3) deutliche Beeinträchtigung der Persönlichkeit und der sozialen Stellung
(4) Wechsel zwischen aggressivem oder angeberischem Verhalten und Selbstmitleid

(A) Nur die Aussagen 1, 3 und 4 treffen zu.
(B) Nur die Aussagen 1 und 2 treffen zu.
(C) Nur die Aussagen 2, 3 und 4 treffen zu.
(D) Nur die Aussagen 3 und 4 treffen zu.
(E) Alle Aussagen sind zutreffend.

173 Typisch für die Alkoholhalluzinose ist/sind:

(1) keine Bewusstseinsstörungen
(2) oft Ängste
(3) akustische Halluzinationen
(4) eine Alkoholhalluzinose kann in eine chronische Form übergehen

(A) Nur die Aussagen 1 und 3 treffen zu.
(B) Nur die Aussagen 1 und 2 treffen zu.
(C) Nur die Aussagen 2 und 3 treffen zu.
(D) Nur die Aussagen 2, 3 und 4 treffen zu.
(E) Alle Aussagen sind zutreffend.

174 Welche der Aussagen ist zutreffend?

(A) Jede psychotische Episode kann ausschließlich durch personale Intervention ausreichend beeinflusst werden.
(B) Neuroleptika sind so zu dosieren, dass keinesfalls eine Bewegungsstörung als Nebenwirkung auftritt.
(C) Neuroleptika sind so zu dosieren, dass keinerlei produktive Restsymptomatik bestehen bleibt.
(D) Die stützende psychotherapeutische Behandlung einer psychotischen Episode spart Medikation und steigert die Befindensqualität.
(E) Auch im Intervall nach einer psychotischen Episode kann nie auf eine Dauermedikation verzichtet werden.

175 Es handelt sich um...

 Eine 45-jährige Frau leidet seit mehreren Jahren unter anhaltenden, aber stark wechselnden Beschwerden wie Hautbrennen und -jucken, schmerzhaften Magen-Darm-Beschwerden, Übelkeit, Erbrechen verbunden mit Unpässlichkeit, sowie Gereiztheit und dem Auftreten interfamiliärer Spannungen. Eine körperliche Ursache war bisher immer auszuschließen.

(A) eine multiple psychosomatische (vielgestaltige leibseelische) Störung – Somatisierungsstörung
(B) einen hypochondrischen Wahn (die Wahngewissheit über die Existenz einer nicht vorhandenen körperlichen Erkrankung)
(C) eine somatisierte, d.h. mit Körperbeschwerden verbundene Depression
(D) Symptome einer Zuckerkrankheit
(E) typische Wechseljahresbeschwerden

176 Psychosen oder psychoseähnliche Zustände aufgrund exogener Ursachen ...

(1) können immer leicht erkannt werden
(2) zeigen nie Halluzinationen
(3) zeigen immer Bewusstseinstrübungen
(4) sind immer desorientiert in Raum und Zeit
(5) haben immer eine körperliche Ursache

(A) Nur die Aussagen 2, 3, 4 und 5 treffen zu.
(B) Nur die Aussagen 2, 3 und 4 treffen zu.
(C) Nur die Aussagen 2, 4 und 5 treffen zu.
(D) Nur die Aussage 5 ist richtig.
(E) Alle Aussagen sind richtig.

177 Welche der folgenden Konflikte ist für die orale Phase charakteristisch?

(A) Rivalität – Kooperation
(B) Urvertrauen – Urmisstrauen
(C) Autonomie – Selbstzweifel
(D) Behalten – Hergeben
(E) Ordnung – Unordnung

178 Welche Aussage(n) über die psycho-analytische Theorie der Triebentwicklung trifft/treffen zu?

(1) Bereits Kleinkinder können genitale Lustempfindungen haben.
(2) Der Penisneid des kleinen Mädchen wird als weibliche Form des Kastrationskomplexes verstanden.
(3) Genitale Lustempfindungen treten erst nach der Latenzphase auf.
(4) Die genitale Stufe der Triebentwicklung wird in der Pubertät erreicht.

(A) Nur Aussage 1 ist richtig.
(B) Nur Aussage 2 ist richtig.
(C) Nur Aussage 3 ist richtig.
(D) Nur Aussagen 1, 2 und 4 sind richtig.
(E) Nur Aussagen 2, 3 und 4 sind richtig.

179 Ein Patient sagt zum Psychotherapeuten: „Meine Frau weiß nicht, dass ich trinke. Ich habe Angst, dass sie mich verlässt, wenn sie es erfährt." Folgende Reaktion(en) des Psychotherapeuten ist/sind im Sinn einer non-direktiven Gesprächsführung (patientenzentriert):

(1) Ich glaube, Sie brauchen sich nicht zu beunruhigen. Ihre Frau wird Sie bestimmt verstehen.
(2) Sie befürchten, dass sich Ihre Frau dann von Ihnen abwendet.
(3) Wieviel trinken Sie denn pro Tag?
(4) Vielleicht können Sie das Verständnis Ihrer Frau gewinnen, wenn Sie Ihr erklären, dass Ihre momentane Belastung dazu geführt hat.

(A) Nur Aussage 2 ist richtig.
(B) Nur Aussagen 1 und 4 sind richtig.
(C) Nur Aussagen 2 und 3 sind richtig.

(D) Nur Aussagen 1, 2 und 4 sind richtig.
(E) Nur Aussagen 2, 3 und 4 sind richtig.

180 Welche der folgenden Aussagen zur epileptischen Wesensänderung trifft/treffen zu?

(1) Sie kann als psychische Nebenwirkung der anfallshemmenden Medikamente überlagert werden.
(2) Sie tritt im Verlauf der Erkrankung bei jedem Epilepsiekranken auf.
(3) Sie ist nur kurze Zeit nach dem Krampfanfall feststellbar.

(A) Nur Aussage 1 ist richtig.
(B) Nur Aussagen 1 und 2 sind richtig.
(C) Nur Aussagen 1 und 3 sind richtig.
(D) Nur Aussagen 2 und 3 sind richtig.
(E) Alle Aussagen sind richtig.

181 Welche der folgenden von Patienten geschilderten Erlebnisweisen sind offensichtlich Halluzinationen?

(1) Ich spüre oft in meinem Körper elektrische Ströme, die von den Hausbewohnern durch moderne Apparate erzeugt werden.
(2) In der Krankheit höre ich alles überscharf und quälend.
(3) Möbel, Tisch und Stühle usw. in meinem Zimmer erschienen mir klein und verzerrt; das Zimmer länger und breiter als es in Wirklichkeit ist.
(4) Die Landschaft vor mir bewegte sich mit einen Mal ganz stark.
(5) Neulich, als ich allein zu Hause war, hörte ich deutlich, wie die Schwägerin und der Bruder über mich sprachen, obwohl niemand anwesend war.

(A) Nur Aussagen 1 und 5 sind richtig.
(B) Nur Aussagen 1, 3 und 5 sind richtig.
(C) Nur Aussagen 2, 3 und 5 sind richtig.
(D) Nur Aussagen 1, 2, 3 und 4 sind richtig.
(E) Nur Aussagen 1, 2, 4 und 5 sind richtig.

182 **Ein Patient gibt beim Erblicken eines Strohhalms auf der Straße an, der Strohhalm sei eigens für ihn hingelegt als Zeichen, er solle eine bestimmte Frau aussuchen. Bei diesem Phänomen handelt es sich am ehesten um:**

(A) eine schizophrene Störung des Ich-Erlebens in Form der so genannten Willensbeeinflussung
(B) ein formale Denkstörung
(C) eine Wahnwahrnehmung
(D) Zwangsgedanken
(E) Affektillusion

183 **Folgende Aussage(n) über die formalen Denkstörungen bei endogenen Psychosen ist/sind zutreffend:**

(1) Bei der ausgeprägten Denkzerfahrenheit steht für den Untersucher ein Gedanke weitgehend beziehungslos neben dem anderen.
(2) Die Denkdissoziation bei Schizophrenen reicht von einfacher Lockerung der Gedankenketten mit Auslassen von Zwischengliedern bis zum völligem Zerfall des Denkens.
(3) Zu den formalen Denkstörungen wird auch der Wahn in seinen unterschliedlichen Äußerungsweisen gerechnet.

(A) Nur Aussage 2 ist richtig.
(B) Nur Aussagen 1 und 2 sind richtig.

(C) Nur Aussagen 1 und 3 sind richtig.
(D) Nur Aussagen 2 und 3 sind richtig.
(E) Alle Aussagen sind richtig.

184 **Ein Déjà-vu-Erlebnis ist gekennzeichnet durch:**

(1) das Gefühl, etwas schon einmal gesehen/erlebt zu haben
(2) Ablauf des eigenen Lebensfilmes in ganz kurzer Zeit
(3) Empfindungen, als schaue man sich selbst zu, wie man im Leben handelt

(A) Nur Aussage 1 ist richtig.
(B) Nur Aussage 2 ist richtig.
(C) Nur Aussage 3 ist richtig.
(D) Nur Aussagen 1 und 3 sind richtig.
(E) Nur Aussagen 2 und 3 sind richtig.

185 **Ein Patient berichtet, er habe bemerkt, dass ihm seine Gedanken weggenommen werden. Er werde von jemanden dirigiert. Zum Beispiel müsse er gegen seinen Willen bestimmte Bewegungen ausführen. Man verursache vermutlich durch Apparate in seinem Körper elektrische Ströme, die in Wellen kämen. Es handelt sich psychopathologisch um folgende Phänomene:**

(1) Wahnwahrnehmung
(2) so genannte Willensbeeinflussung
(3) Gedankenentzug
(4) leibliche Beeinflussungserlebnisse

(A) Nur Aussagen 1 und 4 sind richtig.
(B) Nur Aussagen 2 und 3 sind richtig.
(C) Nur Aussagen 1, 2 und 3 sind richtig.
(D) Nur Aussagen 2, 3 und 4 sind richtig.
(E) Alle Aussagen sind richtig.

186 Beurteilen Sie den ersten und zweiten Halbsatz der nachfolgenden Aussage unabhängig voneinander und im Hinblick auf die kausale Verknüpfung:

(1) Antriebsstörungen sind differentialdiagnostisch weit weniger richtungsweisend,
weil
(2) Antriebsstörungen bei körperlich begründbaren Psychosen und bei endogenen Psychosen sowie bei charakterogener und neurotischer Antriebsschwäche vorkommen.

(A) Aussagen 1 und 2 sind richtig, die Verknüpfung ist richtig.
(B) Aussagen 1 und 2 sind richtig, die Verknüpfung ist falsch.
(C) Aussage 1 ist richtig, Aussage 2 ist falsch.
(D) Aussage 1 ist falsch, Aussage 2 ist richtig.
(E) Aussage 1 ist falsch, Aussage 2 ist falsch.

187 Depressive Syndrome kommen vor bei:

(1) schizophrenen Erkrankungen
(2) progressiver Paralyse
(3) Wöchnerinnen

(A) Aussage 2 ist richtig.
(B) Aussagen 1 und 2 sind richtig.
(C) Aussagen 1 und 3 sind richtig.
(D) Aussagen 2 und 3 sind richtig.
(E) Alle Aussagen sind richtig.

188 Körperlich begründbare Psychosen, die von schizophrenen Psychosen psychopathologisch im Querschnitt schwer unterscheidbar sind, können vorkommen:

(1) bei der Therapie mit Anti-Parkinson-Präparaten (z.B. L-Dopa)
(2) infolge Missbrauch von Halluzinogenen (z.B. LSD, Meskalin)
(3) bei Temporallappentumoren

(A) Aussage 2 ist richtig.
(B) Aussagen 1 und 2 sind richtig.
(C) Aussagen 1 und 3 sind richtig.
(D) Aussagen 2 und 3 sind richtig.
(E) Alle Aussagen sind richtig.

189 Das Korsakow-Syndrom kann auftreten bei:

(1) chronischem Alkoholismus
(2) nach schweren, gedeckten Schädel-Hirn-Traumen
(3) als akutes und rasch remittierendes Krankheitsbild bei Hirnschädigung
(4) zum Beispiel nach Kohlenmonoxidvergiftungen

(A) Aussagen 1 und 4 sind richtig.
(B) Aussagen 1, 2 und 3 sind richtig.
(C) Aussagen 1, 3 und 4 sind richtig.
(D) Aussagen 2, 3 und 4 sind richtig.
(E) Alle Aussagen sind richtig.

190 Die Fahrtüchtigkeit kann beeinträchtigt sein durch:

(1) endogene Psychosen
(2) symptomatische Psychosen
(3) Drogenabhängigkeit
(4) emotionale Instabilität
(5) neurotische Störungen

(A) Aussagen 1 und 2 sind richtig.
(B) Aussagen 1 und 3 sind richtig.
(C) Aussagen 1, 2 und 3 sind richtig.
(D) Aussagen 3, 4 und 5 sind richtig.
(E) Alle Aussagen sind richtig.

191 Bei schweren endogenen Depressionen empfiehlt es sich:

(1) den Kranken auf etwaig bestehende Suizidgedanken anzusprechen
(2) gegenüber dem Patienten wiederholt zu betonen, dass es sich um eine Krankheit handelt
(3) gegenüber dem Patienten wiederholt von der Heilbarkeit seiner Krankheit zu sprechen
(4) immer wieder mit Nachdruck an den Kranken zu appellieren, mehr Willen und Energie zu zeigen

(A) Nur Aussagen 1 und 2 sind richtig.
(B) Nur Aussagen 1 und 4 sind richtig.
(C) Nur Aussagen 1, 2 und 3 sind richtig.
(D) Nur Aussagen 2, 3 und 4 sind richtig.
(E) Alle Aussagen sind richtig.

192 Merkmal(e) einer pathologischen (abnormen) Trauerreaktion ist/sind:

(1) dass sie unverhältnismäßig lange dauert
(2) eine gestörte intrapsychische Verlustbearbeitung vorliegt
(3) Abkapslung, Verbitterung und Ressentiment vorliegen
(4) im Gegensatz zur neurotische Depression ausgeprägte vegetative Symptome fehlen

(A) Nur Aussage 2 ist richtig.
(B) Nur Aussagen 1 und 3 sind richtig.
(C) Nur Aussagen 2 und 3 sind richtig.

(D) Nur Aussagen 1, 2 und 3 sind richtig.
(E) Alle Aussagen sind richtig.

193 Beurteilen Sie den ersten und zweiten Halbsatz der nachfolgenden Aussage unabhängig voneinander und im Hinblick auf die kausale Verknüpfung:

(1) Die systematische Desensibilisierung ist geeignet im Rahmen der Verhaltenstherapie bei sozialer Phobie, weil
(2) der Methode des operanten Konditionierens die progressive Relaxation zugrunde liegt.

(A) Aussagen 1 und 2 sind richtig, die Verknüpfung ist richtig.
(B) Aussagen 1 und 2 sind richtig, die Verknüpfung ist falsch.
(C) Aussage 1 ist richtig, Aussage 2 ist falsch.
(D) Aussage 1 ist falsch, Aussage 2 ist richtig.
(E) Aussagen 1 und 2 sind falsch.

194 Beurteilen Sie den ersten und zweiten Halbsatz der nachfolgenden Aussage unabhängig voneinander und im Hinblick auf die kausale Verknüpfung:

(1) Die Anordnung der Betreuung nach dem Betreuungsgesetz (BTG), in dem die Betreuung Volljähriger rechtlich geregelt wird, hat grundsätzlich Geschäftsunfähigkeit des Betreuten zur Folge, weil

(2) der vom Vormundschaftsgericht bestellte Betreuer laut Betreuungsgesetz (BTG), in dem die Betreuung Volljähriger rechtlich geregelt wird, grundsätzlich sämtliche Rechtsgeschäfte des Betreuten durchführen soll.

(A) Aussagen 1 und 2 sind richtig, die Verknüpfung ist richtig.
(B) Aussagen 1 und 2 sind richtig, die Verknüpfung ist falsch.
(C) Aussage 1 ist richtig, Aussage 2 ist falsch.
(D) Aussage 1 ist falsch, Aussage 2 ist richtig.
(E) Aussage 1 ist falsch, Aussage 2 ist falsch.

195 Die Bulimia nervosa zeigt im Vergleich zur Anorexia einige Unterschiede. Welche Aussage(n) ist/sind richtig?

(1) Bei der Bulimia nervosa findet sich prozentual häufiger Leidensdruck und Krankheitseinsicht als bei der Anorexia nervosa.
(2) Das Manifestationsalter der Anorexia nervosa ist statistisch gesehen erheblich höher als das bei der Bulimia nervosa.
(3) Eine stationäre Behandlung ist eher bei der Bulimia nervosa notwendig, während der Verlauf der Anorexia nervosa in der Regel nur eine ambulante Behandlung erforderlich macht.

(A) Nur Aussage 1 ist richtig.
(B) Nur Aussagen 1 und 2 sind richtig.
(C) Nur Aussagen 1 und 3 sind richtig.
(D) Nur Aussagen 2 und 3 sind richtig.
(E) Alle Aussagen sind richtig.

196 Beurteilen Sie den ersten und zweiten Halbsatz der nachfolgenden Aussage unabhängig voneinander und im Hinblick auf die kausale Verknüpfung:

(1) Die Depravation steht häufig am Anfang einer Suchtentwicklung,
weil
(2) es bei der Depravation zu einem Verfall ursprünglicher Wertnormen kommt.

(A) Aussagen 1 und 2 sind richtig, die Verknüpfung ist richtig.
(B) Aussagen 1 und 2 sind richtig, die Verknüpfung ist falsch.
(C) Aussage 1 ist richtig, Aussage 2 ist falsch.
(D) Aussage 1 ist falsch, Aussage 2 ist richtig.
(E) Aussage 1 ist falsch, Aussage 2 ist falsch.

197 Häufige Trinkmotive jugendlicher Alkoholkonsumenten sind:

(1) Konformitätsorientierung
(2) Imitation von Erwachsenenverhalten
(3) Abbau von Kontakthemmung
(4) Angstabwehr und Spannungsreduktion

(A) Nur Aussagen 1 und 4 sind richtig.
(B) Nur Aussagen 1, 2 und 3 sind richtig.
(C) Nur Aussagen 1, 3 und 4 sind richtig.
(D) Nur Aussagen 2, 3 und 4 sind richtig.
(E) Alle Aussagen sind richtig.

198 Eine Frau, die nach der Heirat auf Wunsch ihres Mannes den von ihr gern ausgeübten Beruf aufgab und zuhause blieb, bekommt nach einer Weile plötzlich panische Angst, das Haus zu verlassen (Agoraphobie). Welche psychischen Mechanismen sind an der Entstehung dieser Angst am wahrscheinlichsten beteiligt?

(1) Verschiebung
(2) Sublimierung
(3) Rationalisierung
(4) Verdrängung

(A) Nur Aussagen 1 und 2 sind richtig.
(B) Nur Aussagen 1 und 3 sind richtig.
(C) Nur Aussagen 1 und 4 sind richtig.
(D) Nur Aussagen 2 und 3 sind richtig.
(E) Nur Aussagen 2 und 4 sind richtig.

199 Welche der anamnestischen Angaben bei einem 35jährigen Mann mit Herzbeschwerden spricht offensichtlich gegen die Diagnose Herzneurose/Herzangstneurose?

(A) Der Herzschmerz gehe mit Atemnot einher.
(B) Er leide im Zusammenhang mit den Herzbeschwerden häufig an Ohnmachtsgefühlen.
(C) Dauernde unbegründete Angst, an einem Herzinfarkt sterben zu müssen.
(D) Vor einem Jahr sei die Mutter an den Folgen eines Herzinfarkts gestorben.
(E) Keine der obigen Aussagen ist richtig.

200 Hinsichtlich der Störung von Antrieb und Affektivität gelten welche der folgenden Aussagen?

(1) Veränderungen im Bereich der Antriebssphäre sind ein häufiges Symptom bei Residualsyndromen schizophrener Erkrankungen.
(2) Zu den Antriebsstörungen zählt auch die neurotische Antriebsschwäche.
(3) Veränderung der Emotionalität sind ein häufiges Symptom bei Residualsyndromen schizophrener Erkrankungen.
(4) Störung des Antriebs ist ein wesentliches Merkmal im Rahmen organischer Wesensänderung.
(5) Bei organischer Wesensänderung ist die Affektivität selten betroffen.

(A) Nur Aussagen 1 und 3 sind richtig.
(B) Nur Aussagen 1 und 5 sind richtig.
(C) Nur Aussagen 1, 2 und 4 sind richtig.
(D) Nur Aussagen 1, 2, 3 und 4 sind richtig.
(E) Alle Aussagen sind richtig.

201 Beurteilen Sie den ersten und zweiten Halbsatz der nachfolgenden Aussage unabhängig voneinander und im Hinblick auf die kausale Verknüpfung:

(1) Jeder, der die auf das Gebiet der Psychotherapie beschränkte Erlaubnis nach dem Heilpraktikergesetz besitzt, darf sich „Heilkundlicher Psychotherapeut" nennen,
weil
(2) der Begriff „Psychotherapeut" noch nicht gesetzlich geschützt ist.

(A) Aussagen 1 und 2 sind richtig, die Verknüpfung ist richtig.

(B) Aussagen 1 und 2 sind richtig, die Verknüpfung ist falsch.
(C) Aussage 1 ist richtig, Aussage 2 ist falsch.
(D) Aussage 1 ist falsch, Aussage 2 ist richtig.
(E) Aussage 1 ist falsch, Aussage 2 ist falsch.

202 Beurteilen Sie den ersten und zweiten Halbsatz der nachfolgenden Aussage unabhängig voneinander und im Hinblick auf die kausale Verknüpfung:

(1) Ein Suizidaler sollte gegen seinen Willen stationär untergebracht werden, weil
(2) die zwangsweise Unterbringung eine Einschränkung des Rechts auf die Freiheit der Person ist.

(A) Aussagen 1 und 2 sind richtig, die Verknüpfung ist richtig.
(B) Aussagen 1 und 2 sind richtig, die Verknüpfung ist falsch.
(C) Aussage 1 ist richtig, Aussage 2 ist falsch.
(D) Aussage 1 ist falsch, Aussage 2 ist richtig.
(E) Aussage 1 ist falsch, Aussage 2 ist falsch.

203 Ein Ihnen von früher bekannter Patient kommt unangemeldet in Ihre Praxis und führt aus, Gott habe ihn auf die Missstände in der Stadt hingewiesen. Dieses sei nicht mehr hinzunehmen und Gott habe ihm befohlen, ein Zeichen zu setzen, damit nicht mehr ungestraft in der Stadtverwaltung sündige, schmutzige und teuflische Dinge geschehen. Während seiner Rede zückt er ein scharf geschliffenes Schlachtermesser, dann steht er auf und kündigt an, er werde jetzt ins Rathaus gehen und aufräumen und als erstes den Bürgermeister im Namen Gottes richten. Was machen Sie?

(A) Sie verstärken Ihre therapeutischen Bemühungen.
(B) Sie rufen die Angehörigen an, sie sollen den Patienten abholen.
(C) Sie informieren den Hausarzt des Patienten und vereinbaren für den nächsten Tag einen Termin.
(D) Sie bringen den Patienten selbst nach Hause.
(E) Sie informieren die Polizei.

204 Hinsichtlich der Suizidalität bei endogenen Depressionen gilt:

(1) Ein so genannter Raptus melancholicus (Raptus = plötzlicher Erregungszustand) mit plötzlich einschießenden, suizidalen Impulsen und unmittelbar folgender suizidaler Handlung wird unter sachgerechter Psychopharmakatherapie nicht beobachtet.
(2) Bei der Indikationsstellung zur stationären Behandlung ist die Einschätzung der Suizidalität von besonders großer Bedeutung.
(3) Die Suizidgefahr ist zu Beginn und Ende einer Phase sehr gering.

(4) Sofort mit Beginn der Behandlung mit Antidepressiva verringert sich die Suizidgefahr rapide.

(A) Nur Aussage 2 ist richtig.
(B) Nur Aussage 3 ist richtig.
(C) Nur Aussagen 1 und 2 sind richtig.
(D) Nur Aussagen 1 und 3 sind richtig.
(E) Nur Aussagen 2, 3 und 4 sind richtig.

205 Beurteilen Sie die beiden Aussagen unabhängig voneinander sowie im Hinblick auf die kausale Verknüpfung:

(1) Die progressive Muskelrelaxation (nach Jacobson) ist zur Psychotherapie von Manien sehr gut geeignet,
weil
(2) die Manie durch Antriebssteigerung, Schlaflosigkeit (geringes Schlafbedürfnis) und häufig durch dysphorische Reizbarkeit gekennzeichnet ist.

(A) Aussagen 1 und 2 sind richtig, die Verknüpfung ist richtig.
(B) Aussagen 1 und 2 sind richtig, die Verknüpfung ist falsch.
(C) Aussage 1 ist richtig, Aussage 2 ist falsch.
(D) Aussage 1 ist falsch, Aussage 2 ist richtig.

206 Welche der folgenden Aussagen treffen zu?

Die psychoanalytische Diagnostik verwertet Informationen aus folgenden Quellen:

(1) Objekte, d.h. im Prinzip nachprüfbare Informationen (z.B. Alter der Person)

(2) subjektive Situations- und Erlebnisschilderungen des Patienten
(3) Gegenübertragungsgefühle des Diagnostikers
(4) Reaktionen des Patienten auf Probedeutungen des Analytiker

(A) Aussagen 1 und 2 sind richtig.
(B) Aussagen 2 und 3 sind richtig.
(C) Aussagen 1 und 4 sind richtig.
(D) Alle Aussagen sind richtig.

207 Bei Demenz vom Alzheimer-Typ werden folgende Ausfallerscheinungen beobachtet:

(1) Orientierungsstörungen
(2) Apraxie
(3) Perseveration
(4) Wortfindungsstörungen
(5) Alexie

(A) Aussagen 1 und 2 sind richtig.
(B) Aussagen 1, 2 und 3 sind richtig.
(C) Aussagen 2 und 3 sind richtig.
(D) Aussagen 3 und 4 sind richtig.
(E) Alle Aussagen sind richtig.

208 Welche der folgenden Aussagen trifft/treffen zu?

Für Zwangserlebnisse im Rahmen einer Neurose gilt, dass...

(1) die Phänomene unter anderem als Gedankenentzug, Gedankenausbreitung und so genannte Willensbeeinflussung auftreten können
(2) die Patienten Bewusstseinsinhalte nicht beiseite schieben können
(3) die eigenen seelischen Vorgänge als von anderen und außen gemachte erlebt werden
(4) als Erklärung oft Suggestion oder Hypnose genannt werden

(5) die sich aufdrängenden Bewusstseinsinhalte als unsinnig und als ohne Grund dominierend und beharrend beurteilt werden

(A) Aussagen 1, 2 und 4 sind richtig.
(B) Aussagen 2 und 5 sind richtig.
(C) Aussagen 2, 3 und 4 sind richtig.
(D) Aussagen 4 und 5 sind richtig.
(E) Alle Aussagen sind richtig.

209 Ursachen für eine symptomatische Epilepsie können sein:

(1) traumatische Hirnschädigung
(2) raumfordernde Prozesse
(3) entzündliche Erkrankungen des Gehirns
(4) traumatisierende Erlebnisse in der frühen Kindheit
(5) Stoffwechselstörungen und Missbildungen des Nervensystems

(A) Aussagen 1 und 3 sind richtig.
(B) Aussagen 1, 2 und 4 sind richtig.
(C) Aussagen 1, 3 und 4 sind richtig.
(D) Aussagen 1, 2, 3 und 4 sind richtig.
(E) Aussagen 1, 2, 3 und 5 sind richtig.

210 Welche der folgenden Aussagen über sensitiven Beziehungswahn treffen zu?

(1) Auslösend sind oft Erfahrungen eigener psychischer Niederlagen.
(2) Oft liegt eine überstarke sexuelle Triebhemmung vor.
(3) Der Beginn der Erkrankung liegt häufig im 4. Lebensjahrzehnt.
(4) Differentialdiagnostisch muss an der Beginn einer schizophrenen Krankheit gedacht werden.

(A) Nur Aussage 1 ist richtig.
(B) Aussagen 1, 2 und 4 sind richtig.
(C) Aussagen 2, 3 und 4 sind richtig.
(D) Aussagen 3 und 4 sind richtig.
(E) Alle Aussagen sind richtig.

211 Welche der folgenden Aussagen treffen zu?

Bei einer Panikstörung kommt es häufig zu:

(1) Angst vor der Angst
(2) Vermeidungshaltung
(3) so genannten „Drop attacks" (plötzliches Hinfallen)
(4) Entfremdungsgefühlen
(5) Angst, sterben zu müssen

(A) Aussagen 1, 2, 4 und 5 sind richtig.
(B) Aussagen 2, 3 und 4 sind richtig.
(C) Aussagen 2, 3, 4 und 5 sind richtig.
(D) Aussagen 4 und 5 sind richtig.
(E) Alle Aussagen sind richtig.

212 In einem Konversionssymptom sind nach dem psychoanalytischen Modell enthalten:

(1) die Abwehr des Triebimpulses
(2) die subjektive Interpretation von somatischen Beschwerden
(3) die partielle Befriedigung eines Triebimpulses

(A) Nur Aussage 1 ist richtig.
(B) Nur Aussage 2 ist richtig.
(C) Aussagen 1 und 2 sind richtig.
(D) Aussagen 1 und 3 sind richtig.
(E) Aussagen 2 und 3 sind richtig.

213 Welche Störung des formalen Denkablaufs wird durch die nachfolgende Beschreibung am zutreffendsten charakterisiert?

Das Denken eines Patienten ist beschleunigt, einfallsreich, leicht durch Außenreize ablenkbar. Das Denkziel wird ständig gewechselt, wobei häufig nur lockere assoziative Brücken erkennbar sind.

(1) Denkzerfahrenheit
(2) Ideenflucht
(3) Gedankenabreißen
(4) Gedankenentzug
(5) Perseveration

(A) Aussage 1 ist richtig.
(B) Aussage 2 ist richtig.
(C) Aussage 3 ist richtig.
(D) Aussage 4 ist richtig.
(E) Aussage 5 ist richtig.

214 Was tritt bei einem Opiat-Entzugssyndrom bei Morphinabhängigkeit am wenigsten wahrscheinlich auf?

(1) ängstliche Unruhe
(2) Status epilepticus
(3) Gliederschmerzen
(4) Übelkeit
(5) Mydriasis

(A) Aussage 1 ist richtig.
(B) Aussage 2 ist richtig.
(C) Aussage 3 ist richtig.
(D) Aussage 4 ist richtig.
(E) Aussage 5 ist richtig.

215 Welches kennzeichnende Merkmal der Alkoholhalluzinose tritt am häufigsten auf?

(1) akustische Halluzinationen
(2) extreme Bewegungsunruhe mit unaufhörlichen Nestelbewegungen
(3) gustatorische Halluzinationen
(4) hypnagoge optische Halluzinationen
(5) schwere Bewusstseinsstörung

(A) Aussage 1 ist richtig.
(B) Aussage 2 ist richtig.
(C) Aussage 3 ist richtig.
(D) Aussage 4 ist richtig.
(E) Aussage 5 ist richtig.

216 Mit Hilfe eines Abwehrmechanismus werden verpönte Hassimpulse gegen eine bestimmte Person in besondere Freundlichkeit, ja scheinbare Zärtlichkeit, gegenüber dieser Person verwandelt. Welcher der folgenden Abwehrmechanismen liegt am wahrscheinlichsten vor?

(1) Intellektualisierung
(2) Projektion
(3) Rationalisieren
(4) Wendung gegen das Selbst
(5) Reaktionsbildung

(A) Aussage 1 ist richtig.
(B) Aussage 2 ist richtig.
(C) Aussage 3 ist richtig.
(D) Aussage 4 ist richtig.
(E) Aussage 5 ist richtig.

217 Die „paradoxe Intention" (FRANKL) bezieht sich in erster Linie auf eine(n) ...

(1) Störung innerhalb der Partnerschaftsbeziehung
(2) psychotherapeutische Technik
(3) physiologischen Stimulus
(4) bestimmte Form von Familienbeziehung
(5) psychologischen Test

(A) Aussage 1 ist richtig.
(B) Aussage 2 ist richtig.
(C) Aussage 3 ist richtig.
(D) Aussage 4 ist richtig.
(E) Aussage 5 ist richtig.

218 Was tritt bei Personen mit Bulimia nervosa am wenigsten wahrscheinlich auf?

(1) Katalepsie
(2) ausgeprägte Zahnkaries
(3) Hypokaliämie
(4) Laxanzienabusus
(5) depressives Syndrom

(A) Aussage 1 ist richtig.
(B) Aussage 2 ist richtig.
(C) Aussage 3 ist richtig.
(D) Aussage 4 ist richtig.
(E) Aussage 5 ist richtig.

219 Für die histrionische Persönlichkeitsstörung (nach ICD-10) ist in erster Linie eine der genannten Persönlichkeitseigenschaften charakteristisch:

(1) Abneigung gegen persönliche Kontakte und Vermeidung beruflicher Aktivitäten, die zwischenmenschliche Kontakte voraussetzen
(2) Unterordnung eigener Bedürfnisse unter die anderer Personen und man-
gelnde Bereitschaft zur Äußerung angemessener eigener Ansprüche
(3) übermäßiges Verlangen nach Anerkennung durch andere und oberflächliche labile Affektivität
(4) Gleichgültigkeit gegenüber Lob und Kritik, emotionale Kühle und Mangel an Temperament
(5) ängstlich-furchtsames Temperament, zwanghafte Zweifel und zwanghafte Vorsicht gegenüber den Alltagsbelangen

(A) Aussage 1 ist richtig.
(B) Aussage 2 ist richtig.
(C) Aussage 3 ist richtig.
(D) Aussage 4 ist richtig.
(E) Aussage 5 ist richtig.

220 Bei der Zwangsstörung ist psychodynamisch nach psychoanalytischer Auffassung in erster Linie von Bedeutung:

(1) Über-Ich-Strenge und Hypermoralität
(2) Durchbruch der Angst als Parathymie
(3) Wendung gegen das Selbst
(4) unbewusste paranoide Projektion eigener Affekte auf andere Personen
(5) Vermeidungsverhalten

(A) Aussage 1 ist richtig.
(B) Aussage 2 ist richtig.
(C) Aussage 3 ist richtig.
(D) Aussage 4 ist richtig.
(E) Aussage 5 ist richtig.

221 Die Grundregel (technische Grundregel) der klassischen Psychoanalyse beinhaltet (nach FREUD) in erster Linie ...

(1) die Aufforderung an den Analysanden zur freien Assoziation

(2) die konsequente Bemühung des Therapeuten, beim Analysanden die Entstehung einer Übertragungsneurose zu verhindern
(3) das Ausagieren der unbewussten Konflikte gegen den Widerstand der gewohnten Umgebung
(4) das Unterlassen tiefenpsychologischer Therapie, solange keine körperliche neurologische Untersuchung durchgeführt wurde
(5) die Behandlung ich-strukturell gestörter Patienten im Sitzen

(A) Aussage 1 ist richtig.
(B) Aussage 2 ist richtig.
(C) Aussage 3 ist richtig.
(D) Aussage 4 ist richtig.
(E) Aussage 5 ist richtig.

222 Zu den Störungen der Sexualpräferenz (nach ICD-10) zählt nicht:

(1) Fetischismus
(2) Exhibitionismus
(3) Voyeurismus
(4) Münchhausen-Syndrom
(5) Sadomasochismus

(A) Aussage 1 ist nicht richtig.
(B) Aussage 2 ist nicht richtig.
(C) Aussage 3 ist nicht richtig.
(D) Aussage 4 ist nicht richtig
(E) Aussage 5 ist nicht richtig.

223 Das präsuizidale Syndrom nach Ringel ist nicht gekennzeichnet durch:

(1) gehemmte und gegen andere Personen gerichtete Aggression
(2) situative Einengung
(3) Einengung der Wertewelt
(4) Autoaggression
(5) Suizidphantasien

(A) Aussage 1 trifft nicht zu.
(B) Aussage 2 trifft nicht zu.
(C) Aussage 3 trifft nicht zu.
(D) Aussage 4 trifft nicht zu.
(E) Aussage 5 trifft nicht zu.

224 Welche Diagnose liegt am wahrscheinlichsten vor?

 Eine (zuvor gesunde) 30-jährige Studentin berichtet, dass sie seit einigen Monaten an deutlichem Leistungsdefizit mit Konzentrations- und Gedächtnisstörungen, rascher Ermüd- und Erschöpfbarkeit und vermehrter Reizbarkeit leide. In den letzten Wochen seien zusätzlich vom Magen aufsteigende Missempfindungen aufgetreten, verbunden mit einem metallischen Geschmack. Plötzlich könne sich ein unsagbares Glücksgefühl einstellen, kurz darauf habe sie unbändige Angst, sterben zu müssen. Manchmal rufe in letzter Zeit auch jemand nach ihr oder es klopfe nachts an der Tür, ohne dass jemand da sei.

(1) hypochondrische Störung in Form der „Angst-Glücks-Psychose"
(2) hebephrene schizophrene Psychose
(3) organische schizophreniforme Psychose
(4) bipolare Störung
(5) dissoziative Störung in Form der Multiplen Persönlichkeitsstörung

(A) Aussage 1 trifft zu.
(B) Aussage 2 trifft zu
(C) Aussage 3 trifft zu.
(D) Aussage 4 trifft zu.
(E) Aussage 5 trifft zu.

225 Welche Diagnose kann aufgrund des Gesamtbildes am wahrscheinlichsten gestellt werden?

 Eine 64-jährige Witwe kommt nach Suizidversuch in Behandlung. Sie wirkt bei der Aufnahme stark gehemmt und sehr depressiv. Sie sei, so berichtet sie, appetitlos und habe Schlafstörungen. Vor sechs Monaten sei ihr Ehemann nach längerem Krebsleiden verstorben. Sie habe ihren Mann mit einer Überdosis Schmerzmittel umgebracht und sei eine Mörderin (de facto ist der Ehemann aber an seinem Krebsleiden verstorben und es gibt keine Tötungs- oder Mordhandlungen der Patientin). Sie befürchte, das werde auch bald über Radio und Fernsehen verbreitet. Jeder sehe es ihr an.

(1) symbiontischer Wahn
(2) posttraumatische Belastungsstörung
(3) schwere depressive Episode mit psychotischen Symptomen
(4) Angststörung
(5) sensitiver Beziehungswahn

(A) Aussage 1 trifft zu.
(B) Aussage 2 trifft zu
(C) Aussage 3 trifft zu.
(D) Aussage 4 trifft zu.
(E) Aussage 5 trifft zu.

226 Unter dem so genannten Triadischen System der Psychiatrie versteht man:

(1) einen gestuften Therapieplan für schwer behandelbare psychisch Kranke
(2) keine organisch bedingten Erkrankungen
(3) ein (traditionelles) Diagnoseschema psychischer Störungen

(4) den Ausschluss eines naturwissenschaftliches Krankheitsverständnisses
(5) eine Begrenzung auf die Einteilung der schizophrenen, affektiven und schizoaffektiven Erkrankungen

(A) Aussage 1 trifft zu.
(B) Aussage 2 trifft zu
(C) Aussage 3 trifft zu.
(D) Aussage 4 trifft zu.
(E) Aussage 5 trifft zu.

227 Um welches psychopathologische Symptom handelt es sich am wahrscheinlichsten?

Ein Patient berichtet, das Mienenspiel und die Bewegungen der Pfleger bezögen sich auf ihn. Man wolle ihm damit zu verstehen geben, dass er über besondere Fähigkeiten und übernatürliche Kräfte verfüge.

(1) Akoasmen
(2) Paramimie
(3) Echopraxie
(4) Wahnwahrnehmung
(5) Gedankenausbreitung

(A) Aussage 1 trifft zu.
(B) Aussage 2 trifft zu
(C) Aussage 3 trifft zu.
(D) Aussage 4 trifft zu.
(E) Aussage 5 trifft zu.

228 Welche Denkstörung ist für die Schizophrenie in erster Linie charakteristisch?

(1) Grübeln
(2) Zerfahrenheit
(3) ideenflüchtiges Denken
(4) katathyme Amnesie
(5) Denkhemmung

(A) Aussage 1 ist richtig.
(B) Aussage 2 ist richtig.
(C) Aussage 3 ist richtig.
(D) Aussage 4 ist richtig.
(E) Aussage 5 ist richtig.

229 Hinsichtlich der Symptomatik der Schizophrenie wird in der Psychiatrie zwischen Minus-Symptomatik (Negativ-Symptomatik) und Plus-Symptomatik (Positiv-Symptomatik) unterschieden. Welches der psychopathologischen Symptome wird üblicherweise zur schizophrenen Minus-Symptomatik (Negativ-Symptomatik) gerechnet?

(1) Größenwahn
(2) akustische Halluzinationen in Form dialogisierender Stimmen
(3) nihilistischer Wahn
(4) Affektverflachung
(5) akustische Halluzinationen in Form aggressiver imperativer Stimmen

(A) Aussage 1 ist richtig.
(B) Aussage 2 ist richtig.
(C) Aussage 3 ist richtig.
(D) Aussage 4 ist richtig.
(E) Aussage 5 ist richtig.

230 Einem Symptom 1. Ranges der Schizophrenie (nach KURT SCHNEIDER) entspricht am wenigsten eine der genannten Aussagen eines schizophrenen Patienten:

(1) Unbekannte Personen zwingen mir Gedanken auf, arbeiten diese in Wellen in meinen Kopf hinein, wollen mir damit übel.
(2) Ich merke, wie man mir meine Gedanken aus dem Kopf zieht, was einen unmäßigen Druck verursacht.
(3) Ich werde von Ultraschall angepeilt, moderne Apparate verursachen

in meinem Körper elektrische, in Wellen kommende Ströme.
(4) Mein Partner beeinflusst mich, er lenkt mich genau wie einen Roboter, vielleicht durch Hypnose.
(5) Seit längerer Zeit weiß ich schon, dass meine Frau mich vergiften will.

(A) Aussage 1 trifft nicht zu.
(B) Aussage 2 trifft nicht zu
(C) Aussage 3 trifft nicht zu.
(D) Aussage 4 trifft nicht zu.
(E) Aussage 5 trifft nicht zu.

231 Welche Wirkung des Antidepressivums Amitriptylin entwickelt sich bei oraler Gabe in der Regel am spätesten?

(1) Sedation
(2) Stimmungsaufhellung
(3) Mundtrockenheit
(4) Müdigkeit

(A) Aussage 1 trifft zu.
(B) Aussage 2 trifft zu
(C) Aussage 3 trifft zu.
(D) Aussage 4 trifft zu.

232 Bei der Therapie mit Neuroleptika äußert sich die unerwünschte Wirkung Akathisie in erster Linie folgendermaßen:

(1) stuporartige Bewegungslosigkeit
(2) Hypomimie
(3) Unfähigkeit, still sitzen zu können
(4) Sprachzerfall
(5) vermehrter Speichelfluss

(A) Aussage 1 trifft zu.
(B) Aussage 2 trifft zu
(C) Aussage 3 trifft zu.
(D) Aussage 4 trifft zu.
(E) Aussage 5 trifft zu.

233 Nach Klassifikation der WHO (ICD-10) zählt zu den Parasomnien insbesondere eine der folgenden Störungen:

(1) Parakinese
(2) Alpträume
(3) Einschlafstörung im Senium
(4) Kataplexie
(5) Katalepsie

(A) Aussage 1 ist richtig.
(B) Aussage 2 ist richtig.
(C) Aussage 3 ist richtig.
(D) Aussage 4 ist richtig.
(E) Aussage 5 ist richtig.

234 Hinsichtlich der (primären) Rechenstörung beim Kind, als umschriebene Entwicklungsstörung schulischer Fertigkeiten (nach ICD-10), trifft nicht zu:

(1) Laut Definition besteht im Regelfall zugleich ein erniedrigter Intelligenzquotient.
(2) Es besteht eine Diskrepanz der Leistungen im Rechnen gegenüber anderen Schulfächern.
(3) Defizite in den Grundrechenarten sind ein charakteristisches Merkmal.
(4) Im Rahmen der Diagnostik sollten die Rechenfertigkeiten im standardisierten Test geprüft werden.
(5) Bei diesen Kindern besteht das Risiko sekundärer psychischer Störungen.

(A) Aussage 1 trifft nicht zu.
(B) Aussage 2 trifft nicht zu
(C) Aussage 3 trifft nicht zu.
(D) Aussage 4 trifft nicht zu.
(E) Aussage 5 trifft nicht zu.

235 Hinsichtlich des Hyperkinetischen Syndroms (Hyperaktives Syndrom) bei Jungen ist folgende Aussage nicht zutreffend:

(1) Vorzeitiges Abbrechen von Aktivitäten ist ein Charakteristikum.
(2) Die Störung manifestiert sich im Regelfall zwischen dem 8. und 14. Lebensjahr.
(3) Häufig kommt es hierbei zu Störungen des Sozialverhaltens.
(4) Charakteristischerweise besteht ein Aufmerksamkeitsdefizit.
(5) Es besteht ein erhöhtes Unfallrisiko.

(A) Aussage 1 ist nicht richtig.
(B) Aussage 2 ist nicht richtig.
(C) Aussage 3 ist nicht richtig.
(D) Aussage 4 ist nicht richtig.
(E) Aussage 5 ist nicht richtig.

236 Welche Diagnose ist am wahrscheinlichsten?

 Ein 12-jähriger Junge zeigt auffällige Verhaltensweisen, die seine Umgebung bereits seit dem Kleinkindalter an ihm beobachtet: Er betastet andere Kinder übermäßig, wird dabei abgelehnt, schnuppert immer wieder an Gegenständen und ist durch bestimmte Geräusche übermäßig fasziniert. Er zeigt stereotype, „eckige" Bewegungen. Jede Veränderung in seiner Umgebung verursacht Unruhe. Er spielt immer mit den gleichen Gegenständen. Geringe Sprachmodulation, Echolalie. Kann photographisch genau abmalen. Verspätete Sprachentwicklung.

(1) hebephrene Schizophrenie
(2) frühkindlicher Autismus nach Kanner
(3) anaklitische Depression

(4) Rett-Syndrom
(5) Tourette-Syndrom

(A) Aussage 1 ist richtig.
(B) Aussage 2 ist richtig.
(C) Aussage 3 ist richtig.
(D) Aussage 4 ist richtig.
(E) Aussage 5 ist richtig.

237 Hinsichtlich der Alzheimer-Krankheit (Demenz vom Alzheimer-Typ) trifft nicht zu:

(1) Manifestation der Erkrankung zumeist nach dem 40. Lebensjahr.
(2) Ätiologisch wird eine sporadische von einer familiären Form unterschieden.
(3) Im Verlauf kommt es zu einer neuroradiologisch nachweisbaren Hirnatrophie.
(4) Wortfindungsstörungen sind ein typischer Befund.
✗(5) In etwa $\frac{4}{5}$ der Fälle handelt es sich um Männer.

(A) Aussage 1 trifft nicht zu.
(B) Aussage 2 trifft nicht zu
(C) Aussage 3 trifft nicht zu.
(D) Aussage 4 trifft nicht zu.
(E) Aussage 5 trifft nicht zu.

238 Mit welchem Begriff wird die erworbene Leseunfähigkeit (bei intaktem Sehvermögen) am zutreffendsten bezeichnet? Dabei meint die erworbene Leseunfähigkeit, die Unfähigkeit (vom Untersucher vorgelegtes) Geschriebenes zu erfassen, aufgrund einer neuropsychologischen Störung des Lesesinnverständnisses, z.B. im Rahmen einer optischen Agnosie nach Hirntrauma.

(1) Agraphie
(2) Dyslalie

✗(3) Alexie
(4) Anosognosie
(5) Ageusie

(A) Aussage 1 ist richtig.
(B) Aussage 2 ist richtig.
(C) Aussage 3 ist richtig.
(D) Aussage 4 ist richtig.
(E) Aussage 5 ist richtig.

239 Welche Aussagen über psychosomatische Störungen treffen zu?

(1) Psychische Störungen führen zu organischen Erkrankungen.
(2) Organische Erkrankungen führen zu seelischen Störungen.
✗ (3) Verdrängte seelische Konflikte werden auf die Organebene übertragen.
✗(4) Zu den psychosomatischen Störungen zählt man auch die Hyperthyreose.
(5) Die Störungen sind gekennzeichnet durch eine inadäquat gehobene (heitere oder gereizte) Stimmung.

(A) Aussagen 1 und 2 treffen zu.
(B) Aussage 2 und 3 treffen zu.
(C) Aussage 3 und 4 treffen zu.
(D) Aussage 4 und 5 treffen zu.
(E) Alle Aussagen treffen zu.

240 Für Morbus Crohn treffen folgende Aussagen zu:

(1) Morbus Crohn verläuft schubweise.
(2) Häufig treten Fistelbildung und Abszesse auf
(3) Ist schulmedizinisch kaum behandelbar.
(4) Das Allgemeinbefinden des Patienten während des Schubes ist nicht stark beeinträchtigt.
(5) Schleimige blutige Durchfälle sind das typische Symptom.

(A) Aussagen 1 und 2 treffen zu.
(B) Aussage 2 und 3 treffen zu.
(C) Aussage 3 und 4 treffen zu.
(D) Aussage 1,2 und 5 treffen zu.
(E) Alle Aussagen treffen zu.

241 Im Zusammenhang mit Grand-mal-Anfällen bezeichnet man als Aura in erster Linie:

(1) die enechetischen Charakter-störungen
(2) Verwirrtheitszustände nach dem eigentlichen Anfall
(3) die typische Wesensänderung des Anfallskranken
(4) bestimmte „Vorboten" vor Auftreten der tonisch-klonischen Entäuße-rungen
(5) die unspezifischen EEG-Verände-rungen im Intervall

(A) Aussage 1 ist richtig.
(B) Aussage 2 ist richtig.
(C) Aussage 3 ist richtig.
(D) Aussage 4 ist richtig.
(E) Aussage 5 ist richtig.

242 Welche Aussage/n über die vaskulär bedingte Demenz trifft/treffen zu:

(1) Die vaskuläre Demenz wird von Durchblutungsstörungen im Gehirn ausgelöst.
(2) Die Patienten sind in ihren kogni-tiven Fähigkeiten eingeschränkt.
(3) Die vaskuläre Demenz ist eine schleichende Krankheit, da die ersten Symptome undramatisch sind.
(4) $\frac{1}{5}$ aller Demenzerkrankungen sind vaskulär bedingt.
(5) Die vaskuläre Demenz wird auch als Multi-Infarkt-Demenz bezeichnet.

(A) Aussage 1 ist richtig.
(B) Aussagen 2 und 3 sind richtig.
(C) Aussagen 3 und 4 sind richtig.
(D) Aussage 4 ist richtig.
(E) Alle Aussagen sind richtig.

243 Zu den spezifischen Persönlichkeits-störungen nach ICD-10 zählt nicht:

(1) paranoide Persönlichkeitsstörung
(2) schizoide Persönlichkeitsstörung
(3) katatone Persönlichkeitsstörung
(4) emotional instabile Persönlich-keitsstörung
(5) histrionische Persönlichkeits-störung

(A) Aussage 1 ist nicht zutreffend.
(B) Aussage 2 ist nicht zutreffend.
(C) Aussage 3 ist nicht zutreffend.
(D) Aussage 4 ist nicht zutreffend.
(E) Aussage 5 ist nicht zutreffend.

244 Hinsichtlich der Hypochondrischen Störung (nach ICD-10) trifft folgende Aussage nicht zu:

(1) Die Hinwendung der Aufmerksam-keit des Betroffenen auf bestimmte Or-gane bzw. Organsysteme ist ein cha-rakteristisches Phänomen.
(2) Ein bekanntes Phänomen ist die Interpretation normaler Empfindungen als abnorm und belastend.
(3) Ein charakteristisches Phänomen ist die Weigerung, zu akzeptieren, dass den Symptomen keine körperliche Er-krankung zugrunde liegt.
(4) Bei einem Teil der Patienten be-steht eine beträchtliche Depression.
(5) Die Erstmanifestation erfolgt im Regelfall nach dem 50. Lebensjahr.

(A) Aussage 1 trifft nicht zu.
(B) Aussage 2 trifft nicht zu.

(C) Aussage 3 trifft nicht zu.
(D) Aussage 4 trifft nicht zu.
(E) Aussage 5 trifft nicht zu.

245 Welche Diagnose nach ICD-10 ist am wahrscheinlichsten?

 Eine 23-jährige Büroangestellte berichtet, dass sie seit etwa sechs Monaten anfallsartig an „Schwindel" leidet, der mit folgenden Symptomen einhergehe: Herzrasen, Schwitzen, Atembeschwerden, Zittern, Gefühl, die Umwelt sei unwirklich, Angst, zu sterben. Diese Symptomatik sei meist bei Menschenansammlungen aufgetreten, z.B. mittags beim Anstehen in der Kantine. Sie gehe deshalb nur noch in Begleitung ihrer Kollegin in die Kantine. Eine umfangreiche neurologische, internistische und HNO-ärztliche Untersuchung erbrachte keinen pathologischen Befund.

(1) dissoziative Fugue
(2) Ganser-Syndrom
(3) Agoraphobie mit Panikstörung
(4) anankastische Neurose
(5) dissoziativen Stupor

(A) Aussage 1 ist richtig.
(B) Aussage 2 ist richtig.
(C) Aussage 3 ist richtig.
(D) Aussage 4 ist richtig.
(E) Aussage 5 ist richtig.

246 Transsexualismus (nach ICD-10) …

(1) bezeichnet in erster Linie ein fetischistisches Verhalten
(2) ist in erster Linie eine sexuelle Funktionsstörung
(3) beruht im Regelfall auf einer Anomalie der Gonaden

(4) wird als Störung der Geschlechtsidentität angesehen
(5) kommt praktisch nur bei Männern vor

(A) Aussage 1 ist richtig.
(B) Aussage 2 ist richtig.
(C) Aussage 3 ist richtig.
(D) Aussage 4 ist richtig.
(E) Aussage 5 ist richtig.

247 Welche der Aussage/n über Suizidalität trifft/treffen zu?

(1) Bei schizophrenen Psychosen besteht ein erhöhtes Suizidrisiko.
(2) Bei psychiatrisch kranken Patienten, die einen Suizidversuch ankündigen, ist das Risiko eines Suizids gering.
(3) Ein kennzeichnendes Phänomen bei Suizidgefährdeten sind Äußerungen über die Sinnlosigkeit des eigenen Lebens.

(A) Nur Aussage 3 ist richtig.
(B) Nur Aussagen 1 und 2 sind richtig.
(C) Nur Aussagen 1 und 3 sind richtig.
(D) Nur Aussagen 2 und 3 sind richtig.
(E) Alle Aussagen sind richtig.

248 Welches der folgenden Psychotherapieverfahren postuliert für seine Durchführung folgende Konstellation an Therapeutenvariablen am stärksten und mit besonderer Hervorhebung:

- Echtheit auf Seiten des Therapeuten (Kongruenz)
- volle emotionale Akzeptierung und positive Wertschätzung des Patienten
- empathisches Verstehen (Empathie)

(1) Psychoanalyse nach Freud
(2) Verhaltenstherapie
(3) Hypnose

(4) Gesprächspsychotherapie nach Rogers

(5) Fokaltherapie, z.B. nach Malan

(A) Aussage 1 ist richtig.
(B) Aussage 2 ist richtig.
(C) Aussage 3 ist richtig.
(D) Aussage 4 ist richtig.
(E) Aussage 5 ist richtig.

249   Ein Patient berichtet: „Als ich abends nach Hause ging, sah ich in dem Gebüsch am Wegrand eine kauernde Gestalt." Bei dem geschilderten Phänomen handelt es sich am wahrscheinlichsten um …

(1) eine optische Halluzination
(2) ein so genanntes Spiegelphänomen
✗ (3) eine illusionäre Verkennung
(4) eine Metamorphopsie
(5) eine Wahnwahrnehmung

(A) Aussage 1 trifft zu.
(B) Aussage 2 trifft zu.
(C) Aussage 3 trifft zu.
(D) Aussage 4 trifft zu.
(E) Aussage 5 trifft zu.

250   Hinsichtlich der chronischen taktilen Halluzinose ist folgende Aussage zutreffend:

(1) Sie mündet in der Regel in eine konfabulatorische Schizophrenie.
(2) Das Krankheitsbild betrifft fast ausschließlich Männer.
(3) Hauptursache ist die Alzheimer-Krankheit.
(4) Wird auch als Dermatozoenwahn bezeichnet.
(5) Es handelt sich um die mit Abstand häufigste aller Wahnerkrankungen.

(A) Aussage 1 ist zutreffend.

(B) Aussage 2 ist zutreffend
(C) Aussage 3 ist zutreffend.
(D) Aussage 4 ist zutreffend.
(E) Aussage 5 ist zutreffend.

251   Zu den typischen Denkstörungen der Schizophrenie gehört nicht:

(1) Gedankensperrung
(2) Paraphilie
(3) Begriffszerfall
(4) Denkzerfahrenheit
(5) Vorbeireden

(A) Aussage 1 ist richtig.
(B) Aussage 2 ist richtig.
(C) Aussage 3 ist richtig.
(D) Aussage 4 ist richtig.
(E) Aussage 5 ist richtig.

252   Was tritt bei der Schizophrenie am wenigsten wahrscheinlich auf?

(1) depressive Verstimmung
(2) Parathymie
(3) Kataplexie
(4) affektive Abstumpfung
(5) ekstatische Stimmungsveränderung

(A) Aussage 1 ist richtig.
(B) Aussage 2 ist richtig.
(C) Aussage 3 ist richtig.
(D) Aussage 4 ist richtig.
(E) Aussage 5 ist richtig.

253   Zu den schizophrenen Symptomen Ersten Ranges (nach Kurt Schneider) zählt nicht:

(1) Wahnwahrnehmung
(2) Stimmenhören in der Form von Rede und Gegenrede
(3) Hören von Stimmen, die das eigene Tun mit Bemerkungen begleiten

(4) Wahneinfälle
(5) Gedankenlautwerden

(A) Aussage 1 trifft nicht zu.
(B) Aussage 2 trifft nicht zu.
(C) Aussage 3 trifft nicht zu.
(D) Aussage 4 trifft nicht zu.
(E) Aussage 5 trifft nicht zu.

254   Welches Phänomen ist für die Manie am wenigsten typisch?

(1) Schlaflosigkeit
(2) Logorrhö
(3) leibliche Beeinflussungserlebnisse
(4) Libidosteigerung
(5) Neigung zu unüberlegten Handlungen

(A) Aussage 1 trifft nicht zu.
(B) Aussage 2 trifft nicht zu.
(C) Aussage 3 trifft nicht zu.
(D) Aussage 4 trifft nicht zu.
(E) Aussage 5 trifft nicht zu.

255   Was ist für die depressive Phase bei affektiver Psychose am wenigsten charakteristisch?

(1) Denkhemmung
(2) Gefühl der Gefühllosigkeit
(3) frühes Erwachen (schon sehr früh am Morgen)
(4) Abstammungswahn
(5) zirkadiane Stimmungsschwankungen

(A) Aussage 1 trifft nicht zu.
(B) Aussage 2 trifft nicht zu.
(C) Aussage 3 trifft nicht zu.
(D) Aussage 4 trifft nicht zu.
(E) Aussage 5 trifft nicht zu.

256   Welche der folgenden Aussagen über Lithium trifft nicht zu?

(1) Lithium eignet sich sowohl zur Therapie als auch zur Prophylaxe der manischen Phasen der bipolaren endogenen Depression.
(2) Wegen der geringen therapeutischen Breite von Lithium ist eine Überwachung der Lithiumspiegel im Blut erforderlich.
(3) Polyurie und Tremor sind typische unerwünschte Lithiumwirkungen.
(4) Die Kombination von Lithium mit einem trizyklischen Antidepressivum ist kontraindiziert.
(5) Lithium kann in die Muttermilch übertreten.

(A) Aussage 1 trifft nicht zu.
(B) Aussage 2 trifft nicht zu.
(C) Aussage 3 trifft nicht zu.
(D) Aussage 4 trifft nicht zu.
(E) Aussage 5 trifft nicht zu.

257   Kennzeichnend für Schlafwandeln (Somnambulismus) ist:

(1) Das Auftreten der Episoden ist begrenzt auf das letzte Schlafdrittel.
(2) Bei Ansprache durch eine andere Person während einer somnambulen Episode ist leichtes Erwachen möglich.
(3) Es tritt zumeist in Zusammenhang mit genuiner Epilepsie auf.
(4) Während der somnambulen Episode besteht ein leerer, starrer Gesichtsausdruck.
(5) Somnambulismus tritt bevorzugt bei Erwachsenen auf.

(A) Aussage 1 ist richtig.
(B) Aussage 2 ist richtig.
(C) Aussage 3 ist richtig.
(D) Aussage 4 ist richtig.
(E) Aussage 5 ist richtig.

258 Was ist beim Stottern (Balbuties) am wenigsten wahrscheinlich zu erwarten?

✗ (1) Störung der Inspiration
(2) Schluckgeräusche
(3) Flickwörter
(4) Mitbewegung der Extremitäten
(5) Parakinesen

(A) Aussage 1 trifft nicht zu.
(B) Aussage 2 trifft nicht zu.
(C) Aussage 3 trifft nicht zu.
(D) Aussage 4 trifft nicht zu.
(E) Aussage 5 trifft nicht zu.

259 Als reaktive Begleitstörung ist bei der Legasthenie am wenigsten wahrscheinlich zu erwarten:

(1) depressiver Verstimmungszustand
(2) ausgeprägte schulische Versagensangst
(3) psychosomatische Störung
(4) Störung der Eltern-Kind-Beziehung
(5) induzierte Psychose

(A) Aussage 1 trifft nicht zu.
(B) Aussage 2 trifft nicht zu.
(C) Aussage 3 trifft nicht zu.
(D) Aussage 4 trifft nicht zu.
(E) Aussage 5 trifft nicht zu.

260 Was ist für das Hyperkinetische Syndrom des Kindesalters am wenigsten charakteristisch?

(1) Aufmerksamkeitsstörungen
(2) Störungen der Impulsivität
(3) motorische Verhaltensauffälligkeiten
(4) Verletzungen sozialer Regeln
(5) Zwangsaffekte

(A) Aussage 1 trifft nicht zu.
(B) Aussage 2 trifft nicht zu.
(C) Aussage 3 trifft nicht zu.
(D) Aussage 4 trifft nicht zu.
(E) Aussage 5 trifft nicht zu.

261 Der frühkindliche Autismus (Kanner-Syndrom) … .

(1) geht typischerweise mit Sprachstörungen einher
(2) zeigt im Regelfall keine Störung des Imitationslernens
(3) manifestiert sich meist erst im (frühen) Schulalter
(4) kommt etwa 3-mal häufiger bei Mädchen vor als bei Jungen
(5) hat eine hohe Prävalenz (ca. 100 Fälle auf 10 000 Kinder)

(A) Aussage 1 ist zutreffend.
(B) Aussage 2 ist zutreffend
(C) Aussage 3 ist zutreffend.
(D) Aussage 4 ist zutreffend.
(E) Aussage 5 ist zutreffend.

262 Im Rahmen der Abhängigkeit von psychotropen Substanzen zählen zu den diagnostischen Kriterien des Abhängigkeitssyndroms nach ICD-10:

(1) Toleranzentwicklung gegenüber den Wirkungen der Substanz
(2) körperliches Entzugssyndrom
(3) anhaltender Substanzkonsum trotz Nachweises eindeutiger schädlicher Folgen

(A) Nur Aussage 2 ist richtig.
(B) Nur Aussage 3 ist richtig.
(C) Nur Aussagen 1 und 3 sind richtig.
(D) Nur Aussagen 2 und 3 sind richtig.
(E) Alle Aussagen sind richtig.

263 Was ist am wenigsten charakteristisch für das Alkoholentzugsdelir?

(1) Desorientiertheit
(2) induzierter Wahn
(3) szenische Halluzinationen
(4) Nestelbewegungen
(5) profuse Schweißausbrüche

(A) Aussage 1 trifft nicht zu.
(B) Aussage 2 trifft nicht zu.
(C) Aussage 3 trifft nicht zu.
(D) Aussage 4 trifft nicht zu.
(E) Aussage 5 trifft nicht zu.

264 Was ist für das persistierende Korsakow-Syndrom am wenigsten typisch?

(1) Desorientiertheit in Raum und Zeit
(2) Störungen des Kurzzeitgedächtnisses
(3) Merkfähigkeitsstörungen
(4) periodische Hypersomnie
(5) Konfabulationen

(A) Aussage 1 trifft nicht zu.
(B) Aussage 2 trifft nicht zu.
(C) Aussage 3 trifft nicht zu.
(D) Aussage 4 trifft nicht zu.
(E) Aussage 5 trifft nicht zu.

265 Welche Aussagen treffen für Anorexia nervosa zu?

(1) Sie geht mit einer verstärkten Regelblutung einher.
(2) Sie wird begleitet von hoher körperlicher Aktivität.
(3) Sie geht mit hohem Leidensdruck einher.
(4) Patienten sind bei der Nahrungsauswahl sehr wählerisch.
(5) Sie wird häufig begleitet von selbst induziertem Erbrechen.

(A) Aussagen 1 und 2 treffen zu.
(B) Aussagen 1, 2 und 3 treffen zu.
(C) Aussagen 3 und 4 treffen zu.
(D) Aussagen 2, 4 und 5 treffen zu.
(E) Alle Aussagen treffen zu.

266 Für den Grand-mal-Anfall trifft folgende Aussage zu:

(1) Ursache sind meist Gehirnmissbildung und Hirnturnoren.
(2) Es treten zunächst klonische, dann tonische generalisierte Krämpfe auf.
(3) Er geht in der Regel in den Status epilepticus über.
(4) Eine Aura mit Sinnes- und Geschmacksstörungen tritt am Ende des Anfalls auf.
(5) Er kann zu Zungenbiss und zu unwillkürlichem Urin- und Stuhlabgang führen.

(A) Aussage 1 trifft zu.
(B) Aussage 2 trifft zu.
(C) Aussage 3 trifft zu.
(D) Aussage 4 trifft zu.
(E) Aussage 5 trifft zu.

267 Woran denken Sie zuerst?

 Beim Verlassen des Hauses sah ein schizophrener Mann einen Hund, der das Pfötchen kurz hob. Der Mann wertete dies als Zeichen, nicht in den Aufzug zu steigen, da sonst etwas Schlimmes passieren würde.

(1) optische Halluzination
(2) illusionäre Verkennung
(3) Wahnwahrnehmung
(4) Denkstörung
(5) keines der genannten Symptome

(A) Aussage 1 trifft zu.
(B) Aussage 2 trifft zu.
(C) Aussage 3 trifft zu.
(D) Aussage 4 trifft zu.
(E) Aussage 5 trifft zu.

ANTWORTEN ZU DEN AMTSARZTFRAGEN aus den Jahren 1994–2002

A 1   A

Ausübung der Heilkunde im Sinne des Heilpraktikergesetzes bedeutet jede berufs- oder gewerbemäßig vorgenommene Tätigkeit zur Feststellung, Heilung oder Linderung von Krankheiten, Leiden oder Körperschäden, auch wenn sie im Dienst von anderen ausgeübt wird.

In unserem Fall handelt es sich natürlich um alle psychischen Krankheiten, Leiden etc. Und Antwort B kommt deshalb nicht in Frage, weil die Ausübung auch im Dienst von anderen, d.h. nicht selbständig, durchgeführt werden kann.

A 2   C und D

Keine Frage. Wir benötigen eine Erlaubnis nach dem Heilpraktikergesetz und sicherlich auch ein breites Grundwissen für unsere Tätigkeit. Zu den anderen Antworten sei soviel gesagt: Sicherlich ist die Berufsbezeichnung Psychotherapeut nicht geschützt, sobald Sie aber eine Behandlung durchführen wollen, brauchen Sie eine Erlaubnis.

A 3   A, B, D

Bei der Elektrokrampf- und bei der Lithiumtherapie müssten Sie wirklich am und mit dem Körper arbeiten (im Sinne von klinischer Behandlung!) und das dürfen wir nicht.

A 4   A 3, B 1, C 4, D 2

Grundformen der Angst:
• depressive Persönlichkeit: Angst vor Ich-Werdung (z.B. jede Trennung vom Partner wird mit Angst erlebt!)
• schizoide Persönlichkeit: Angst vor Hingabe (z.B. auf niemanden angewiesen zu sein, niemandem verpflichtet zu sein!)
• zwanghafte Persönlichkeit: Angst vor Veränderung (z.B. möchte alles so lassen wie bisher aufgrund eines überwertigen Sicherungsbedürfnis!)
• „hysterische" Persönlichkeit: Angst vor Einschränkungen (z.B. Furcht vor allen Einschränkungen und Traditionen, Lebensmotto: meine Freiheit bedeutet mir alles!)

A 5   E

Zu der Gruppe der so genannten endogenen Psychosen gehört die Schizophrenie. Bei der Schizophrenie finden wir ganz eindeutig Störungen der Realitätsbezüge, der Wahrnehmung, des Denkens und der Affektivität. Und zu den biologisch auslösenden Faktoren zählt die genetische Disposition („Zwillingsforschung").

A 6   A

Es geht um die psychisch auffälligen Symptome (z.B. Wahn, Halluzinationen, Denkstörungen, Antriebsstörungen etc.), und die lassen sich bei den körperlich begründbaren Psychosen definitiv körperlich begründen (z.B. wegen Hirntumor, Alzheimer, Intoxikationen [Alkoholdelir], Multiple Sklerose etc.).

A 7   A, C, E

Erst behandeln, wenn alle anderen Möglichkeiten abgeklärt wurden!

A 8   B, D

Antidepressiva mindern die Suizidgefahr aber nicht früh (Wirkungszeit der Antidepressiva beachten!). Und kcincsfalls ist es die Regel, dass der stimmungsaufhellende Effekt dem antriebssteigernden vorausgeht!

A 9   D, E

Müdigkeit, Konzentrationsstörungen und Kopfschmerzen sind unspezifische Symptome und können daher auch von organischen oder neurologischen Erkrankungen herrühren. Vom Internisten und Neurologen abklären lassen, bevor wir behandeln.

A 10   D

 Stellen Sie sich einen Psychotiker vor, der kurz vor seiner depressiven Phase steht. Durch die begleitende Psychotherapie ist er vorbereitet und stellt sich darauf ein. Das steigert sicherlich sein Selbstwertgefühl („ich kann damit umgehen"), und folglich erspart es ihm auch eine höhere Dosierung der Antidepressiva.

A 11   C, D

 Da eine akute psychotische Episode sehr ernst zu nehmen ist, sollten Sie damit umgehen können. Sich mit dem behandelnden Arzt kurzzuschließen und eine gemeinsame Strategie, wie Sie weiter vorgehen, zu entwickeln, gehört zu Ihrer Verantwortung.
Da die meisten Psychotiker durch Pharmakotherapie behandelt werden, sollten Sie natürlich auch sofort daran denken und überprüfen, welche Medikamente genommen werden. Die Nebenwirkungen der Pharmaka sind manchmal erheblich und unter Umständen können eben dadurch solche psychotischen Episoden ausgelöst werden.

A 12   A, D

 Antriebshemmungen sind charakteristisch für Depressive (gehemmte Depression!). Therapeutisch darf auf keinen Fall Druck auf die Patienten ausgeübt werden. Die Psychotherapie sollte aus kontinuierlicher Zuwendung im Gespräch (Akzeptanz!), Geduld, Aufklärung über den Krankheitscharakter und der Heilbarkeit und dem Ansprechen möglicher Suizidgedanken bestehen!

A 13   B, D

 Die Unterbringung gefährdeter psychisch Kranker ist kein Bundesgesetz. Sie wird nach Ländergesetzen geregelt. In den wesentlichen Punkten stimmen die jeweiligen Ländergesetze überein:
Nach dem Unterbringungsgesetz sind die Voraussetzungen für eine Einweisung gegeben, wenn jemand die öffentliche Sicherheit und Ordnung aufgrund von einer psychischen Erkrankung, infolge Geistesschwäche oder da er infolge einer Sucht psychisch gestört ist, gefährdet. Die Unterbringung ist auch dann zulässig, wenn jemand sein Leben oder in erheblichem Maß seine Gesundheit gefährdet. Eine Unterbringung in einer geschlossenen Anstalt darf nur dann erfolgen, wenn keine andere Behandlungsmöglichkeit besteht.

A 14   A, C, E

 Nach § 104 BGB ist jemand geschäftsunfähig, „sich in einem die freie Willensbildung ausschließenden Zustand krankhafter Störung der Geistesfähigkeit befindet."

A 15   B, D

 Wenn Sie als behandelnder Psychotherapeut den Patienten kennen und die Verantwortung übernehmen, dürfen Sie ihn weiterbehandeln. Das Einbeziehen von Bezugspersonen oder Kollegen kann hier von großem Nutzen sein – immer daran denken!

A 16   A, B, C, D

 Die Manie oder psychotische Erkrankung sollte Ihnen ebenso klar sein, wie der Missbrauch von Drogen oder Medikamenten. Stellen Sie sich einen Tumor im Frühstadium vor, der auf bestimmte Bereiche des Gehirns drücken könnte, und bei der System- und Stoffwechselkrankheit denken Sie an die Schilddrüse – hier können solche Symptome vorkommen!

A 17   A, B, C

 Achtung! Typisch wären Schlafstörungen. Auf keinen Fall Durchschlafstörungen!

 Diese Prüfungsfrage wurde in den letzten Jahren fast immer gefragt!

A 18   D

A 19   E

 1, 3, 4 und 5 dürften klar sein. Zu 2 sei gesagt, Alkohol schwemmt auf!

A 20   E

A 21   E

A 22   D

 Siehe Fragen 1 und 2!

A 23   D

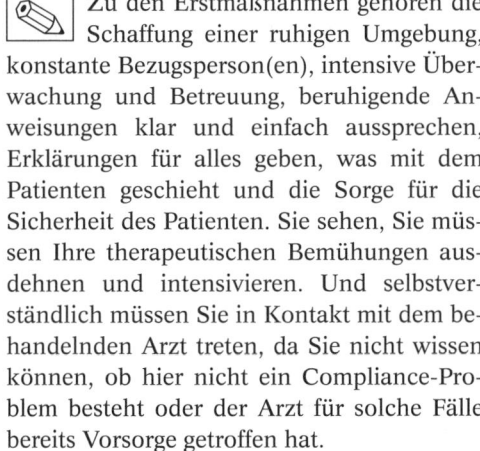 Zu den Erstmaßnahmen gehören die Schaffung einer ruhigen Umgebung, konstante Bezugsperson(en), intensive Überwachung und Betreuung, beruhigende Anweisungen klar und einfach aussprechen, Erklärungen für alles geben, was mit dem Patienten geschieht und die Sorge für die Sicherheit des Patienten. Sie sehen, Sie müssen Ihre therapeutischen Bemühungen ausdehnen und intensivieren. Und selbstverständlich müssen Sie in Kontakt mit dem behandelnden Arzt treten, da Sie nicht wissen können, ob hier nicht ein Compliance-Problem besteht oder der Arzt für solche Fälle bereits Vorsorge getroffen hat.

A 24   C

 Desorientiertheit gilt als Leitsymptom bei körperlich begründbaren Psychosen, als da z.B. wären: das Delir (akute Verlaufsform) oder das Korsakow-Syndrom (chronische Verlaufsform)!

A 25   D

 Das Schlüsselwort hier heißt „bedingt": ein Zwangsgedanke oder -ritual kann bedingten Schutz vor dem Suizid sein („Kontrollzwänge!"). Wenn der Zwang abnimmt, kann sehr wohl die Selbstgefährdung zunehmen.

A 26   D

 Hier denken die Prüfer, Sie lesen nicht aufmerksam genug und verwechseln Bewusstlosigkeit mit Bewusstseinstrübung. Und der Alkoholgeruch führt sich ad absurdum durch die Fragestellung: Entzugsdelir bei einer Alkoholkrankheit! Also, immer aufmerksam lesen!

A 27   C

 Zu den klassischen Krankheitsbildern, den so genannten „Holy seven", zählen in der Psychosomatik:
– Ulcus duodeni
– Colitis ulcerosa
– essentielle Hypertonie
– rheumatoide Arthritis
– Hyperthyreose
– Neurodermitis
– Asthma bronchiale

A 28   C

 In den depressiven Phasen älterer Menschen können nicht nur leichtere kognitive Störungen, sondern auch deutliche Demenzsymptome auftreten, die aber mit oder nach der Phase wieder abklingen („depressive Pseudodemenz!"). Deshalb wird oft vorschnell eine Demenz angenommen.

A 29   A

 Unter Somatisierung versteht man die Umwandlung seelischer Konflikte (im Fall der Hinweis intrafamiliärer Spannungen) in Organkrankheiten. Diese Bezeichnung wird mehr bei den psychosomatischen Erkrankungen gebraucht (z.B. Magengeschwür etc.).

A 30   C, D

Immer an somatische Ursachen denken und erst abklären lassen! Ein Psychotiker in der manischen Phase ist so gut drauf, dass er den wohltuenden Schlaf nicht vermisst!

AA

A 31   A, C, E

 Nach dem Entzug die Entwöhnung. Ohne therapeutische Begleitung ist die Rückfallquote enorm hoch!

A 32   C

 Anorexia nervosa-Patientinnen magern stark ab (im Durchschnitt um 40% ihres Ausgangsgewichtes!), zum Teil bis auf 25–30 kg. Die Folgen der extremen Abmagerung sind ein Ausbleiben der Regel, ein Absinken des Blutdruckes, des Pulses und der Körpertemperatur, Elektrolytstörungen. Im ausgeprägten Fällen kann es zum Verhungern kommen. Keine Frage, dass dieser Gewichtsverlust lebensbedrohlich werden kann. Als Maßnahmen müssen die Kranken oft zwangsernährt (Sondennahrung) werden.

A 33   A, B, C, D (= alle)

 Klar dürfte die Allgemeinerkrankung (z.B. Grippe: Fieber), die Gehirnerschütterung (leichte Amnesie, Schwindel, Übelkeit, Kopfschmerzen, etc.) und die psychoreaktive Belastungssituation (Tod eines Angehörigen, Stress) sein. Bei der HIV-Infektion (Schädigung des Immunsystems) kann es mit der seelischen Reaktion auf das Bekanntwerden der Infektion zu tun haben.

A 34   D

A 35   C

 Wenn ein Zwangskranker seine Obsession nicht ausführt, tritt Angst auf. Selbst wenn er seine Handlungen ausführt, tritt schnell wieder der Zwang auf (z.B. Kontrollzwang: „Habe ich den Gashahn zugedreht?"). Es ist ein Teufelskreislauf, und aus den genannten Gründen kommt es bestimmt nicht zur nachhaltigen Erleichterung!

A 36   A, C, D

A 37   A, C, E

A 38   A, C, E

 Präsuizidales Syndrom nach RINGEL ist charakterisiert durch Einengung (Isolation, Vereinsamung, Kontaktstörung), Aggressionsumkehr und Suizidphantasien (meist beginnend mit Vorstellungen, die mit zunehmender Einengung drängender werden).

A 39   A

A 40   B, C

 Zu den Symptomen 1. Ranges nach KURT SCHNEIDER gehören: Ich-Störung, Gedankenbeeinflussung (Gedankeneingebung, Gedankenentzug etc.), Wahnwahrnehmung, Stimmenhören in Form von Rede und Gegenrede und Beeinflussungserlebnisse. Zu den Symptomen 2. Ranges nach KURT SCHNEIDER gehören: Wahneinfall, Halluzinationen (akustische, olfaktorische, gustatorische, optische), Gefühlsverarmung und Verstimmung.

A 41   B

A 42   B, D

 Mit einer metalkoholischen Psychose ist die Alkoholhalluzinose gemeint! Und bei der Alkoholhalluzinose treten akustische Halluzinationen auf!

A 43   A, C, D, E

A 44   A, B, C, D

 In der Psychoanalyse geht es um die Bewusstmachung bislang unbewusster Persönlichkeitsanteile. Ein Missbrauch kann bei einem Psychotiker die psychotische Symptomatik provozieren oder verstärken (z.B. Ich-Störungen deutlicher hervorbringen!).

A 45   C

 Debilität ist eine leichte, angeborene (alles klar!) Intelligenzminderung.

A 46   A, B, C, D

A 47   D

 Der Delta-Typus („Gewohnheitstrinker") besitzt eine physische Abhängigkeit, Unfähigkeit zur Abstinenz, jedoch keinen Kontrollverlust.

A 48   E

 Ältere und vereinsamte Menschen gehören zu der Gruppe mit erhöhtem Suizidrisiko. Wenn wir die durch Untersuchungen festgestellten Faktoren, die für einen Suizid ausschlaggebend sind, näher betrachten, können wir uns leicht vorstellen, warum Menschen über 60 Jahre die höchste Suizidrate haben. Folgende Faktoren wurden nachgewiesen: depressive Verstimmungen jeder Art, Medikamentenabhängigkeit, Patienten mit schweren organischen Erkrankungen, alleinlebende Personen (verwitwet!).

A 49   A, B, E

 Symptome 1. Ranges sind: Gedankenlautwerden, dialogische und kommentierende Stimmen, Gedankeneingebung, Gedankenentzug, Gedankenausbreitung (= Gedankenbeeinflussungen), Ich-Störungen, Beeinflussungserlebnisse.

A 50   B

 Laut statistischen Ergebnissen ist das Verhältnis Männer : Frauen etwa 2 : 1.

A 51   E

 Die den Wahn kennzeichnenden Symptome sollten Sie auf alle Fälle kennen. Etwas irreführend ist vielleicht die Antwort E (Wahrnehmungen, die häufig im Gegensatz zur Wahrnehmung der übrigen Menschen oder im Gegensatz zu den Naturgesetzen stehen). Der Wahn eines Kranken ist ein Widerspruch zur Realität und für einen gesunden Menschen nicht nachvollziehbar.

A 52   B, C

 Vorsicht! Antwort A gehört zu den inhaltlichen Denkstörungen (Wahnwahrnehmung!). Bei Antwort B stellen Sie sich die Alkoholhalluzinose vor (Kennzeichen: akustische Halluzinationen), welche zu den organischen Psychosen zählt!

A 53   C

 Wenn Sie lesen „wird unruhig, nestelt am Bettzeug" muss bei Ihnen schon die Glocke klingeln – Delir! Dazu noch Verkennung der eigenen Situation (Desorientiertheit) und erst am zweiten Tag (Auftreten einige Tage nach Entzug als Entzugsdelir!). Weniger schön von der Prüfungskommission gedacht: Bauarbeiter = viel Alkohol.

A 54   A, B, C, E

 Nach ROGERS steht die Selbstkongruenz für die Einheitlichkeit oder Übereinstimmung von innerem Erleben und äußerem Verhalten (z.B. jemand mit traurigen Augen und leiser Stimme sagt er fühle sich ganz zufrieden!), die Akzeptanz (Annehmen) für das uneingeschränkte Wertschätzen des Klienten (Partner), Empathie für die einfühlende Haltung des Therapeuten, um die emotionalen Erlebnisinhalte des Klienten verbalisierend dem Klienten zurückzugeben. Alles zusammen zählt zum Basisverhalten des Therapeuten.

A 55   D

 Die systematische Desensibilisierung ist eine der bekanntesten verhaltenstherapeutischen Techniken zur Angstbewältigung. Sie basiert (nach J. WOLPE) auf drei Stufen:
1. Entspannung
2. Erstellung einer Angsthierarchie
3. Durchgehen der Angsthierarchie im Wechsel von Angstreiz und Entspannung

Ein Mann mit Angst vor Hunden steht 150 m von einem Hund entfernt. Sobald der Mann den Arm hebt, kommt ihm der Hund entgegen. Wird der Angstreiz zu groß, lässt er den Arm fallen und entspannt sich usw.

A 56   B, D

Kurz: Eselsbrücke „Analyse" (= Untersuchung, Zerlegung)

A 57   C, D, E

Ein chronischer Alkoholiker (Gamma-Typ) entwickelt keine Alkoholtoleranz (Steigerung!) mehr, der hat sie schon. Phasen kurzer vollständiger Abstinenz gibt es bei ihm nicht mehr. Wenn er morgens aufwacht, zeigen sich gleich deutlich die vegetativen Symptome der Abhängigkeit (Tremor!). Das psychische Bild des chronischen Alkoholikers zeigt ihn als passiv abhängige Persönlichkeit mit Gefälligkeitshaltung, depressiver Verstimmung, Angstzuständen etc. (siehe auch Fragen 17/19)!

A 58   A, B

Typisch für die Alkoholhalluzinose die akustischen Halluzinationen (abgrenzen zum Delir = optische Halluzinationen!), keine Bewusstseinsstörung und die Orientierung ist erhalten.

A 59   A, B, C, D, E = alle

Derealisation und Depersonalisation kann man unter dem Begriff „Entfremdungserlebnisse" zusammenfassen. Das „Ich" wird als etwas Fremdes und Unwirkliches erlebt. Gedankenausbreitung, Gedankeneingebung und Gedankenentzug sind Ich-Erlebensstörungen (Merke: Symptome 1. Ranges bei Diagnose Schizophrenie [nach K. SCHNEIDER]!).

A 60   D

Tranquilizer wirken angstlösend und beruhigend, deshalb sind Sie auf keinen Fall absolut kontraindiziert! Richtig ist, dass der Patient auf Tranquilizer fixiert werden kann – Suchtfaktor von Tranquilizern ist hoch. Gefahr von Abhängigkeit!

A 61   E

Das muss Ihnen in Fleisch und Blut übergegangen sein: alles, was irgendwie somatisch verursacht sein kann, müssen Sie abklären lassen, bevor Sie auch nur einen Finger rühren – Sorgfaltspflicht!! Und kurz zur Frage: behandeln Sie einen möglichen Gehirntumor mit einer Kurzzeittherapie?

A 62   C

Das Durchgangssyndrom gilt als Gruppenbezeichnung für unspezifische körperlich begründbare Psychosen, wie z.B. das paranoid-halluzinatorische Syndrom. Subdepressiv etc. heißt, dass die depressive Symptomatik nicht vorherrschend aber dennoch vorhanden ist!

A 63   B

Unter Parathymie versteht man den inadäquaten Affekt, z.B. er lacht und freut sich, während er von einem schrecklichen Unfall erzählt!

A 64   D

Phasenhafter Wechsel zwischen euphorischen und depressiven Stimmungen gehört eindeutig zur bipolaren affektiven Psychose!

A 65   D

Da die Gefahr eines Rückfalls enorm hoch ist, ist es unabdingbar, dass die therapeutischen Maßnahmen ganz auf den Klienten und eben die Entstehungsbedingungen abzielen. Sonst sind die Erfolgschancen eher gering.

A 66   B

 Siehe Frage 2!

A 67   D

 Sie dürfen sich nicht Heilpraktiker nennen. Sie sind schließlich Therapeut für Psychotherapie!

A 68   C

 Siehe Frage 13!

A 69   E

 Siehe Frage 17! Neu sind hier die Palmarerytheme und Petechien – sie stimmen!

A 70   D

 Ernst nehmen und immer die Polizei rufen.

 Achtung: Ein Notarzt würde nicht handeln!

A 71   B

 Die typischen Kennzeichen einer Depression!

A 72   C

 Neuroleptika wirken sedierend, und hochpotente Neuroleptika beeinflussen die paranoid-halluzinatorischen Syndrome. So ist der Patient, außerhalb seines schizophrenen Schubs, sicherlich einer Therapie zugänglicher. Wenn sich dann das Befinden aufgrund der Therapie bessert, erklärt es sich von selbst, die Medikation zu verringern. Schließlich können bei Neuroleptika erhebliche Nebenwirkungen auftreten, die wiederum belastend auf den Patienten wirken.

A 73   C

 In der Nicht-Entzugs-Phase (also im Rausch) zeigen die Abhängigen genau das gegenteilige Symptom: Obstipation!

A 74   E

 – Auffälliges somatisches Symptom: „pechschwarzer Stuhl" (wegen Blut im Darm – meist Ulcus!)
– Schluckt Ärger runter, hat den Magen vom Vater geerbt: Konfliktkonstellation bei genetischer Vorbelastung.
– selbstverständlich vom Internisten abklären lassen!
– Karzinom muss ausgeschlossen werden
– Eine Psychotherapie ist natürlich empfehlenswert.

A 75   E

 – Im Innenohr liegt das Gleichgewichtsorgan (alles klar!)
– Konversionsstörungen können viele organische Krankheiten darstellen, eben auch Gangstörungen (oder Blindheit, Lähmungen, etc.)
– Muskel- und Gelenkkrankheiten: Es gibt viele, die sich auf den Bewegungsapparat auswirken, z.B. chronische Polyarthritis (= entzündlicher Gelenkrheumatismus).
– Im „Steuerzentrum" Gehirn, wo die Bewegungskoordinationen ablaufen, können sich Verletzungen auch auf die Bewegung auswirken.
– Polyneuropathie ist eine Erkrankung des peripheren Nervensystems und wenn es die Nerven der Beinmuskulatur betrifft (z.B. Ischiasnerv), kann es zu Ataxien kommen.

A 76   E

 Desorientiertheit sind typische Symptome beim Delir (Alkohol/Medikamentenmissbrauch)! Differentialdiagnostisch müssen auch endokrine Störungen (z.B. Diabetes mellitus) und neurologische Erkrankungen (z.B. Gehirntumor) berücksichtigt werden (beides mögliche Ursachen deliranter Syndrome!).

AA

A 77 E

 Grundsätzlich kommt bei derart unspezifischen Symptomen differentialdiagnostisch vieles in Betracht. Symptome wie Überaktivität, Distanzlosigkeit, Unkonzentriertheit deuten zwar auf eine Manie hin, können aber auch bei Intoxikationen (Stimulanzienmissbrauch), beim Hirntumor, bei endokrinen Störungen (Diabetes mellitus) und bei neurologischen System- oder Stoffwechselerkrankungen (Hyperthyreose) auftreten.

A 78 B

 Sicherlich ist Ihnen beim Lesen aufgefallen: wird schnell müde, kann sich nicht mehr konzentrieren, vergisst alles, vernachlässigt die Körperpflege → alles typische Anzeichen für die Demenz. Therapeutisch ist bei dementiellen Patienten nicht mehr viel möglich (bei leichten Gedächtnisstörungen: Training der kognitiven Fähigkeiten), deshalb ist es wichtig, die Angehörigen aufzuklären und auf das Kommende vorzubereiten.

A 79 D

 Grundsatz bei derart unspezifischen Symptomen: Differentialdiagnostisch kommt vieles in Betracht! Schwindel und Übelkeit kann viele Ursachen haben:
- Erkrankungen im Magen-Darm-Trakt (Geschwür!)
- Hirntumor (der Tumor drückt auf das Gehirn – stellen Sie sich die Auswirkungen vor!)
- psychosomatisch: Colitis ulcerosa – Hyperthyreose – essentielle Hypertonie
- Kreislaufstörungen (niedriger Blutdruck!)
- Intoxikationen (Alkoholvergiftung!)

A 80 C

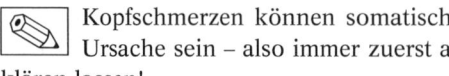 Kopfschmerzen können somatischer Ursache sein – also immer zuerst abklären lassen!

A 81 E

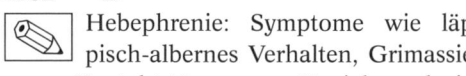 Im Gesetz steht: § 104 BGB (Geschäftsunfähigkeit) „… wer sich in einem die freie Willensbestimmung ausschließenden Zustand krankhafter Störung der Geistestätigkeit befindet …“. Denken sie einfach an eine schizophrene Psychose!

A 82 B

Hebephrenie: Symptome wie läppisch-albernes Verhalten, Grimassieren, Kontaktstörungen (Beziehungslosigkeit), Antriebsverarmung und Denkstörungen (abschweifend, konfus – auch Wahnvorstellungen), häufig Beschäftigung mit religiösen und esoterischen Themen, meist schleichender Beginn im Pubertätsalter (weswegen die Diagnose oft verfehlt wird!)

A 83 B

> Grundregel – keine Therapie vor Entzug!

A 84 C

Gerade durch schwierige Lebenskrisen (z.B. Überschuldung – Ausweglosigkeit!) kann es zum Suizid kommen.

A 85 C

Zielsymptom für Tranquilizer ist u.a. die Schlafstörung. Wegen der Suchtgefahr sollte auf jeden Fall die Medikation geplant und überwacht werden. Tranquilizer sollten nach langer Einnahme über mehrere Wochen langsam abgesetzt werden (Entzugssymptome können erheblich sein – Delirien, Krämpfe, Depersonalisation).
Auch hier ist die Rückfallquote groß, weshalb es ambulant schwierig sein kann.

A 86   E

 Schizophrenia simplex ist die am schwierigsten (und auch seltenste) zu stellende Diagnose. Der Grund ist, dass bei dieser Störung keine auffälligen produktiven psychotischen Symptome auftreten, weshalb die Patienten eher unauffällig wirken.

A 87   E

 Demenz-Patienten zeigen Merkfähigkeits- und Gedächtnisstörungen – schon deshalb ein Widerspruch in sich!

A 88   A

 Selbstverständlich kann auch ein junger Mann Herzprobleme haben (angeborener Herzklappenfehler), und generell lassen wir alle möglichen somatischen Ursachen abklären!

A 89   D

 „Bedenkenlos" sollte niemand Tranquilizer (oder andere Medikamente) geben. Zweitens ist richtig, weil der Suchtfaktor bei Tranquilizern groß ist!
Siehe auch Frage 85!

A 90   D

 Siehe Frage 85!
Zu zweitens: das Entzugssymptom ist mit der Grundstörung identisch: nämlich Schlafstörung!

A 91   C

In der Fallgeschichte sollte Ihnen auffallen: starke innere Spannungsgefühle, Gefühl der inneren Leere, aggressive Impulse (Autoaggression!), sich selbst mit dem Messer verletzt (typisch für Borderline: verletzen sich, um Spannungen abzubauen oder um zu wissen, dass sie noch da sind!), schnelle, wechselnde Beziehungen etc. – alles Symptome, die auf eine Borderline-Persönlichkeit hindeuten. Auch hier ist die Gefahr suizidaler Handlungen groß – also ansprechen! Antwort fünf stimmt nicht, weil Psychiater sicherlich nicht begleitend arbeiten (sondern eher Sie!).

A 92   A

 Es wird wohl selten Patienten geben, die zu Ihnen in die Praxis kommen und sagen: Ich habe eine endogene Depression – oder! Eher werden sie äußern, sie schliefen schlecht, fühlen sich müde und lustlos oder klagen über andere vegetative Symptome. Denken Sie hier an eine larvierte Depression!

A 93   A

 Bedenken Sie, dass Schäden am Gehirn Störungen der Elementarfunktionen bewirken können (Affektivität, Aufmerksamkeit und Gedächtnis, soziales Verhalten etc.). Unter frühkindlich versteht man die Schädigung zwischen dem sechsten Schwangerschaftsmonat und dem ersten Lebensjahr. Oligophrenie (angeborene Intelligenzminderung) und Legasthenie (Lese- und Rechtschreibschwäche) wären ein Beispiel dafür.

A 94   E

 Die Frage nach der Suizidalität verstärkt diese nicht; sie entlastet eher und führt den Patienten aus der Krise (Notsituation) heraus. Die Haltung des Therapeuten sollte Mitgefühl, Offenheit, Verständnis, Hilfsbereitschaft signalisieren. Keinesfalls moralisieren oder versuchen, dem Patienten seine Absicht dozierend ausreden zu wollen.

A 95   E

 Stottern gehört zur Gruppe der Sprechstörungen. Am häufigsten sind reaktive Auslösung (z.B. Versagensängste) und Entwicklungsstörungen die Ursache. Es kann aber auch als Folge einer frühkindlichen Hirnschädigung auftreten. Knaben sind wirklich häufiger betroffen als Mädchen.

A 96   D

 Siehe Frage 93!

A 97 B

 Siehe Frage 82!

A 98 A, B

 Siehe Fragen 1 und 2!

A 99 B

 Wenn Sie die Sätze lesen, stimmt irgend etwas nicht, obwohl die Aussagen einzeln gesehen richtig sind – eben die Verknüpfung. Denn Neuroleptika sind bei Schizophrenie angezeigt, aber bestimmt nicht, weil sie viele Nebenwirkungen haben!?

A 100 B

 Bei der Phobie richtet sich die Angst auf bestimmte Objekte oder Situationen – folglich kommt nur die Angstneurose (Stichwort: frei flottierende Angst!) in Frage.

A 101 D

 Laut Unterbringungsgesetz dürfen Sie jemand, der sich selbst gefährdet, einweisen. Lesen Sie den zweiten Halbsatz für sich, so lesen Sie ein Grundrecht – das Recht zur Entfaltung der Persönlichkeit – und eine Einweisung gegen den eigenen Willen ohne triftigen Grund würde dieses verletzen.

A 102 C, D, E

 Grundregel: alle möglichen somatischen (organischen) Ursachen lassen wir abklären.
Bei der psychotischen Episode denken Sie an einen Maniker; der braucht fast keinen Schlaf und ist immer fit (jedoch nur subjektiv!). Und bei Psychostimulanzien (Amphetamine) können als Nebenwirkung Schlafstörungen auftreten!

A 103 A, B, C, D, E = alle

 Wir wissen, dass es bei einer akuten, exogenen Psychose zu Bewusstseinsstörungen kommt. Paradebeispiel ist das (Alkohol-)Delir (Leitsymptom u.a. Bewusstseinsstörungen). Weitere Ursachen deliranter Syndrome sind eitrige Meningitis (Hirnhautentzündung), Schädel-Hirn-Traumen (Gehirnerschütterung, Hirnprellung) und Intoxikation (Medikamentenmissbrauch – Tranquilizer etc.)

A 104 A, B, C, D = alle

 Siehe Frage 103!

A 105 C

 Stellen Sie sich nur einen Patienten mit Verfolgungswahn vor – wenn das kein Leidensdruck ist. Da beim Wahn keine Krankheitseinsicht vorhanden ist, kann man sich auch vorstellen, dass manche nicht kooperativ sind.

A 106 A, C, E, F

 Sie lesen: fühlt sich nicht krank (keine Krankheitseinsicht!), starker Bewegungsdrang, Schlafstörungen, rennt im Zimmer umher, redet pausenlos, bleibt nicht beim Thema, will Formel-I-Fahrer werden (Größenideen!) – alles deutet auf eine Manie hin. Differentialdiagnostisch müssen Sie eine organische Ursache ausschließen können; deshalb ab zum Neurologen. Da Psychosen schwere Erkrankungen sind und es sein kann, dass hier nur stationär oder mit Pharmakotherapie geholfen werden kann, hat die psychiatrische Behandlung Vorrang (denken Sie an Ihre Sorgfaltspflicht: bei Überforderung geben wir ab!).

 Auf Suizidalität müssen Sie generell immer achten (jedes noch so kleine Signal müssen Sie ernst nehmen!).

A 107 D

 Charakteristisch für das Delirium tremens sind optische Halluzinationen. Akustische gehören zur Alkoholhalluzinose.

A 108   B

 Gedankeneingebung gehört zu den Symptomen 1. Ranges bei der Schizophrenie!

A 109   A

 Um Patienten mit heftigen psychotischen Symptomen behandeln zu können, ist es erst einmal notwendig, diese Symptome zu mildern. Deshalb ist eine sedierende Wirkung (z.B. bei schwachpotenten Neuroleptika – stark sedierende Wirkung), die zügig eintritt, erwünscht. Der antipsychotische Wirkungsmechanismus setzt erst nach einer Zeit von zwei bis drei Wochen ein.
Achtung! Die restlichen Antworten stammen von der Tranquilizerfrage. Vergleich Frage 85!

A 110   C

 Der symbiontische Wahn (Folie-à-deux) gehört zu den inhaltlichen Denkstörungen. Definiert ist er als die Übernahme wahnhafter Überzeugungen eines primär Erkrankten durch eine nahestehende (gesunde oder kranke!) Person. Häufige Thematik ist der Verfolgungswahn.

A 111   E

 Akoasmen gehören zu den qualitativen Wahrnehmungsstörungen (insbesondere zu der Form der akustischen Halluzinationen!). Definiert als elementare, unausgeformte (nonverbale) halluzinierte Geräusche. Kranke hören es z.B. knallen, krachen, zischen, bellen etc. Vorkommen eben bei Schizophrenie, epileptischer Aura und bei symptomatischen Psychosen (gehören zur Gruppe der exogenen Psychose!).

A 112   B

 Typisch für Kokainabhängigkeit sind eindeutig die Antriebssteigerung und Euphorie, Gewichtsabnahme und die (Kokain-)Psychosen mit taktilen, optischen und akustischen Halluzinationen (auch Verfolgungs- und Größenwahn). Nur psychische Abhängigkeit!

A 113   A

 Hier geht es um Suizidversuche! Der Anteil der Frauen ist hier höher. Und Frauen bevorzugen die weicheren Methoden, wie Schlaftabletten (zumal sie auch einfacher zu beschaffen sind!).

A 114   A

 Die Kriseninterventionsmöglichkeiten bei Suizidalität müssen Sie wissen!

Unter Kontaktaufnahme versteht man das Gesprächsangebot, Behandlung der Grundkrankheit (z.B. bei akuten seelischen Konflikten das Ansprechen der Konfliktsituation!), bei Bedarf Psychopharmaka (z.B. Sedierung mit Valium) und die Zwangseinweisung (Unterbringungsgesetz!).

A 115   B

 Beim Lesen fällt Ihnen auf: nach vier bis fünf Tagen auffällig zittrig und unruhig, Halluzinationen und bizarre Ängste. Klassische Symptome für das Delir.
Siehe Frage 53!

A 116   A

 Siehe Frage 6!

A 117   E

 Siehe Frage 70!

A 118   E

A 119

1: endogene Depression
2: Aufsuchen eines Psychiaters

 Sie lesen: sei apathisch geworden, habe zu nichts mehr Lust, besonders schlimm am Morgen (Morgentief!), keinen Appetit mehr, Großmutter hatte es auch schon (familiär gehäuft!). Die klassischen Symptome für eine endogene Depression. Da wir als Psychotherapeuten der Sorgfaltspflicht unterstehen, lassen wir die Patientin psychiatrisch abklären. Wegen der Kopfschmerzen könnte man Sie auch zum Neurologen schicken, und weiterhin könnte man über die Krankheit aufklären (Heilbarkeit!). Aber das wollten die Prüfer nicht mehr wissen.

A 120
1: Keine Magersucht, Verdacht eher auf maligne Störung (Karzinom) oder Ulcus
2: Internistisch abklären lassen!

 Für eine Anorexia nervosa ist die Patientin erstens zu alt (40 Jahre!) und zweitens hat sie keine Körperschemastörung (Haut und Knochen). Wegen der somatischen Beschwerden (ungutes Gefühl in der Magengegend, 20 kg abgenommen!) kommt da eher der Verdacht auf Magengeschwür (-tumor), und das lassen wir internistisch abklären.

A 121 D
 Die Merkmale des Delirium tremens sollten Sie im Schlaf beherrschen. Siehe Amtsarztfrage 107 (Seite 149).

A 122 D
 In ihrer Wirkung sind Neuroleptika stark sedierend und das sehr rasch (ein schizophrener Patient mit einem plötzlich auftretenden Erregungszustand muss schnell beruhigt werden!). Die antipsychotische Wirkung kann erst zu einem späteren Zeitpunkt einsetzen (beruht auf der Wirksubstanz des Neuroleptikums). Aussagen 3 und 4 beziehen sich auf die Suchtgefahr bei Tranquilizern.

A 123 C
 Beim Lesen fiel Ihnen bestimmt folgendes auf: Stimmenhören, ungepflegter Eindruck, vegetative Reaktionen (Zittern der Hände, Schwitzen, gerötete Haut). Differentialdiagnostisch müssen wir eine Schizophrenie in Betracht ziehen (Stim-

menhören), eine Alkoholhalluzinose und ebenso eine organische Ursache (Zittern der Hände, Schwitzen, gerötete Haut → Alkohol → Delir!), weshalb eine klinische Behandlung sinnvoll sein kann. Und Psychotherapie wirkt keine Wunder!

A 124 A
 Das hat mit der Beschaffungsmöglichkeit zu tun – Tabletten lassen sich einfacher besorgen als Pistolen.

A 125 B
 Beim Lesen fällt schon die Richtung auf → Depression. Für eine larvierte Depression (Untertyp der endogenen Depression) ist die Symptomatik zu schwach (kein Morgentief, die depressive Verstimmung ist noch sichtbar) ebenso für die manisch-depressive Psychose. Auch eine reaktive Depression liegt hier nicht „eindeutig" vor (Vorsicht mit vorschnellen Diagnosen!). Einigen wir uns also am „ehesten" auf ein depressives Syndrom und natürlich ist bei allen Formen der Depression die Gefahr eines Suizids vorhanden.

A 126 E
 Alle 5 Aussagen kreisen um das selbe Thema und alle sind richtig. Bei Asthma bronchiale liegt eine gestörte symbiotische Mutter-Kind-Einheit vor. Der Konflikt entsteht zwischen Anklammerungs- und Unabhängigkeitstendenzen.

A 127 E
 Viel zu wenig Symptome. Um eine eindeutige Diagnose stellen zu können, müssen mehrere Symptome zugehörig zum Krankheitsbild über eine gewisse Zeit bestehen. Aufgrund eines Symptoms eine Diagnose zu stellen, ist fahrlässig.

A 128 D
 Das präsuizidale Syndrom nach RINGEL ist eindeutig gekennzeichnet durch Einengung, Aggressionshemmung und Todesphantasien.

A 129   D

 Zu den Erstmaßnahmen (Krisenintervention) gehört der schnelle Aufbau eines Gesprächskontaktes (z.B. durch Einbeziehen von nahen Angehörigen) und die Klärung der Situation. Das Wissen um die zugrundeliegende Erkrankung ist hilfreich bei der Vorgehensweise. Bei Bedarf kann eine Behandlung durch Psychopharmaka (Sedierung) unterstützend sein. Zur Sorgfaltspflicht gehört die Maßnahme der Zwangseinweisung – wenn erforderlich.

A 130   D

 Tritt am häufigsten in der Altersgruppe der 14-20jährigen auf (gilt auch für die Anorexie). Der Besuch von Selbsthilfegruppen (Bulimiker) ist sinnvoll. Der Missbrauch von Abführmitteln ist charakteristisch. Eine gezielte Ernährungsberatung ist im Gegenteil sehr sinnvoll. Es ist eine Störung des Körpergefühls vorhanden – „zu dick sein".

A 131   E

 Wenn Sie die Störungen aufmerksam lesen, wird klar, dass Verstopfung bei allen auftreten kann – kombiniere!

A 132   D

 Die Nahrungsverweigerung kann soweit gehen, dass eine Zwangsernährung (mit Hilfe der Magensonde) notwendig wird. Geradezu charakteristisch ist bei Anorektikern die gesteigert Leistungsbereitschaft ebenso wie die Körperschemastörung. Bei einer präpubertären Anorexie ist die Prognose schlecht. Es kann zu einem Wachstumsstop kommen.

A 133   A

 Gedankeneingebung gehört zum Bereich der Schizophrenie!

A 134   E

 Die Colitis ulcerosa ist eine rezidivierende Schleimhautentzündung des Dickdarms. Symptome u.a. blutig-schleimige Diarrhöen. Offenbar genetische Disposition zu immunologischer Instabilität bzw. hyperergischen Reaktionen. Gehört zu den klassischen („holy seven") psychosomatischen Krankheiten.

A 135   E

 Schizophrenie und Alkoholdelir sind klar. Bei der epileptischen Aura handelt es sich um subjektive Erlebnisse, die vor dem epileptischen Anfall stehen. Hierbei treten auch halluzinierte Geräusche (Akoasmen) auf.

A 136   D

 Säureabsonderung gehört zu den typischen Ursachen einer Ulkuserkrankung. Neuerdings beachtet man immer mehr die bakterielle Infektion (wg. Helicobacter pylori).

Innere persönlichkeitsspezifische Konflikte (Reifungsanforderung, Angst vor Verantwortung) und äußere soziale Einflüsse (Trennung, Enttäuschung, Geborgenheitsverlust) sind Konfliktsituationen, die den Krankheitsschüben vorausgehen. Ulkuskranke müssen unbewusste orale Bedürfnisse (Verwöhnung, Besitzstreben) abwehren. Die Abwehr kann über Schuldgefühle (Geschwisterneid) geschehen.

A 137   E

 Ein echter Klassiker! Siehe Amtsarztfrage 8 (Seite 129).

A 138   A

 Kokain führt schnell zu starker psychischer, nicht aber zu körperlicher Abhängigkeit. Zu den Symptomen einer Kokainabhängigkeit gehört auf jeden Fall eine allgemeine Aktivitätssteigerung. Bei chronischem Missbrauch können taktile, akustische und szenische Halluzinationen auftreten.

AA

A 139 D

 Das wiederholte Ausführen der Zwangsgedanken und -rituale erfordert Aufmerksamkeit und Zeit. Dies bietet einen „bedingten" (niemals „vollständigen") Schutz – bei einer Abnahme der Zwangsgedanken und -rituale hebt sich der Schutz auf.

A 140 C

 Siehe Amtsarztfrage 85 (Seite 144).

A 141 C

 Nachdem das Psychotherapiegesetz erlassen worden ist, dürfen Sie den geschützten Begriff „Psychotherapeut" nicht mehr verwenden.

A 142 E

 Beim Hinweis „pechschwarzer Stuhl" sollte Ihnen die Richtung klar sein – es handelt sich „wahrscheinlich" um eine Ulkuserkrankung. Die Konfliktsituation und auch die genetische Disposition („ich hab den Magen meines Vaters geerbt.") liegen vor. Selbstverständlich muss eine organische Ursache ausgeschlossen werden (Sorgfaltspflicht!). Psychotherapie und der Aufenthalt in einer spezialisierten Klinik sind empfehlenswert.

A 143 D

 Frauen versuchen es häufiger, aber Männer sind in der Ausführung leider konsequenter. Alkoholiker und ältere Männer (Senioren) gehören zu den Risikogruppen.

A 144 C

 Es kommt zu keiner körperlichen Abhängigkeit. Bei chronischem Missbrauch können Psychosen paranoid-halluzinatorischer Art auftreten. Vegetative Symptome wie Tachykardie oder Schwitzen sind typisch für Intoxikationen. Ein Nachrausch ist möglich; es sind die so genannten „Flashbacks" (Echopsychosen).

A 145 D

 Barbiturate sind die eigentlichen Schlafmittel und können „kurzzeitig" (!) bei Schlafstörungen eingesetzt werden. Bei bestehender Abhängigkeit ist der Entzug keineswegs unproblematisch und sollte nicht abrupt erfolgen, sondern über mehrere Wochen. Bei missbräuchlicher Verwendung führen Barbiturate zu einer starken physischen und psychischen Abhängigkeit.

A 146 B

 Ein Suizidversuch kann vielerlei Motive haben: es anderen heimzahlen, ein Signal geben, Wunsch nach Unabhängigkeit etc. Auf keinen Fall sollte man aufgrund der Art der Durchführung Rückschlüsse ziehen, wie ernst es dem Betroffenen war. Alles, was nur im entferntesten mit Suizid zu tun haben könnte, muss ernst genommen werden.

 A 147 A

Gründe können sein: psychische Erkrankung (Selbst- oder Fremdgefährdend), Sucht oder Geistesschwäche (Oligophrenie).

A 148 B

 Darunter versteht man einen induzierten Wahn bei Bezugspersonen von Wahnkranken. Wenn der ursprünglich Wahnkranke an Verfolgungswahn leidet, kann die Bezugsperson ebenso daran leiden – im Sinne des „Folie à deux".

A 149 B

 Homöopathische Mittel gehören zum Bereich des Heilpraktikers oder Arztes.

A 150 D

 Immer die Polizei rufen. Nur sie ist handlungsermächtigt im Falle eines Falles.

A 151 D

 Schon ein Klassiker! Siehe Amtsarztfrage 25 (Seite 132).

A 152 D

 Auf körperliche Symptome achten! Bewusstlosigkeit, Orientierungsstörungen, Wortfindungsstörungen (neurologisch!). Gedankenentzug und kommentierende Stimmen gehören zur Schizophrenie.

A 153 D

 Bei einer endogenen Depression ist die Gabe von Tranquilizern „allein" bestimmt nicht ausreichend (Wirkungsspektrum). Natürlich sind Antidepressiva Mittel der ersten Wahl (wie der Name schon sagt). Bei einer länger anhaltenden Medikation mit Antidepressiva können manieartige Symptome auftreten (Nebenwirkungen) und dass Lithiumsalze zur Phasenprophylaxe über einen langen Zeitraum gegeben werden, ist bekannt – hoffentlich!

A 154 D

 Spricht man von einer schweren depressiven Störung, ist die endogen Depression gemeint. Sie gehört zu den Psychosen mit der typischen Symptomatik Morgentief, Initiativlosigkeit, Handlungsunfähigkeit und vegetativen Symptomen. Bei einer Depression sind Suizidgedanken bestimmt nicht untypisch. Ein Abendtief deutet eher auf eine neurotische Depression hin.

A 155 D

 Entwöhnung ist eine sehr sensible Angelegenheit (Rückfallquote!) Sollte soweit als möglich auf die Bedürfnisse des Patienten ausgerichtet sein. Die psychische Entwöhnung ist das eigentliche Problem (braucht länger → Gewohnheiten).

A 156 E

 Männer sind häufiger von Alkoholproblemen betroffen. Die höchste Rate an Alkoholikern findet man unter ungelernten oder angelernter Arbeiter, Selbstständigen und Freiberuflern. Prävalenz bezieht sich auf das Vorkommen der Krankheit.

A 157 E

 Eine Denkaufgabe: Im Innenohr sitzt der Gleichgewichtssinn! Bei hysterischen Neurosen kann es zu Lähmungserscheinungen kommen! Polyneuropathien sind Erkrankungen mehrerer peripherer Nerven mit möglicher Beeinträchtigung von motorischen Nerven! Eine orthopädische Veränderung kann ein neues Hüftgelenk sein! Verletzungen im Schädel-Hirn-Bereich können mit Sicherheit Gangunsicherheiten auslösen (das Gehirn ist die zentrale Steuereinheit).

A 158 E

 Erwähnt sei hier die HIV-Infektion. Zu den auftretenden Symptomen zählt man Fieber(!), grippeähnliche Symptome, Schwäche, Durchfall, etc.

A 159 C

 Bei Schlafstörungen handelt es sich oft um eine Störung des Schlaf-Wach-Rhythmus. Natürlich denken Sie bei körperlichen Symptomen an eine organische Abklärung. Psychische Belastungssituationen (z.B. Prüfungsangst) können typische Auslöser sein. Schlafmittel dürfen nie bedenkenlos eingesetzt werden und Schlafstörungen treten „nicht vorwiegend" mit psychotischen Episoden auf.

A 160 D

 In den fragwürdigen Genuss eines pathologischen Rausches können junge wie alte Menschen sowie Gesunde und weniger Gesunde kommen. Beim pathologischen Rausch handelt es sich um eine Alkoholunverträglichkeitsreaktion.

A 161 B

 Bei genauem Lesen fällt das depressive Element sofort auf. „Geschilderte Befürchtungen um das körperliche Wohl"

deuten ein hypochondrisches Verhaltensmuster an.

A 162   C

Beim Morphin-Entzug treten typischerweise Durchfall, Übelkeit und Erbrechen auf. Zur Obstipation kommt es während der Rauschphase.

A 163   E

Lösungsmittel (Aceton) zählen zu den klassischen Schnüffeldrogen. Beim Rausch kommt es zu einer euphorischen Wirkung.

A 164   B

Systematisierter Wahn findet sich meist bei reinen Wahnpsychosen (paranoide Schizophrenie).

A 165   C

Zur chronischen Morphin-Abhängigkeit würden Pupillenverengung und Obstipation passen.

A 166   E

Autogenes Training ist eine Entspannungsmethode und eignet sich vor allem bei vegetativen Funktionsstörungen (Hypertonie) wie auch bei Angst, Erschöpfungsgefühl, muskulären Verspannungen oder chronischen Schmerzzuständen.

A 167   E

Als Übertragung bezeichnet man die während der Therapie entstehenden Projektion frühkindlicher Erlebnisse und Traumen auf den Analytiker.

A 168   D

Zu den Basisvariabeln in der Gesprächspsychotherapie nach ROGERS gehören Annehmen und Wertschätzen (Akzeptanz), Echtheit und Selbstkongruenz, Empathie und Verbalisierung (spiegelnde Gespräche).

A 169   B

Gemeint ist das Bild des chronischen Alkoholikers. Achtung: Alkoholiker haben Schlafstörungen – keine Durchschlafstörungen!

A 170   C

In der Fragestellung gelesen?: „nicht typisch"! Gedankeneingebung gehört ins Reich der Schizophrenie.

A 171   D

Die Symptome sind klar. Weil bipolare, affektive Störungen familiär gehäuft auftreten, zeigt das verstärkt auf eine genetische Disposition. Bemerkenswert ist, dass die jeweiligen Phasen (depressive – manische) vollkommen abklingen, was beim Wechsel von der manischen zu depressiven Phase akute Suizidgefahr mit sich bringt.

A 172   C

Meist trinkt der „Spiegeltrinker" heimlich. Eine Beeinträchtigung der Persönlichkeit und der sozialen Stellung ist charakteristisch für eine länger bestehende Alkoholkrankheit. Ebenso typisch die angezeigten Verhaltensmuster (Affektlabilität).

A 173   E

Alkoholhalluzinose: keine Bewusstseinsstörungen; keine Desorientiertheit; akustische Halluzination (Stimmenhören); Angst- und Verfolgungsgefühl.

A 174   D

Leider kann nicht jede psychotische Episode durch personale Intervention gemeistert werden. Ebenso kann nicht ausgeschlossen werden, dass „keinesfalls" Bewegungsstörungen oder „keinerlei" Restsymptomatik auftreten. Eine stützende Psychotherapie kann das Befinden besser und daher kann auch die Medikationsdosis reduziert werden. Da Psychopharmaka keine ursächliche, sondern nur eine symptomatische Therapie darstellen und ihre Nebenwirkungen erheblich sind, ist es erstrebenswert, auf eine Dauermedikationen zu verzichten – besonders, da die Krankheit nach einer Episode ausheilt und Pharmaka somit sinnlos wären.

A 175   A

 In der Fallgeschichte fallen keine eindeutigen hypochondrischen Züge auf; auch für eine Depression sind keine auffälligen Symptome vorhanden (wie z.B. Niedergeschlagenheit). Schwieriger ist es schon bei Diabetes mellitus: bei der zunehmenden Stoffwechselentgleisung zeigen sich Übelkeit, Schwäche und Bewusstseinsstörungen bis hin zum Koma. Typische Wechseljahrbeschwerden sind Menstruationsstörungen, Symptome wie Schwindel, Schwächegefühl, Herzklopfen und meist anfallsartigen Hitzewallungen.

A 176   D

 Wie der Name schon sagt: exogen = körperlich begründbar (Hirntumor, Nervenerkrankungen, usw.).

A 177   B

Während der oralen Phase entwickelt sich das Vertrauen gegenüber sich selbst und seiner Umwelt. Man spricht deshalb auch von „Urvertrauen". Ein Mensch mit einer gestörten oralen Phase ist möglicherweise dem Leben gegenüber pessimistisch eingestellt. Ein Mensch mit normal durchlaufener oraler Phase neigt eher zum Optimismus.

A 178   D

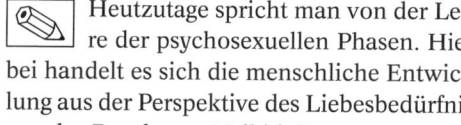 Heutzutage spricht man von der Lehre der psychosexuellen Phasen. Hierbei handelt es sich die menschliche Entwicklung aus der Perspektive des Liebesbedürfnisses, des Begehrens („Libido").
Zum genitalen Lustempfinden kommt es in der ödipalen (phallisch-genitalen) Phase (ca. 4–6 Jahre) und nicht „erst nach" der Latenzphase. Auch der Penisneid tritt bei Mädchen während der ödipalen Phase auf. Hierbei handelt es sich um den Wunsch des Mädchens, wie ein Junge zu sein, unter dem Einfluss der während der analen Phase aufkommenden Bewertung, dass der Penis mehr psychosexuelle Freiheit bietet als die Klitoris und deshalb mehr „wert" ist.
Als Hauptaufgaben der pubertären Phase ist die Ausgestaltung der Geschlechtsidentität bzw. -rolle zu bewerten.

A 179   A

 Zu den Lastern der Gesprächsführung zählt man Interpretieren: „Sie befürchten..."; Examinieren (Ausfragen): „Wieviel trinken Sie..."; Dirigieren (z.B. Ratschläge geben): „Vielleicht können Sie...". Satz eins ist zwar auch nicht das Gelbe vom Ei, aber immerhin akzeptabel – hier beginnt das Spiegeln wenigstens mit einem „Ich glaube..." und zeigt das Annehmen und Wertschätzen auf.

A 180   A

 Wie der Name schon sagt, handelt es sich hierbei um eine bei Epilepsie zu beobachtende Veränderung des Wesen. Die Wesensänderung kann bei allen Formen der Epilepsie vorkommen. Es gibt Epileptiker mit häufigen Anfällen ohne Wesensänderung. Die Wirkung anfallshemmender Medikament (Neuroleptika, Lithium etc.) kann so stark sein (Sedierung !), dass es die Wesensänderung überlagert.

A 181   A

 Eindeutig sind die leiblichen Beeinflussungserlebnisse („ich spüre oft elektrische...") und die akustische Halluzination. Alle anderen sind unspezifisch (können auch neurologische Ursachen sein).

A 182   C

 Bei einer Wahnwahrnehmung bekommt ein richtig wahrgenommenes Objekt eine abnorme Bedeutung. Hier der richtig erkannte Strohhalm als Aufforderung für das Aussuchen einer bestimmten Frau!

A 183   B

 Der Wahn gehört zu den inhaltlichen Denkstörungen – das muss sitzen! Zerfahrenes oder inkohärentes Denken zeigt sich durch nicht sinnvoll und völlig unverständlich miteinander verknüpfte Sätze. Das Denken ist dissoziiert. Solch eine Denkstörung ist charakteristisch für Schizophrenie.

A 184   A

 Das Déjà-vu („schon einmal gesehen") zählt man genauso wie die Ekmnesie (Störung des Zeiterlebens) und die Hypermnesie (gesteigerte Erinnerungsfähigkeit) zu dem Paramnesien.

A 185   D

 Die Wahnwahrnehmung schließen wir aus. Wir finden Hinweise auf die so genannte Willensbeeinflussung („...er müsse gegen seinen Willen..."), den Gedankenentzug („...dass ihm seine Gedanken weggenommen werden...") und die leiblichen Beeinflussungserlebnisse („...in seinem Körper elektrische Ströme...").

A 186   A

 Eine Antriebsstörung als unspezifisches Symptom kommt bei einer Vielzahl psychischer Erkrankungen vor und ist deshalb differentialdiagnostisch weit weniger richtungsweisend als etwa bestimmte Denkstörungen (Inkohärenz → Schizophrenie).

A 187   E

 Depressionen bei der Schizophrenie sind klar. Bei der progressiven Paralyse handelt es sich um eine fortschreitende Gehirnerweichung aufgrund einer chronischen Enzephalitis. Hierbei können eine Reihe von Symptomen auftreten, die in Richtung Depression weisen. Und wer hat noch nicht von der Wochenbettdepression gehört?

A 188   E

 Schizophrenie-ähnliche Zustände können durchaus aufgrund einer Medikamentenwirkung (Nebenwirkung Pharmaka!) oder Drogenmissbrauch entstehen. Ein Temporallappentumor ist durch seine Lage geradezu prädestiniert für die Verursachung solcher Zustände (Wachstum des Tumors drückt auf zentrale Bereiche des Gehirns).

A 189   E

 Beim Korsakow-Syndrom handelt es sich um eine Schädigung des Hirns, die verschiedener Ätiologie sein kann (eben Alkoholabusus, Kohlenmonoxidvergiftung, Hirntraumen).

A 190   E

 Überall, wo Störungen der Wahrnehmung, des Denkens, der Aufmerksamkeit, etc. vorkommen, ist sicherlich die Fahrtüchtigkeit beeinträchtigt.

A 191   C

 Das Schlimmste, was man bei depressiven Patienten machen kann – Druck ausüben! Die drei anderen Aussagen gehören zur Sorgfaltspflicht (Suizidgefahr!) und zur Aufklärung (vor der Heilbarkeit der Krankheit zu sprechen, kann bei depressiven Patienten schon eine Stimmungsaufhellung nach sich ziehen!).

A 192   E

 Die abnorme Trauerreaktion gehört nach ICD-10 zu den Anpassungsstörungen. Die Symptomatik weist u.a. depressive Stimmung, Ängste, Besorgnis, Beeinträchtigung alltäglicher Aktivitäten, jedoch keine „ausgeprägten" vegetativen Symptome auf. Der Verlauf kann sich über einen längeren Zeitraum ausdehnen (in manchen Kulturen gibt es das Trauerjahr!) und der Hauptkonflikt kreist meist um den Verlust einer nahestehenden Person (Loslassen müssen!).

A 193   C

 Die systematische Desensibilisierung ist bei Phobien indiziert. Was das operante Konditionieren mit der progressiven Muskelrelaxation zu tun haben könnte, weiß kein Mensch – darum falsch!

A 194   E

 Eine Betreuung nach den Betreuungsgesetz kann je nach Zustand des Betreuten Geschäftsunfähigkeit (meist zum Schutz vor sich selbst) oder auch die Übernahme sämtlicher Rechtsgeschäfte zur Folge haben – aber nicht „grundsätzlich" bei allen Betreuten.

A 195   A

 Ein wichtiges Merkmal zur Unterscheidung ist die Krankheitseinsicht und der bestehende Leidensdruck (was ich mache, ist nicht sinnvoll!) der Bulimikerin, welche bei der Anorexie fehlen. Die Altersgipfel sind bei beiden nahezu identisch (14–20jährigen Frauen). Eine stationäre Behandlung ist wegen der möglichen Komplikationen bei der Anorexie angezeigt (Zwangsernährung!).

A 196   D

 Depravation steht für den Verfall des sittlichen und moralischen Verhaltens des Betroffenen als Folge eines länger bestehenden Alkoholismus oder einer Sucht. Auf keinen Fall findet sie sich bei einer beginnenden Suchtentwicklung – eher schon wenn sie chronifiziert ist.

A 197   E

 Konformitätsorientierung bezieht sich wohl auf das gesellige Beisammen sein (Gruppendruck!). Die anderen Motive erklären sich von selbst – oder!?

A 198   C

 Hierbei handelt es sich um Abwehrmechanismen.

Verschiebung = konflikthaft erlebte Impulse gegenüber einer Person werden auf andere Personen oder Sachen verschoben (Konflikt: Forderung des Mannes nach Aufgabe des Berufes, welchen sie gern ausgeübt hat → Entwicklung der Agoraphobie [Haus!])

Sublimierung = das Ausleben von Triebimpulse durch sozial und kulturell akzeptierte und gratifizierte Ersatzbetätigungen (viel bei helfenden Berufen [Schwestern!])

Rationalisierung = Versuch, etwas eine moralisch akzeptable Motivation zuzuschreiben („Damit du ein guter Mensch wirst, muss ich…")

Verdrängung = mit dem Gesamtleben nicht zu vereinbarende Impulse oder Erlebnisse werden in das Reich des Unbewussten verdrängt (die Aufgabe des Berufs aufgrund der Forderung ihres Mannes!)

A 199   E

 Alle Aussagen zeigen typische Symptome, die für eine Herzphobie sprechen: Atemnot, Benommenheit, Angst, am einem Infarkt zu sterben und das angstauslösende Erlebnis vom Tod der Mutter.

A 200   D

 Bei schizophrenen Erkrankungen (hierzu gehört auch der Residualzustand –so genannte Restschizophrenie, nach Abklingen des schizophrenen Hauptstadiums auftretend) gelten Antriebsminderung und Ängste (Veränderung im affektiven Erleben) als Basisstörung. Klar, dass die neurotische Antriebsschwäche zu den Antriebsstörungen zählt. Aufgrund einer organischen Hirnveränderung kommt es zu einer Wesensänderung und die beeinträchtigt den Antrieb ebenso wie die Affektivität.

A 201   E

Der Begriff „Psychotherapeut" ist durch das erlassene Psychotherapeutengesetz von nun an ein geschützter Begriff. Hier gelten auch keine Wortspielereien wie „Heilkundlicher Psychotherapeut"!

AA

A 202 **D**

Hier liegt der Haken in der Formulierung der Fragestellung: „...sollte gegen seinen Willen stationär..." ist so falsch. Eine Zwangseinweisung beschränkt auf jeden Fall das Recht auf Freiheit der Person und „sollte" als aller-allerletztes Mittel eingesetzt werden.

A 203 **E**

Sie müssen damit rechnen, dass die vorgebrachten Aussagen echt sind und sind somit verpflichtet, zu handeln – aber bitte nur die Polizei rufen!

A 204 **A**

Ein Raptus melancholicus bezieht sich auf eine plötzliche Erregung, die unvorhersehbar ausbrechen kann. Ein depressiver Patient, der einige Zeit regungslos im Bett lag, springt plötzlich auf und aus dem Fenster – trotz Pharmaka.
Merke: bei jeder Art von Depression ist die Einschätzung der Suizidalität von großer Bedeutung. Das Suizidrisiko ist am Ende und am Beginn einer Phase am höchsten (von der Manie zur Depression – keine schönen Aussichten!). Antidepressiva verringern auf keinen Fall „rapide" die Suizidgefahr (Wirkungsweise der Antidepressiva beachten).

A 205 **D**

Siehe GK3/3.31. Die progressive Muskelrelaxation gehört zu den Entspannungsverfahren und ist eher kontraindiziert bei Manien. Antriebssteigerung, geringes Schlafbedürfnis, dysphorische Reizbarkeit gehören zu den charakteristischen Kennzeichen der Manien.

A 206 **D**

Biografische Daten geben Auskunft über z.B. das persönliche (Partnerschaft) und soziale Umfeld (Beruf). Subjektive Situations- und Erlebnisschilderungen (Kindheitserlebnisse), Gegenübertragungsgefühle und Reaktionen des Patienten sind notwendige Informationsquellen für den Diagnosebefund.

A 207 **E**

Orientierungsstörungen, Wortfindungsstörungen, Alexie (Unfähigkeit, trotz intakten Sehvermögens den Sinn von Geschriebenen zu erkennen), Apraxie (Unfähigkeit zu zweckmäßigen Handlungen trotz intakter Bewegungsfähigkeit – Tasse aufnehmen!), Perseveration (Haften an einem Thema) gehören zu den kognitiven Symptomen bei der Alzheimer-Demenz.

A 208 **B**

Gedankenentzug, Gedankenausbreitung, Willensbeeinflussung und „...als von anderen und von außen gemachte..." gehören in das Reich der Schizophrenie. Das „nicht beiseite schieben können" definiert geradezu den Zwang. Der Zwangskranke ist sich der Unsinnigkeit seiner Handlungen bewusst.

A 209 **E**

Bei der symptomatischen Epilepsie handelt es sich um eine Form der Epilepsie, bei der die Anfälle Symptom einer Schädigung oder Erkrankung des Gehirns sind (z.B. Trauma, Tumor [raumfordernd], Entzündungen, Kreislaufstörungen, Missbildungen).

A 210 **E**

Beim sensitiven Beziehungswahn handelt es sich um ein wahnhafte Gestaltung der Erlebnisverarbeitung bei senistiv-asthenischen Persönlichkeiten. Eine Wahnentwicklung, die bei einer sensitiven Persönlichkeit (leicht kränkbar, schüchtern) aufgrund einer beschämenden Niederlage allmählich entsteht.

A 211 **A**

Klassische Symptome: Angst vor der Angst (Teufelskreis), Vermeidungsverhalten (alle auslösenden Situationen müssen vermieden werden!), Entfremdungsgefühle und Todesangst.

A 212   D

 Die Abwehr eines Triebimpulses kann sich als Konversionssymptom (Lähmung, Taubheit, etc.) zeigen und dient teilweise dem Abbau des Impulses. Subjektive (!) Interpretationen von somatischen Beschwerden haben nichts gemeinsam mit Konversionssymptomen.

A 213   A

 Ideenflucht (von einer Idee zur nächsten → Manie) passt nicht; Perseveration (Haften an einem Thema → Depressivität) passt auch nicht; Gedankenabreißen und Gedankenentzug gleich zweimal nicht – ergo bleibt Denkzerfahrenheit und die Beschreibung passt hierfür (wahrscheinlich eine leichtere Form des inkohärenten Denkens).

214   B

 Gut gelesen ! Am ehesten zeigen sich typischerweise Entzugssymptome wie ängstliche Unruhe, Gliederschmerzen, Übelkeit, Mydriasis sowie Erbrechen und Durchfall. Am wenigsten wahrscheinlich tritt der Status epilepticus auf.

215   A

 Bei der Alkoholhalluzinose tritt charakteristischerweise die akustische Halluzination auf, meist in Form beschimpfender Stimmen. Es liegt keine Desorientierung oder Bewusstseinsstörung vor.

216   E

 Bei der Reaktionsbildung wird ein Impuls durch sein Gegenteil ersetzt. So wird z.B. eine Person, die man eigentlich nicht mag, mit besonderer Aufmerksamkeit bedacht.

217   B

 Mit „paradoxer Intention" wird die psychotherapeutische Technik be-

zeichnet, die von V. FRANKL (Logotherapie!) eingeführt wurde. Sie wird vor allem zur Überwindung von Phobien, Ängsten und Zwangszuständen eingesetzt. Der Klient wird aufgefordert, sich genau das zu wünschen und vorzustellen, was er am meisten fürchtet und vermeiden möchte (z.B. die Angst vor dem zu erröten). Der Klient kann sich von seiner neurotischen Angst distanzieren, indem er sein Verhalten nicht mehr bekämpft, sondern bewusst herbeiführt und ausübt. In der Regel tritt das Symptom dann nicht auf.

218   A

 Bulimie-Erkrankte leiden oft an den Folgen des selbstinduzierten Erbrechens, wie z.B. ausgeprägte Zahnkaries oder Hypokaliämie. Häufig tritt auch Laxanzienabusus (Abführmittel!) auf, im Verlauf der Krankheit kann sich auch ein depressives Syndrom entwickeln.
Unter Katalepsie versteht man ein starres Beibehalten einer unnatürlichen Körperhaltung. Die Katalepsie gehört zur Gruppe der psychomotorischen Störungen und tritt bevorzugt bei den Schizophrenien auf.

219   C

 Typischerweise neigen Personen mit einer histrionische Störung zu theatralischem Verhalten mit übertriebenem Ausdruck von Affekten (z.B. Freude, Trauer, Ekel). Sie wollen immer im Mittelpunkt der Aufmerksamkeit stehen. Hinzu kommt eine ausgeprägte Selbstbezogenheit und Egozentrik, Suggestibilität sowie manipulatives Verhalten.

220   A

 Aus psychoanalytischer Sicht besteht ein ausgeprägter Konflikt zwischen „Es" (Lustprinzip) und „Über-Ich" (Moralinstanz). Unbewusste Wünsche, die vom Über-Ich verdrängt werden (Strenge!), tauchen als Zwangssymptome auf.

AA

221   A

Das „Setting" schreibt vor, dass der Patient auf der Couch liegt und der Therapeut hinter ihm sitzt. Der Klient kann sich entspannen und seine Aufmerksamkeit ganz auf sich richten. Dann wird er aufgefordert, alles zu erzählen, was ihn im Moment beschäftigt und in ihm auftaucht. Dieses freie Assoziieren ermöglicht dem Therapeuten, Informationen über das Problem des Klienten zu gewinnen und darauf seine therapeutischen Maßnahmen abzustimmen.

222   D

Beim Münchhausen-Syndrom handelt es sich um eine artifizielle Störung. Der Klient täuscht wiederholt und beständig Symptome vor oder gibt durch sein selbstverletzendes Verhalten Anlass, eine Behandlung einzuleiten. Die Symptome werden derart glaubhaft vorgetragen, dass manche Ärzte zu teils schwer invasiven Behandlungen „verführt" werden. Häufig tritt „Hospitalhopping" auf – das Konsultieren eines Arztes nach dem anderen. Das Münchhausen-Syndrom entwickelt sich selten, wird aber als schwere, psychische Erkrankung angesehen.

223   A

Das präsuizidale Syndrom beschreibt die Entwicklung und Konkretisierung von Suizidgedanken und Suizidplänen. Charakteristisch sind: zunehmende Einengung im Hinblick auf Werte, zwischenmenschliche Beziehungen, das Verhalten und die Situation des Patienten. Ebenfalls zu beobachten sind Autoaggression und Suizidphantasien.

224   C

Aus dem Patientenbericht lassen sich folgende psychopathologisch wichtigen Symptome ableiten: akustische Halluzinationen (Rufen, Klopfen) sowie gustatorische Halluzinationen (Metallgeschmack). Es liegt also eine Schizophrenie vor. Da die Patientin 30 Jahre alt ist, ist die hebephrene Schizophrenie auszuschließen, da hier der Erstmanifestationsgipfel zwischen dem 15. und 21. Lebensjahr liegt.

225   C

Es fällt auf, dass die Patientin gehemmt und sehr depressiv wirkt. Ein Suizidversuch wurde vorgenommen. Kennzeichnend sind auch die inhaltlichen Denkstörungen (Schuldgefühle, Mörderin) sowie negative Zukunftsgedanken (sie befürchte…). Letztere nehmen in ihren Ausprägungen Kriterien des Wahnhaften an (jeder sehe es ihr an!). Somit liegen psychotische Symptome vor. Somatische Symptome, wie z.B. Appetitminderung und Schlafstörungen, sind ein Hinweis auf eine zusätzlich vorliegende Depression.

226   C

Das triadische System ist ein in Deutschland traditionell verwendetes Einteilungssystem der psychiatrischen Erkrankungen. Unterschieden werden drei Krankheitsgruppen: die exogenen, endogenen und psychogenen Erkrankungen.

227   D

Bei der Wahnwahrnehmung handelt es sich um eine falsche Interpretation einer richtigen Sinneswahrnehmung: In diesem Fall deutet der Patient das Mienenspiel und die Bewegungen der Pfleger als Aussage dafür, dass er über besondere Fähigkeiten verfüge.

228   B

Bei der Schizophrenie liegen häufig folgende formale Denkstörungen vor: Denkverlangsamung, Vorbeireden, Gedankenabreißen, Inkohärenz und Zerfahrenheit.

229   D

- **Plus-(Positiv-)Symptome:** zeigen an, dass ein „mehr an Erleben" auftritt: Halluzinationen und Wahn werden als Plus-Symptome gewertet.

- **Minus-(Negativ-)Symptome:** verweisen darauf, dass ein „Mangel an normalem Fühlen und Erleben" besteht. Zu den Minus-Symptomen werden Mutismus, sozialer Rückzug und Gefühlsarmut (Affektverflachung) gezählt.

230 **E**

 Zur Erinnerung: Symptome 1. Ranges nach K. SCHNEIDER sind:
- Gedankenlautwerden, Gedankenentzug, Gedankenausbreitung, Gedankeneingebung
- kommentierende und dialogisierende akustische Halluzinationen
- Beeinflussungserlebnisse mit dem Gefühl des „von außen gemachten" und die Wahnwahrnehmung.

In diesem Fall trifft also das Wissen, um das vergiftet werden, am wenigsten auf die Symptome 1. Ranges zu.

231 **B**

 Amitriptylin gehört zu den trizyklischen Psychopharmaka. Es wirkt akut sedierend. Bei Behandlungsbeginn können unerwünschten Nebenwirkungen wie Mundtrockenheit oder Müdigkeit auftreten. Die beabsichtigte Stimmungsaufhellung tritt erst später auf.

232 **C**

 Hier wollten die Prüfer ihr Detailwissen fordern: Akathisie nennt man die Bewegungsunruhe beim Stehen und Sitzen. Sie tritt als unerwünschte Nebenwirkung bei der Einnahme von Neuroleptika auf.

233 **B**

 Parasomnien zeichnen sich durch abnorme Vorkommnisse während des Schlafs aus. Dazu zählen Alpträume, Somnambulismus (Schlafwandeln) und der Pavor nocturnus (Schlafstörung, die hauptsächlich im Kindesalter auftritt).

234 **A**

 Achtung! Rechen-, Lese- und Rechtschreibstörung werden als Teilleistungsstörungen bei Kinder und Jungendlichen klassifiziert. Kennzeichen einer Teilleistungsstörung ist eine Schwäche in einzelnen Leistungsbereichen (eben Lesen, Rechnen) bei insgesamt normaler Intelligenz.

235 **B**

 Hauptsymptome eines hyperkinetischen Syndroms (ADHS) sind Störung der Aufmerksamkeit, Impulsivität sowie Störungen des Affekts. Zudem zeigen sich, bei Jungen häufiger als bei Mädchen, eine Überaktivität in Form einer Ruhe- und Rastlosigkeit. Meist zeigen sich diese Auffälligkeiten erstmalig im Vorschulalter.

236 **B**

 Zu den charakteristischen Merkmalen des frühkindlichen Autismus (Kanner-Syndrom) zählen folgende Symptome:
- extreme Selbstbezogenheit und Abkapselung, verminderte Kontaktaufnahme
- verzögerte Sprachentwicklung – im Fall als geringe Sprachmodulation, Echolalie, verspätete Sprachentwicklung bezeichnet
- auffällig stereotype Verhaltensmuster
- Angst vor Veränderung der bekannten Umgebung (siehe Fall!)

237 **E**

 Achtung! Bei der Demenz vom Alzheimer-Typ kann keine geschlechtsspezifische Unterscheidung im Hinblick auf die Häufigkeit der Erkrankung vorgenommen werden. Falls Sie unsicher mit Antwort 2 waren: Liegt eine familiäre Form vor, ist von einer relevanten genetischen Verursachungskomponente auszugehen, d.h. bei weiterer dementiellen Erkrankungen innerhalb der Familie ist die Alzheimer-Demenz möglicherweise genetisch bedingt.

AA

238 C

 Die auftretenden Begriffe umfassen folgende Störungen:

- **Alexie:** Leseunfähigkeit als optische Agnosie mit der Unfähigkeit, trotz erhaltenen Sehvermögens Buchstaben oder Wörter zu erkennen
- **Ageusie:** die Aufhebung der Geschmackswahrnehmung (Geschmacksverlust)
- **Anosognosie:** die Unfähigkeit zum Erkennen eigener, durch Krankheit bedingter Funktionsausfälle (Symptom einer Hirnschädigung)
- **Agraphie:** Schreibunfähigkeit trotz Intaktheit der Motorik und des Intellektes (Sonderform der Apraxie).

239 C

 Die Psychosomatik handelt von der Bedeutung seelischer Vorgänge für die Entstehung und den Verlauf körperlicher Erkrankungen. Ausgegangen wird davon, dass sich verdrängte seelische Konflikte als organische Erkrankungen manifestieren können. Die Hyperthyreose wird zu den „holy seven", den klassischen Krankheitsbilder der Psychosomatik, gezählt.

240 D

 Morbus Crohn kann sich sehr unterschiedlich entwickeln und manifestieren: Entweder tritt ein akuter Schub auf oder leichter Durchfall. Typisch ist der chronisch rezidivierende Verlauf mit akuten Krankheitsphasen und unterschiedlich langen beschwerdefreien Intervallen.
Charakteristisch sind schleimige, blutige Durchfälle. Komplikationen treten in Form von Abszessen, Fisteln oder Durchbruch auf. Zusätzlich können sich unspezifische Allgemeinsymptome entwickeln, wie z.B ein ausgeprägtes Krankheitsgefühl und bedingt durch den schleichenden Blutverlust eine blasse Hautfarbe. Die anhaltenden Durchfälle verursachen Gewichtsverlust, Unterernährung und Mangelerscheinungen.

241 D

 Hier ist die epileptische Aura gefragt. Sie gilt als „Vorbote" eines generalisierten epileptischen Krampfanfalls und geht mit folgenden Symptomen einher: Bewusstseinseinengung oder -trübung, Entfremdungs- u. Déjà-vu-Erlebnisse, Angstgefühle; teilweise begleitet von Halluzinationen und vegetativ, vasomotorischen Reaktionen. Die Symptome treten nur für einige Sekunden auf.

242 E

 Die vaskuläre Demenz, auch Multi-Infarkt-Demenz genannt, wird durch Durchblutungsstörungen im Gehirn ausgelöst. Sind die das Gehirn versorgenden Blutgefäße, verengt oder verschlossen, erleiden die Zellen einen Sauerstoffmangel und sterben in Folge ab. Aufgrund der Schädigung des Gehirns lassen die geistigen Fähigkeiten nach: Die Erkrankten sind in ihren kognitiven Fähigkeiten, ihrem Denken, eingeschränkt. Dies äußert sich beispielsweise in Orientierungs- oder Wahrnehmungsstörungen.
Etwa $\frac{1}{5}$ aller Demenzerkrankungen sind vaskulär bedingt. Die vaskuläre Demenz verläuft schleichend, das erste Symptom ist meist fortwährende Vergesslichkeit. Im späteren Stadium erkennt der Kranke auch Personen nicht wieder. Es kann zu Persönlichkeitsveränderungen kommen.

243 C

 Man unterscheidet (nach ICD-10) folgende Persönlichkeitsstörungen:

- schizoide Persönlichkeitsstörung
- paranoide Persönlichkeitsstörung
- dissoziale Persönlichkeitsstörung
- emotional instabile Persönlichkeitsstörung
- histrionische Persönlichkeitsstörung
- anankastische Persönlichkeitsstörung
- ängstliche und abhängige Persönlichkeitsstörung

244   E

Nach ICD-10 ist die **Hypochondrische Störung** (F 45.2) folgendermaßen definiert: „*Vorherrschendes Kennzeichen ist eine beharrliche Beschäftigung mit der Möglichkeit, an einer oder mehreren schweren und fortschreitenden körperlichen Krankheiten zu leiden. Die Patienten manifestieren anhaltende körperliche Beschwerden oder anhaltende Beschäftigung mit ihren körperlichen Phänomenen. Normale oder allgemeine Körperwahrnehmungen und Symptome werden von dem betreffenden Patienten oft als abnorm und belastend interpretiert und die Aufmerksamkeit meist auf nur ein oder zwei Organe oder Organsysteme des Körpers fokussiert. Depression und Angst finden sich häufig und können dann zusätzliche Diagnosen rechtfertigen.*" Dass die Hypochondrische Störung vor dem 50. Lebensjahr auftreten kann, versteht sich von selbst.

245   C

Beim Lesen der Fallgeschichte fallen folgende Charakteristika auf: anfallsartiger Schwindel mit Herzrasen; Schwitzen, Atembeschwerden, Zittern und das Gefühl, die Umwelt sei unwirklich (Entfremdungsgefühl!)
– Angst zu sterben: deutet auf eine Panikstörung hin
– Die Panikstörung tritt auf bei Menschenansammlungen. Die Patientin geht nur noch in Begleitung der Freundin in die Kantine (Vermeidungsverhalten). Dieses Verhalten lässt auf die Agoraphobie schließen
– Es liegt also eine **Panikstörung mit Agoraphobie** vor.

Eine **dissoziative Fugue** ist eine zielgerichtete Ortsveränderung, die über die gewöhnliche Alltagsmobilität hinausgeht. Darüber hinaus zeigt sie alle Kennzeichen einer dissoziativen Amnesie. Obwohl für die Zeit der Fugue eine Amnesie besteht, kann das Verhalten des Erkrankten während dieser Zeit auf unabhängige Beobachter normal wirken.

246   D

Transsexualismus gehört zur Gruppe der Geschlechtsidentitätsstörungen, die auch als sexuelle Orientierungsstörungen bezeichnet werden. Es kommt der Wunsch zum Ausdruck, als Angehöriger des anderen Geschlechts zu leben und anerkannt zu werden. Ziel ist die Geschlechtsumwandlung.

247   C

Bei Schizophrenien besteht ein erhöhtes Suizidrisiko, z.B. können imperative Stimmen zum Suizid auffordern. Bei Äußerungen des Klienten über die Sinnlosigkeit des Lebens sollten Sie diesen Punkt unbedingt nachfragen! Alle Zeichen, die auf einen möglichen Suizid hinweisen könnten, z.B. auch Äußerungen über die Absicht, müssen ernst genommen werden.

248   D

Echtheit/Kongruenz, Wertschätzung und Empathie sind die Grundpfeiler der Gesprächspsychotherapie nach Rogers.

249   C

Bei einer illusionären Verkennung wird eine wirkliche Sinneswahrnehmung, hier das Gebüsch, für etwas anderes gehalten! Eine Halluzination würde hingegen vorliegen, wenn kein Außenreiz, also kein Gebüsch, vorhanden wäre.

250   D

Die chronisch-taktile Halluzinose bezeichnet man auch als Dermatozoenwahn (wahnhafte Störung). Hier ist man unkorrigierbar überzeugt davon, dass Parasiten die Haut befallen haben. Frauen sind häufiger betroffen als Männer. Die chronisch-taktile Halluzinose tritt bevorzugt im fortgeschrittenen Lebensalter auf.

251   B

Paraphilie wird als Störung der Sexualpräferenz bezeichnet (z.B. Voyeurismus).

252 C

Bei der Kataplexie handelt es sich um kurzdauernde Anfälle von Muskelschwäche. Je nach Stärke des Anfalls treten folgende Symptome auf: Erschlaffen der Gesichts- oder Halsmuskeln, undeutliches Sprechen, weiche Knien bis hin zum vollständigen Zusammensinken. Kataplexie ist ein spezifisches Symptom der Narkolepsie und tritt nur hier auf!

253 D

Wahneinfälle, Halluzinationen, Ratlosigkeit sowie Störungen der Affektivität gehören zu den Symptomen 2. Ranges nach K. SCHNEIDER.

254 C

Die leiblichen Beeinflussungserlebnisse müssen eher den Schizophrenien zugeordnet werden. Unter Logorrhö versteht man einen ungehemmten Redefluss. Dieser tritt bei der Manie auf.

255 D

Der Abstammungswahn gehört nicht zu den charakteristischen Wahnthemen, die bei einer depressiven Phase auftreten. Vielmehr treten hier typischerweise die Themen Schuld oder Verarmung auf. In der Regel ist der Wahn bei einer depressiven Episode synthym, d.h. er passt zur Stimmung.

256 D

Die so genannte Augmentation, die additive Gabe zu Antidepressiva oder Neuroleptika, ist ein weiterer Indikationsbereich für Lithiumsalze. Dadurch wird eine Wirkungsverstärkung der Antidepressiva und Neuroleptika erzielt.

257 D

Ein ausdrucksloses, starres, fast maskenhaftes Gesicht während des Schlafwandelns gilt als typisches Merkmal des Somnambulismus. Das Auftreten der Episoden findet eher im ersten Schlafdrittel statt.

258 A

Stottern ist eine Sprachstörung. Dabei wird infolge mangelhafter Koordination von Atmung, Stimmgebung, Artikulation und Denken der Sprachfluss unterbrochen. Bei der durch Verkrampfung (tonisch-klonisch) bedingten Lautbildungsstörung werden einige Silben wiederholt, andere Silben „können nicht ausgesprochen" werden. Häufig lässt sich beim Stottern ein Mitbewegen von Gesicht und Extremitäten erkennen.

259 E

Zu den Anzeichen einer Legasthenie gehören:

• **Verhaltensprobleme:** z.B. Konzentrationsmangel, Merkstörungen (nicht zuhören!), Ablenkbarkeit, Mangel an Ausdauer, Abneigung gegen schriftliche Arbeiten und allgemein störendes Verhalten

• **Ängste:** später entwickeln sich v.a. Ängste, z.B. Schulangst, Prüfungsangst, Angst aufgerufen zu werden, Angst zu versagen, Angst vor Eltern und Lehrern, Alpträume

• **psychosomatische Beschwerden:** z.B. Kopf- und Bauchschmerzen, Fieberschübe, Einnässen

Es zeigen sich auch depressive und resignative Verstimmungszustände sowie aktive Reaktionen, wie z.B. wie Aggression den Eltern, Lehrern oder anderen Kindern gegenüber.

260 E

Aufmerksamkeits- und Impulsivitätsstörungen sowie motorische Verhaltensauffälligkeit (überschießende Aktivität!) und Verletzungen sozialer Regeln (hyperkinetische Kinder sind oft achtlos!) treten typischerweise beim Hyperkinetischen Syndrom auf.

261 A

Frühkindlicher Autismus manifestiert sich vor dem dritten Lebensjahr. Das Verhältnis Mädchen zu Jungen ist 1:3. Bei der relativ selten auftretenden Erkrankung ist verzögerte Sprachentwicklung ein charakteristisches Merkmal.

262 E

 Beim Abhängigkeitssyndrom bestehen typischerweise ein starker Wunsch, die Substanz einzunehmen, sowie Schwierigkeiten, den Konsum zu kontrollieren. Außerdem wird trotz schädlicher Folgen die Substanz anhaltend zugeführt. Ebenso charakteristisch ist, dass dem Substanzgebrauch vor anderen Aktivitäten und Verpflichtungen Vorrang gegeben wird. In der Folge entwickeln sich eine Toleranzerhöhung und manchmal ein körperliches Entzugssyndrom.

263 B

 Symptome des Alkoholentzugsdelirs sind:
- Desorientiertheit und Bewusstseinstrübung
- optische Halluzinationen, illusionäre Verkennung der Umgebung
- psychomotorische Unruhe (Nesteln), grobschlägiger Tremor
- vegetativ-vasomotorische Symptome, z.B. profuses Schwitzen

264 D

 Die periodische Hypersomnie (abnorme Tagesschläfrigkeit!) wird zu den Schlafstörungen gezählt.

265 D

 Einschlägige Symptomen einer Anorexia nervosa sind: eingeschränkte Nahrungsauswahl, übertriebene körperliche Aktivitäten, selbstinduziertes Erbrechen und Abführen sowie der Gebrauch von Appetitzüglern und Diuretika.

266 E

 Bei der Epilepsie handelt es sich um eine Funktionsstörung des Gehirns: Sie wird ausgelöst durch Nervenzellen, die unkontrolliert Impulse abfeuern. Ein generalisierter Anfall verläuft tonisch-klonisch. In der tonischen Phase tritt eine tiefe Bewusstlosigkeit (Atmung fällt aus!) auf, nach etwa 10 bis 30 Sekunden folgt die klonische Phase mit Zuckungen. Die epileptische Aura steht vor dem Anfall. Zungenbiss sowie Harn- und Stuhlabgang sind nicht selten.

267 C

 Zur Erinnerung: Wahnwahrnehmung ist die wahnhafte (abnorme) Deutung von realen Sinneswahrnehmungen.

AA

Tipps und Hinweise

Lassen Sie sich durch die Fragen nicht verwirren!
Häufig können Singular und Plural zu Missverständnissen führen.
Also keine grammatikalischen Überlegungen anstellen!

Schriftliche Prüfung

- Lesen Sie die Fragestellung sehr genau! Wenn es z.B. heißt „Welche Antwort ist zutreffend" ist auch nur eine richtig!
- Achten Sie auf Wörter wie „nie, immer, bedingt, besonders" etc.
- Sehen Sie sich vor der Prüfung Fragen zum Thema Neurologie und Psychiatrie aus den aktuellen schriftlichen medizinischen Staatsexamina an (z.B. im Internet unter http://www.Medilearn.de).

Beispiel 1

Die psychotherapeutische Behandlung der Schlafmittelkrankheit ist besonders einfach – niemals!

Beispiel 2

… weil das Bild metalkoholischer Psychosen immer durch optische Halluzinationen und Verwirrtheit bestimmt wird.

Beispiel 3

Stichwort Suizidalität: Ich lasse den Patienten gehen, weil derartige Drohungen ohnehin nie in die Tat umgesetzt werden.

- Versuchen Sie sich vorzustellen, wie z.B. ein Maniker, ein Depressiver oder ein Schizophrener sich verhalten würde. Sie werden erstaunt sein, wieviel Sie wissen.
- Sie sollten sicherlich alles hundertprozentig wissen. Was Sie aber im Schlaf „runterbeten" müssen sind:
  - Delir (Alkohol)
  - Schizophrenie (Symptome nach KURT SCHNEIDER)
  - endogene Depression (Symptome: z.B. Morgentief!)
  - Wahn (System!)
  - Suizidalität
  - und wann Sie die Heilkunde ausüben dürfen

Mündliche Prüfung

- Die meisten Prüfer wollen eine Begründung, warum Sie die Erlaubnis brauchen (Übergang sollte stimmen!).
- Oft wollen sie nicht wissen, wieviel Sie wissen, sondern ob Sie mit dem Patienten umgehen können.

Thema Suizidalität

Beispiel 1

Frage: Frau kommt in die Praxis und weint ganz schlimm. Beim nächsten Termin erscheint sie nicht. Was machen Sie?
Mögliche Antwort: Ich denke, die Frau ist vielleicht suizidal und rufe Sie an – kümmere mich darum.

Frage: Woher wissen Sie, wo Sie anrufen?
Mögliche Antwort: Ich habe beim ersten Besuch die Daten (Telefonnummern: in der Arbeit, privat) aufgenommen.

Thema Gesetze (Einlieferung wissen!)

Beispiel 2

Frage: Würden Sie eine Person gegen ihren Willen in eine psychiatrische Klinik einweisen?

Mögliche Antwort: Ich weise nur dann ein, wenn psychische Störung (z.B. aufgrund Sucht!), Schwachsinn (Oligophrenie), Psychose oder Selbstgefährdung besteht.

Thema Sexualstörungen

Beispiel 3

Frage: Es kommt jemand zu Ihnen in die Praxis und gesteht Exhibitionismus. Was machen Sie?
Mögliche Antwort: Ich bin an die Schweigepflicht gebunden und mache keine Anzeige!

Thema Krise

Beispiel 4

Frage: Es ist jemand bei Ihnen schon lange in therapeutischer Behandlung. Während der Behandlung stürzt er in eine Krise. Wie nennt man das?
Mögliche Antwort: Heilungskrise – Therapiekrise

Frage: Was machen Sie dann?
Mögliche Antwort: Hier ist meine Grenze. Ich gebe den Patienten ab („Sorgfaltspflicht!").

- Sie sollten wissen, wo es an Ihrem Ort z.B. ambulante Aufnahmen rund um die Uhr gibt (psychiatrisches Krankenhaus, Einrichtungen etc.)!
- Wenn Sie einen Fall vorgelegt bekommen, achten Sie immer auf körperliche Symptome (abgeben und abklären lassen) und auf Anzeichen von Suizidalität!

Mündliche Prüfung

Original-Protokoll einer mündlichen Prüfung (von 1998; Dauer: 20 Minuten):

- **Frage 1:** Warum wollen sie sich als Fachtherapeut für Psychotherapie betätigen?
- **Frage 2:** Erklären Sie: Was ist eine Neurose, was ist eine Psychose?
- **Frage 3:** Welche Neurosen gibt es, welche Psychosen gibt es?
- **Frage 4:** Was ist eine Borderline-Störung?
- **Frage 5:** Erklären sie das organische Psychosyndrom (Unterteilung)?
- **Frage 6:** Wann tritt das Durchgangssyndrom auf?
- **Frage 7:** Was ist das Kennzeichen einer organischen Wesensänderung (Symptome)?
- **Frage 8:** Mit welcher Klientel möchten sie arbeiten?
- **Frage 9:** Was ist das typische Kennzeichen von Multipler Sklerose?
- **Frage 10:** Unter welchen Psychosen ist der Pathologische Rausche einzuordnen?
- **Frage 11:** Welche Denkstörungen gibt es – unterteilt in formale und inhaltliche ?
- **Frage 12:** Fallbeispiel: Ein 50jähriger Mann kommt in die Praxis mit folgenden Beschwerden: Konzentrationsprobleme, Ermüdbarkeit, Schwindel, Kopfschmerzen, Augendruck. Heute morgen ist ihm eine Tasse aus der Hand gefallen; er möchte von ihnen Autogenes Training – was tun sie?
- **Frage 13:** Wie bezeichnet man den Tumor, den der Patient möglicherweise haben könnte?

Kommentar

Aus den Berichten zahlreicher Prüflinge kristallisieren sich drei charakteristische Fragen heraus, die wohl in nahezu allen mündlichen Prüfungen gestellt werden.

1. Warum brauchen Sie die Erlaubnis?
Sie sollten einen einleuchtenden Grund haben (z.B. selbstständiges arbeiten – Praxiseröffnung) und der sollte stimmig vorgetragen werden (dass Sie sich erst nach bestandener Prüfung überlegen werden wie es weitergeht, wäre kein gutes Argument!)

Achtung: Sie dürfen sich nicht mehr Psychotherapeut nennen, sondern z.B. Gesprächstherapeut

2. Wie arbeiten Sie?
Hier wollen die Prüfer meist nicht nur wissen, welche Behandlungsform Sie ausüben wollen (z.B. Verhaltens- oder Gesprächstherapie) und wie Sie arbeiten (bezogen auf bestimmte Störungen, z.B. Angststörung), sondern auf welches Klientel sich Ihre Arbeit erstrecken soll (arbeiten Sie z.B. vorwiegend im Bereich „sexueller Missbrauch" oder „Sucht" oder ...)

3. Fallbeispiel-Diagnose
Bei der Diagnosenstellung immer behutsam vorgehen! Fragen Sie nach, wenn sie was nicht verstanden haben! Achten Sie in erster Linie auf darauf, Ihre Sorgfaltspflicht zu wahren, z.B. bei **Suizidalität** und **körperlichen Symptomen. Beispiel Frage 12:** Bei den geschilderten Symptomen (auffallend: Tasse fällt aus der Hand) müssen Sie differentialdiagnostisch an eine neurologische Erkrankung denken → durch einen Arzt abklären lassen!!!!
Falls Sie angesichts der Symptome des fiktiven Patienten überfordert fühlen, teilen Sie den Prüfern mit, dass Sie ihn abgeben würden (Facharzt).

Tipp: Simulieren Sie zur Übung anhand der nachfolgenden drei Kriterien eine mündliche Prüfung. Achten Sie darauf wie es Ihnen dabei geht – stimmt alles was Sie sagen und können Sie dies auch vertreten!? Lassen Sie sich von Freunden oder Mitstreitern ein Feedback geben!

Literatur

Ahrens, S.: Lehrbuch der psychotherapeutischen Medizin. Schattauer, Stuttgart – New York 1997.

Andreasen, N. C., Black, D. W.: Lehrbuch Psychiatrie. Psychologie Verlags Union, Weinheim – Basel 1999.

Bierbach, E.: Naturheilpraxis heute. 2. Aufl., Urban & Fischer, München – Jena 2000.

Braun, F.: Original-Prüfungsfragen mit Kommentar GK3. Chapman & Hall, London – Glasgow–Weinheim–New York–Tokyo–Melbourne–Madras 1996.

Brunnhuber, S., Lieb, K.: Kurzlehrbuch Psychiatrie. Urban & Fischer, München – Jena 2000.

Dilling, H., Reimer, Ch.: Psychiatrie und Psychotherapie. Springer, Berlin–Heidelberg–New York 1995.

Haring, C.: Psychiatrie. Enke, Stuttgart 1995.

Hinterhuber, H., Fleischhacker, W.: Lehrbuch der Psychiatrie. Thieme, Stuttgart 1997.

Huber, G.: Psychiatrie, Schattauer, Stuttgart – New York 1999.

Kriz, J.: Grundkonzepte der Psychotherapie. Psychologie Verlags Union, Weinheim 1994.

Niv, M.D.: Reason in Madness. Ever Publishing, New York 1996.

Payk, T.: Checkliste Psychiatrie. Thieme, Stuttgart 1992.

Peters, U. H.: Wörterbuch der Psychiatrie und medizinischen Psychologie. Urban & Schwarzenberg, München–Wien–Baltimore 1990.

Rudolf, G.: Therapieschemata Psychiatrie. Urban & Schwarzenberg, München – Wien – Baltimore 1996.

Spring, K., Basan, A., Friebos, R-A.: Psychiamie in Frage und Antwort. 5. Aufl., Urban & Fischer, München – Jena 2003.

Tölle, R., Lempp, R.: Psychiatrie. Springer, Berlin–Heidelberg–New York 1999.

Sachregister

Schizophrenie
- paranoid-halluzinatorische 73, 77
- Paraphilie 216
- Plus-(Positiv-)Symptome 211, 244
- Psychotherapie 75
- Residualsyndrom 203, 241
- Somatotherapie 75
- Stadium, terminales 71
- Stupor 74
- Suizidalität 49
- Symptomatik 211
- Symptome 70, 72, 166
- – akzessorische 69, 71
- – katatone 69
- Verfolgungswahn 70
- Vorbeireden 216
- Wahn 211
- Zerfahrenheit 210
schizophreniforme Psychose 209
Schlafentzug 113
Schlaflosigkeit 163
Schlafstörungen 163, 178, 193
- Depression 61
- Tranquilizer 230
Schlafwandeln 217, 245
Schnüffeldrogen, Aceton 194, 238
Schuldunfähigkeit 99–100
- Rausch, pathologischer 55
- verminderte 100
Schuldwahn 120–121
schulische Fertigkeiten, Entwicklungsstörungen 108
Schulphobie 108
Schweißausbrüche, profuse, Alkoholentzugsdelir 218
Schwitzen, Alkoholentzugsdelir 249
Sedation, Amitriptylin 211
Sedierung, Neuroleptika 90
Selbstbezogenheit, extreme, Autismus 107
Selbstgefährdung, Manie 65
Selbsttötungsgefährdung s. Suizidalität
Selbstwertkonflikt 127
sensitive Persönlichkeitsstörung 33, 132
Setting 244
Sexualanamnese 93
Sexualpräferenz, Störungen 209
Sexualstörungen 93
- Geschlechtsumwandlung 96
sexuelle Abweichungen 95–96
sexuelle Appetenz 93, 96
sexuelle Funktionsstörungen 93–94
- nicht-organische 97
- Therapie 97

sexuelle Orientierungsstörungen 96
Sodomie 96
Somatisierung 226
Somatisierungsstörung 197, 239
Somatotherapie, Schizophrenie 75
Somnambulismus 217, 245, 248
Somnolenz 117
Sopor 117
Sorgfaltspflicht 228, 232
sozialer Rückzug, Minussymptome 72
Sozialverhalten, Schizophrenie 72
Sozialverhaltensstörungen, Kindes- und Jugendalter 108
Soziotherapie 76, 114
Spätdyskinesien, MAO-Hemmer 89
Spannungskopfschmerz 46
Spiegeltrinker, Alkoholkrankheit 238
Sprachentwicklung, verlangsamte, Autismus 107
Sprachstörung 248
Sprechstörungen 104
Stereotypien 124
Stimmungsaufhellung, Amitriptylin 211
Stimmungsschwankungen
- ekstatische, Schizophrenie 216
- Persönlichkeitsstörung, organische 80
- zirkadiane, Psychose, affektive 217
Stimulanzienmissbrauch 160
Stottern 177, 218, 248
Stuhlabgang, Grand-mal-Anfall 219, 249
Stupor 14, 123
- depressiver, Elektrokrampftherapie 114
- Schizophrenie 74
Sublimierung 128, 241
Substanzabhängigkeit, Craving 57
Sucht(kranke) 51
- s.a. Abhängigkeit(serkrankung)
- Entwöhnungsbehandlung 163, 168, 192, 237
- Suizidalität 49
Suchtpotential, Morphin-Opiat-Typ 58
Suizid(alität) 47–49, 160, 173, 176, 178, 215, 230–231, 233
- Altersgruppen 48
- Anamnese 47
- Antidepressiva 88, 224
- Arten 180

Suizid(alität)
- Aufnahme, stationäre 49–50
- Depression 48
- Depressionen 49
- Diagnose 49
- Epilepsie 83
- erweiterter 48
- Geschlechterverhältnis 48
- Krankheitsbilder 49
- Krisenintervention 185
- bei Männern und Frauen 166
- Motivation 190
- Multiple Sklerose 81
- Persönlichkeitsstörung 30, 49
- Psychose, endogene 204, 242
- Risiko, erhöhtes 48, 166, 189, 236
- Schizophrenien 49
- Sucht 49
- Tabletten 183
- Zwangseinweisung 204, 242
- Zwangskranke 188, 191, 236
Suizidmethoden, harte 49
Suizidphantasien, präsuizidales Syndrom 209
symbiontischer Wahn 120, 180, 210, 233
Sympathikus 80
Symptome
- akzessorische, Schizophrenie 69, 71, 211
- katatone, Schizophrenie 69, 211
synthymer Wahn 10, 121

T

taktile Halluzinationen/Halluzinosen 159, 216, 247
Temporallappentumoren, Epilepsie 200, 240
Therapeut, nichtärztlicher 99, 188
Tic(störungen) 108, 124
- Kindesalter 106
Tierphobie 121–122, 129
Tod durch Überfahrenlassen 49
Training
- assertives 112
- autogenes 113, 195
Tranquilizer(abhängigkeit) 87, 91, 168, 174, 188, 228, 231
- Entzugssymptome 87
- Schlafstörungen 230
Transaktionsanalyse 109, 111
Transitivismus 124
Transsexualismus 95–96, 215, 247
- Geschlechtsumwandlung 96
Transvestitismus 96
Trauerreaktion, abnorme 201, 240